西南地区的妇女发展与社会稳定问题研究

王天玉 ◎ 著

中国社会科学出版社

图书在版编目(CIP)数据

西南地区的妇女发展与社会稳定问题研究 / 王天玉著 . —北京：中国社会科学出版社，2020.1

ISBN 978-7-5203-6045-6

Ⅰ.①西… Ⅱ.①王… Ⅲ.①妇女工作—研究—西南地区 Ⅳ.①D442.87

中国版本图书馆 CIP 数据核字(2020)第 032681 号

出 版 人	赵剑英
责任编辑	任　明
责任校对	李　莉
责任印制	郝美娜

出　　版	中国社会科学出版社
社　　址	北京鼓楼西大街甲 158 号
邮　　编	100720
网　　址	http://www.csspw.cn
发 行 部	010-84083685
门 市 部	010-84029450
经　　销	新华书店及其他书店
印刷装订	北京君升印刷有限公司
版　　次	2020 年 1 月第 1 版
印　　次	2020 年 1 月第 1 次印刷
开　　本	710×1000　1/16
印　　张	15.75
插　　页	2
字　　数	260 千字
定　　价	85.00 元

凡购买中国社会科学出版社图书，如有质量问题请与本社营销中心联系调换
电话：010-84083683
版权所有　侵权必究

目 录

导论 ……………………………………………………………（1）
 一　研究背景 ……………………………………………（1）
 二　研究目的及意义 ……………………………………（14）
 三　研究回顾 ……………………………………………（15）
 四　概念界定、理论视角与研究方法 …………………（31）

第一章　西南三省区妇女发展现状评估 ……………………（39）
 第一节　综合评估 ………………………………………（40）
  一　指标体系的建构 …………………………………（40）
  二　综合发展状况评估 ………………………………（41）
 第二节　各领域妇女发展状况评估 ……………………（44）
  一　健康状况 …………………………………………（44）
  二　教育状况 …………………………………………（49）
  三　经济参与状况 ……………………………………（53）
  四　政治参与状况 ……………………………………（56）
 第三节　评估小结 ………………………………………（60）

第二章　当前西南地区社会稳定维护中的妇女问题（上） ……（62）
 第一节　妇女涉毒犯罪问题 ……………………………（62）
  一　西南地区毒品问题的历史与现状 ………………（63）
  二　西南地区妇女涉毒犯罪的产生和主要类型 ……（64）
  三　西南地区妇女涉毒犯罪的特点 …………………（72）
 第二节　妇女感染和传播艾滋病问题 …………………（80）
  一　艾滋病在中国和西南地区的传播 ………………（80）
  二　艾滋病在西南地区的主要传播途径 ……………（84）
  三　艾滋孤儿 …………………………………………（90）
 第三节　拐卖拐骗妇女与儿童问题 ……………………（93）

一　西南地区拐骗拐卖妇女儿童的现状与主要类型 ………… (94)
　　二　西南地区拐卖妇女儿童犯罪的特点 ………………………… (104)
第三章　当前西南地区社会稳定维护中的妇女问题（下） ……… (107)
　第一节　妇女从事性交易问题 …………………………………… (107)
　　一　妇女性交易产生的社会根源与发展历程 …………………… (108)
　　二　西南地区妇女从事性交易的现状与类型 …………………… (109)
　　三　西南地区妇女从事性交易的特点 …………………………… (112)
　第二节　妇女影响社会治安和刑事犯罪问题 …………………… (114)
　　一　妇女犯罪的社会根源 ………………………………………… (115)
　　二　西南地区妇女犯罪的主要类型与特征 ……………………… (115)
　第三节　跨境婚姻问题 …………………………………………… (122)
　　一　边疆地区跨国通婚问题的产生 ……………………………… (122)
　　二　西南地区跨境婚姻的分布与主要类型 ……………………… (123)
　　三　西南地区跨境婚姻的主要特点 ……………………………… (129)
　第四节　妇女宗教信仰问题 ……………………………………… (132)
　　一　西南地区的宗教信仰与妇女信教问题 ……………………… (133)
　　二　西南地区妇女信教的主要原因及其宗教活动特点 ………… (134)
　　三　宗教渗透和邪教组织在西南地区的活动及妇女所受
　　　　影响 ……………………………………………………………… (136)
第四章　影响西南地区妇女发展的主要障碍及成因分析 ………… (144)
　第一节　妇女问题对西南地区社会稳定的影响 ………………… (144)
　　一　影响身心健康和地区人口安全 ……………………………… (144)
　　二　影响家庭关系和地区社会安全 ……………………………… (146)
　　三　影响社会关系和地区政治安全 ……………………………… (149)
　第二节　妇女发展对西南地区社会稳定的影响 ………………… (150)
　　一　妇女发展对社会生活稳定的影响 …………………………… (150)
　　二　妇女发展对社会心理稳定的影响 …………………………… (150)
　　三　妇女发展对社会关系稳定的影响 …………………………… (151)
　第三节　影响西南地区妇女发展的主要障碍 …………………… (152)
　　一　妇女群体贫困问题突出 ……………………………………… (152)
　　二　公共卫生教育资源匮乏 ……………………………………… (157)
　　三　就业性别平等观念缺失 ……………………………………… (162)

四　妇女权益保障体系缺位 …………………………………………（164）
　　五　妇女参政议政比例失衡 ………………………………………（165）
　第四节　西南地区妇女发展问题的成因分析 ………………………（167）
　　一　性别地位失衡 …………………………………………………（167）
　　二　性别空间扩展 …………………………………………………（171）
　　三　性别思潮革新 …………………………………………………（174）
　　四　性别关系重构 …………………………………………………（175）

第五章　促进西南地区妇女发展的保障机制与具体建议 ……………（178）
　第一节　优化妇女发展的保障机制 …………………………………（178）
　　一　保障机制现状与困境 …………………………………………（178）
　　二　保障机制改进与创新 …………………………………………（182）
　第二节　促进妇女发展的具体建议 …………………………………（185）
　　一　改善妇女健康状况 ……………………………………………（185）
　　二　提高妇女教育水平 ……………………………………………（187）
　　三　引导妇女经济参与 ……………………………………………（189）
　　四　推动妇女政治参与 ……………………………………………（191）
　　五　优化妇女生存环境 ……………………………………………（192）
　　六　保障妇女法律权益 ……………………………………………（195）

余论 ………………………………………………………………………（198）
　　一　人口老龄化与老年妇女发展问题 ……………………………（198）
　　二　乡村社会结构转型与农业女性化和留守妇女问题 …………（201）
　　三　网络信息化与妇女跨境传媒问题 ……………………………（202）
　　四　"一带一路"倡议与妇女跨国民间交往问题 …………………（203）

参考文献 …………………………………………………………………（222）

导　　论

一　研究背景

(一) 多重独特性并存的西南地区及其社会稳定问题

1. 西南地区概貌

中国的西南陆地国境线始于新疆与西藏交界处，沿西藏、云南和广西三省区的西部边界蜿蜒延伸，止于广西西南部北部湾，总长近9000千米，占全国陆地边境线总长度的近40%。其中西藏段4000余千米（含未划定国界区域），云南段4060千米，广西段637千米，分别与印度、不丹、尼泊尔、缅甸、老挝、越南相邻接壤。主要分布在地势阶梯的第一、二两级，涵盖了中国四大高原中面积最大的两片区域——青藏高原和云贵高原的部分区域。

西藏、云南、广西三省区位处中国西南，北靠西北，东临东南，总面积159.63万平方千米。其中西藏自治区总面积120.22万平方千米，分别与印度、尼泊尔、不丹、缅甸和克什米尔地区接壤，含中尼边界1425千米，中不边界470千米，中缅边界187.4千米，其余为中印边界和有争议地区；云南省西北与西藏自治区相连，总面积39.41万平方千米，从西到南分别与缅甸、老挝和越南接壤。其中中缅边界1997.6千米，中老边界710千米，中越边界1354千米；广西壮族自治区总面积23.67万平方千米，西南与越南接壤，有637千米边界线。三省区位处中国通往东南亚和南亚的重要通道，接壤国家数占中国邻国总数的近一半，国防安全战略意义突出。

西藏自治区下辖拉萨市、昌都市、日喀则市、林芝市、山南市、那曲地区和阿里地区7个地市，73个县市区，其中日喀则、林芝、山南和阿里为边境地市，边境地市数占全区地市总数一半以上；云南省下辖昆明市、曲靖市、玉溪市、昭通市、保山市、丽江市、普洱市、临沧市、德宏傣族景颇族自治州、怒江傈僳族自治州、迪庆藏族自治州、大理白族自治州、楚雄彝族自治州、红河哈尼族彝族自治州、文山壮族苗族自治州、西双版纳傣族自治州16个州市，129个县市区，其中怒江、保山、德宏、普洱、临沧、红河、西双版纳、文山8个州市为边境州市，边境地市数占全省总数的一半；广西壮族自治区下辖南宁市、柳州市、桂林市、梧州市、北海市、防城港市、钦州市、贵港市、玉林市、百色市、贺州市、河池市、来宾市、崇左市14个地市，111个县市区，其中防城港市、百色、崇左三市为边境地市，占全区总数的1/5。

从地理特征与自然资源上看，西藏自治区全境均处于青藏高原，为中国面积最大、海拔最高的地区，是一个相对特殊且独立的地理单元，被称为"世界屋脊"和"第三极"。青藏高原地质发育年轻，平均海拔在4000米以上，高原南缘为世界上海拔最高的喜马拉雅山脉，7000米以上的山峰超过100座，世界最高峰珠穆朗玛峰即位于中尼边界。青藏高原是典型的高寒气候区，空气稀薄，日照充沛，山脉纵横，河流众多，自然资源丰富。植被以天然草原为主，是中国最主要的牧区之一，冻土分布非常广泛。全区地势由西北向东南倾斜，高山峡谷、冰川戈壁、草原河谷均有分布，大致可分为喜马拉雅山区、藏南谷地、藏北高原和藏东高山峡谷区。西北严寒干燥，东南温暖湿润，动植物资源和水能、太阳能、地热能、风能等可再生能源丰富。

云南省地理条件复杂，自然资源丰富，被誉为"植物王国""动物王国"和"有色金属王国"。元江河谷和云岭山脉东侧的盆地将云南全省划分为两个差异明显的地理单元，东部是相对完整的高原，西部是由高山峡谷和破碎分布的小块平地组成的山川地貌。全省地势自西北向东南倾斜，高低落差达6663.6米，为典型的亚热带季风气候区，立体气候特点十分显著。各边境州市沿西北至东南边缘分布，可大致分为横断山高山峡谷区、滇西中低山宽谷区、滇南中低山丘陵河谷区和滇东南中低山谷区。

广西壮族自治区位处云贵高原的东南边缘，东临两广丘陵，南临北部湾。四周多山地和高原，中部和南部以平地为主，整个地貌呈现为盆地特征。全区为典型的亚热带季风气候，冬短夏长，气候温暖。

从人口分布上看，由于自然条件的限制，滇藏两省区地域总面积占全国国土总面积的16.62%，截至2015年，人口总数仅占全国人口总数的3.68%，绝大部分地区在"黑河—腾冲"一线以西，是典型的地广人稀之地，真实反映了中国人口分布巨大的地区差异特征。广西壮族自治区的边境地区人口超过 200 万，其中少数民族人口占其人口总数的 80% 以上。从人口城乡分布结构上看（见表 1），三省区乡村人口所占比例均高于全国同期平均水平，呈现出明显的乡村化特征。

从民族结构上看，西南边境的三省区均为典型的少数民族聚居区。其中西藏自治区为高度单一化的少数民族自治区，藏族人口占其总人口的比例超过 90%，此外还分布有少量的门巴族、珞巴族、回族、蒙古族等少数民族。藏族为主要世居民族，广泛分布于全区各地，门巴族主要分布在青藏高原东南部的门隅和墨脱一带，珞巴族主要分布在山南和林芝地区。

表 1　　　　　　　西南三省区城乡人口分布（2015 年，
全国 1%人口抽样调查数据）

总人口（万人）		城镇人口		乡村人口	
		人口数（万人）	比重（%）	人口数（万人）	比重（%）
全国	137462	77116	56.10	60346	43.90
西藏	324	90	27.74	234	72.26
云南	4742	2055	43.33	2687	56.67
广西	4796	2257	47.06	2539	52.94

资料来源：国家统计局人口和就业统计司：《中国人口和就业统计年鉴 2016》，中国统计出版社 2017 年版，第 55 页。

云南省则为典型的多民族聚居区，有世居少数民族 25 个，独有少数民族 15 个，跨境少数民族 16 个，人口较少少数民族 7 个，为全国少数民族种类最多的省份，同时也是跨境民族最为集中的地区。少数民族在云南全省均有分布，在边境地区，其分布也呈现出一定程度的集中特点：在滇西主要为傈僳族、普米族、傣族、景颇族、德昂族等民族；滇西南主要为傣族、拉祜族、哈尼族等民族；滇南则为傣族、壮族、瑶族等民族。云南边境地区的少数民族分布呈现出地域集中的特点：如怒江州是中国唯一的傈僳族自治州，也是人口较少的怒族和独龙族的主要聚居区；德宏州是全国景颇族最为集中的地区；西双版纳州是全国唯一的傣族自治州等。边境地区还分布有大量的跨境民族，如傈僳族、怒族、独龙族、景颇族、彝族、傣族、德昂族、佤族、拉祜族、哈尼族、布朗族、瑶族、苗族、壮族、阿昌族、布依族等。

广西壮族自治区是以壮族为主体的少数民族聚居区，也是全国少数民族人口最多的省区，其中壮族人口所占比例超过30%。边境地区主要分布着彝族、壮族、苗族和京族等少数民族。其中壮族、苗族和京族为跨境民族。

从经济发展水平上看，在西南三省区中，滇藏两省区均为边疆民族地区，经济发展长期处于欠发达状态。广西壮族自治区的经济发展水平相对较高。2015年广西壮族自治区全区生产总值为16803.12亿元，在全国各省区、直辖市中位列第19位；云南省全省生产总值为13619.17亿元，列第25位；西藏自治区全区同期生产总值为1026.39亿元，居全国末位。同期位列前三的广东、江苏和山东等发达省份的生产总值均在6万亿元以上。但值得注意的是，随着近年来"西部大开发""富民兴边""扶贫攻坚"等国家战略政策的实施，西南三省区的经济发展一直保持着较快增速，取得了显著的成绩。2015年西藏、云南、广西三省区生产总值的同比增幅分别达到了11%、8.7%和8.1%，增速均位于全国前列。

贫困问题仍是西南地区社会发展的主要障碍。相关研究表明，受到自然条件和历史文化的影响，西南地区的贫困地区与生态脆弱区和民族地区三者高度重叠。[1] 近20年来，西南少数民族贫困地区的贫困状况得到了较大改善，但很多民生问题仍未得到妥善解决，导致贫困的主要因素除了自然灾害等不可抗拒因素外，还包括"吸食毒品、物质资本匮乏、民族特征、耕地条件"[2]等原因。扶贫工作亟待进行深入反思，从根本上解决"久扶不脱"[3]的问题。在各省区内部，三省区边境县市的各项经济发展指标大多落后于所属省（区）平均值，各省区内部的社会经济发展存在显著的不平衡问题。

2. 西南地区的社会发展与稳定

中国自实行改革开放政策以来，经济社会迅速发展，取得了举世瞩目的成就，并形成了一批具有重要理论与实践意义的"中国经验"，社会主

---

[1] 庄天慧、张海霞、杨锦秀：《自然灾害对西南少数民族地区农村贫困的影响研究——基于21个国家级民族贫困县67个村的分析》，《农村经济》2010年第7期。

[2] 杨栋会：《西南少数民族地区农村收入差距和贫困研究——以云南布朗山乡住户调查数据为例》，博士学位论文，中国农业科学院，2009年。

[3] 杨小柳：《参与式扶贫的中国实践和学术反思——基于西南少数民族贫困地区的调查》，《思想战线》2010年第3期。

义和谐社会理论即是其中之一。[1] 这一理论可以看作是对"公正社会"价值观的实践探索和深刻反思。当前,中国社会正在面临"经济体制深刻变革、社会结构深刻变动、利益格局深刻调整、思想观念深刻变化"四个"深刻变化"[2],社会和谐稳定发展面临着不小的挑战。以往研究表明,当一国的人均国内生产总值达到 1000—3000 美元时,表明该国已进入社会矛盾的多发、突发期以及激化、恶化的高风险期,即"社会矛盾的凸显期"[3]。一项针对 1994—2006 年影响我国社会稳定的两类社会矛盾(合法形式和非法形式)的研究发现,"社会矛盾的存在数量庞大,同时呈现出逐步上升的趋势,部分矛盾的增长速度甚至超过了同期生产总值的增长幅度,合法形式矛盾不升反降,非法形式矛盾增长幅度较大,冲突激烈程度也呈加剧趋势"[4]。此外,一项针对全国社会状况的综合调查结果显示,"收入分配问题对社会的和谐稳定影响甚大,职业位置显著影响着人们的收入获得,教育水平显著影响着人们的收入水平和维权意识等。上述因素都对当前我国社会和谐稳定发展具有重要的影响作用"[5]。

西南地区地域辽阔,气候条件复杂,自然资源丰富,民族人口众多,民族文化多样性突出,但经济基础薄弱,发展历程曲折,地缘格局复杂,国际关系敏感,是中国连接东南亚、南亚的国际通道。近代以来,西方国家和周边敌对势力在西南边境地区开展过数次破坏性较强的势力渗透和政治颠覆活动[6],对当地社会的稳定发展和国家的长治久安产生了深远影响。19 世纪末期,英国凭借强大的军事实力,在世界各地建立殖民地,在其确立对缅甸的控制权之后,即把目光投向了夹居在缅甸、印度和西藏

---

[1] 李培林、陈光金、张翼、李炜:《中国社会和谐稳定报告》,社会科学文献出版社 2008 年版,第 1 页。

[2] 同上书,第 2 页。

[3] 人民日报评论员:《维护稳定 促进发展》,《人民日报》2005 年 7 月 28 日第 1 版。

[4] 胡联合、胡鞍钢、王磊:《影响社会稳定的社会矛盾变化态势的实证分析》,《社会科学战线》2006 年第 4 期。

[5] 李培林、陈光金、张翼、李炜:《中国社会和谐稳定报告》,社会科学文献出版社 2008 年版,第 344—345 页。

[6] 如 1911 年,英国侵占云南西部片马等地领土,并企图将西藏分裂出去;1975 年,中越在边界地区发生的军事冲突和战争;2015 年 3 月,缅甸交战双方多次发生流弹和军机投掷的炸弹落入中国云南境内,造成边民伤亡;2017 年 6 月,印度边防人员在中印边界锡金段越过边界线进入中国境内,阻挠中国边防部队在洞朗地区的正常活动等。

之间的战略要地怒江和独龙江流域。1869年，英国地理学家柯柏年到怒江探险，随即提出"要修通从印度经怒江至重庆的铁路，以便从当地攫取农产品及许多富源"[①]。法国亦不甘落后，1885年，法国吞并安南（越南），乘机将其势力延伸到毗邻的云南边境，并计划将铁路网伸入云南、广西、广东，使铁路成为"印度支那的两个地区同中国的连结线"[②]。1886年，英军占领江心坡，1909年占领片马。英军的入侵遭到了片马各族人民的顽强抵抗。在当地人民的激烈反抗和国民的舆论压力之下，英军于1911年3月被迫撤出了片马、古浪一带。近年来，西南地区周边国家政治局势纷繁复杂，人员跨境往来密切，使得这一区域成为我国维护边疆社会稳定的工作重点，也是国家安全、社会稳定和社会经济发展等领域亟待关注的重点区域。

新中国成立以来，对西南三省区社会稳定的相关研究一直都有展开。尤其是20世纪90年代中期以后，西南边疆和社会稳定研究的视角逐步从传统的历史学、民族学扩展到政治学、经济学、宗教学等领域，如对经济发展[③]、生态保护、涉外关系、文化建设[④]、基层组织建设、统战工作、宗教渗透等因素对边疆社会稳定影响的研究。因此，边疆观念的拓新，研究视角的拓展，在更加宏大的国际环境中考察边疆问题成为一种关键的范式转型[⑤]。

在西南三省（区）中，西藏由于历史、民族与宗教等因素的影响，成为一个相对独立的地理单元，影响社会稳定发展的问题较为集中[⑥]。广西的边境线长度为三省区中最短，边境县市数量相对较少，影响社会稳定的因素相对较少且较为集中。与之相比，云南则集中了影响边境地区社会

---

① 独龙族简史编写组：《独龙族简史》，云南人民出版社1986年版，第33页。

② 李开义、殷晓俊：《彼岸的目光——晚清法国外交官方苏雅在云南》，云南教育出版社2002年版，第236页。

③ 赵曦：《西南边疆少数民族地区反贫困与社会为稳定对策研究》，西南财经大学出版社2014年版。

④ 刘建华：《舆情消长与边疆社会稳定》，人民日报出版社2016年版。

⑤ 邢广程：《关于中国边疆研究的几个问题》，周平、李大龙主编：《中国的边疆治理：挑战与创新》，中央编译出版社2014年版，第1—22页。

⑥ 以往研究成果显示，影响西藏社会稳定的主要因素包括经济发展、公共产品供给、民族问题、宗教问题、法制建设、大众舆论等。参见贾秀兰等《维护藏区社会和谐发展研究》，民族出版社2014年版；孙勇《维护西藏地区社会稳定对策研究》，西藏人民出版社2015年版。

稳定的各方面特征，且民族文化多样性突出，对边境社会治理而言具有更为突出的典型性。近年来，云南省立足省情，探索出一条具有边疆民族特色的发展道路。在沿边各省区中一直保持着经济快速发展、民生持续改善、民族团结进步、宗教和谐有序的良好局面，成为全国民族团结进步边疆繁荣稳定示范区，其成功经验①值得反思和深入探究。因此，本研究在内容范围上覆盖该三省区的同时，将实证研究重点放在云南地区。

（二）妇女群体在西南地区社会稳定维护中的表征及其影响

马克思认为，社会稳定是人的稳定，"人们之所以有历史，是因为他们必须生产自己的生活，而且必须用一定的方式来进行；这是受他们的肉体组织制约的，人们的意识也是这样受制约的"②。他还提出，"没有妇女的酵素就不可能有伟大的社会变革，社会进步可以用女性（丑的也包括在内）的社会地位来精准地衡量"③。对于社会和平与稳定的维护，妇女也与男子一样，一直在发挥着积极的作用，但遗憾的是一直未能受到足够的重视。科伯恩曾指出，"妇女或许并未必要或直接地参与到正式的和平建构过程中，但却对这一过程起到了极大的支撑作用"④。

本研究所关注的西南地区，是一片多种族群、多元文化并存发展的区域，身处其中的妇女群体作为社会行动主体，一直在积极建构和实践着相应的社会性别角色，她们竭尽所能地贡献自己的智能，并在其中积极争取应得的地位与权利。妇女群体于当地社会的发展进程中呈现出如下一些独特表征，并在社会稳定的维护中发挥着重要影响。

1. 对社会生活的影响

恩格斯在"两种生产"理论中提出"历史的决定性因素，归根结底是直接的生产和再生产。但是生产本身又有两种，一方面是生活资料即食物、衣服、住房以及为此所必需的工具的生产；另一方面是人类自身的生

---

① 参见中国社会科学院"云南省民族团结进步边疆繁荣稳定示范区建设研究"课题组《民族团结云南经验——"民族团结进步边疆繁荣稳定示范区"调研报告》，社会科学文献出版社2014年版。

② 《马克思恩格斯选集》第1卷，人民出版社1995年版，第81页。

③ 《马克思恩格斯全集》第32卷，人民出版社1975年版，第571页。

④ Cockburn., C., *The Space Between Us: Negotiating Gender and National Identities in Conflict.* London: Zed Books, 1998.

产，即种的繁衍"①。在社会生活中，妇女不仅参与了物质资料的生产，并且在人种繁衍中发挥重要作用。妇女解放运动实践者倍倍尔也指出，"即使是最天才的人物也是由母亲所生，他所具备的最优秀的素质往往是归功于母亲"②。随着父系制度的广泛建立，家庭成为妇女生活的主要空间，也成为妇女对其身处的社会生活影响的主要空间，她们通过下列实践活动对社会生活产生直接和持续的影响：

妇女对家庭生活的首要影响是操持家务。一日三餐所需食材的选择与购买，厨具的使用与更新，餐桌礼仪的传承都与妇女密不可分，此外，清洁、打扫和喂养牲口也是她们每天必须完成的工作。以藏族妇女为例，从民国年间在藏区广泛开展的各种社会调查资料中，我们也可查阅到大量关于藏族女性执掌家庭权力的记录。如方范九对青海玉树地区的考察中即有"男子既多喇嘛。家事乏人照顾，必然赖女子支持。家庭、社会一切事业，多有女子任之。女子既形成社会中心，在经济上遂极自由，乃有支配权力"。③ 值得注意的是，男性对家务劳动的态度较为消极，甚至是抵触。如在迪庆藏区，除非是在因疾病或其他原因无法外出工作，或者家里实在没有女性成员的情况下才会有极少数的男性从事少量的家务劳动，因为男性干家务被当地人认为是"不像男人"的行为。类似的情况在傣族、景颇族、苗族等西南边境地区少数民族传统社会中亦广泛存在。

日常的农业劳作也是妇女日常生活的重要组成部分。在西南的大部分地区，女性几乎全年都要从事农业劳动，只有在耕地或者收获季节的时候男性才可能前来帮忙，成为完成耕田工作的主力。据调查，妇女占到了藏区实际承担劳动者总量的 60% 以上④。人类学家萨克希纳曾经这样描述一个藏族家庭主妇辛劳的日常生活，"她必须从清晨忙碌到夜晚。早晨从远处的水池和泉眼处取回水，然后在下地干各种农活之前把饭做好。她打谷、翻土、种植稻谷并收割庄稼。她前往森林并翻山越岭采割牧草。当晚间返回的时候，需要再次为全家带回用水并做饭。她是早上第一个起床的

---

① 《马克思恩格斯选集》第 4 卷，人民出版社 1972 年版，第 2 页。
② ［德］奥古斯特·倍倍尔：《妇女与社会主义》，中央编译出版社 1995 年版，第 247 页。
③ 方范九：《青海玉树二十五族之过去与现在》，《新青海》1935 年第 1 卷第 3 期。
④ 王端玉：《喇嘛教与藏族人口》，《民族研究》1982 年第 2 期。

人，通常在日出之前很久，并且是最后一个睡觉的人"[1]。傣族社会的"女劳男佚"现象非常典型，"耕织、贸易、徭役皆妇人任之。非疾病，虽老不得息"[2]，壮族妇女亦承担着家庭劳动的大部分工作，史载"凡耕耘、烹饪、纺织、贸易、养育、负担诸事，女子皆能任之，故其立家庭同为经济重要人物，有时并能赡养男子"[3]。可见，落后的生产力需要大量的劳动力，因此妇女也不得不参加重体力劳动，成为自食其力的劳动者。再加上历史上部分地区政教合一的特殊社会制度迫使大量男子脱离现实生活投身宗教活动，造成了人口减少和劳动力紧缺，因而形成了农业生产中的播种、管理、收割，牧业生产中的繁殖、喂养、加工等经营环节一般都由妇女承担和完成。

第三个方面是妇女参与的家庭经济和市场贸易。以藏族妇女为例，除了料理地里的农活之外，妇女们同时也会在家里养殖奶牛、猪、鸡、羊、毛驴等牲口并种植果树。养殖的时间大部分是与做家务的时间合并在一起的。牲口平时大部分食用新鲜的草料或是专门的饲料，喂养它们和打扫圈舍也不需要花费大量的时间。蓬勃发展的市场经济和庭院经济为增加妇女收入和提升她们的地位做出了一定的贡献。在藏区，清康熙年间的杜昌丁看到当地"贸易皆由女子负载……"[4]，清乾隆时期居于迪庆的余庆远则记述其地"交易皆与妇人议，妇人辨物高下不爽。持数珠，会计极捷。西吴、秦人为商于其地，皆租妇执贸易"[5]。经济作物的成功种植增加了家庭的农业收入，蓬勃发展的市场经济也给妇女们的"庭院经济"打开了直接的销路。妇女在家庭中由此脱离了"不挣钱"的经济窘境，增强了她们创造经济价值的能力，并直接推动了妇女家庭地位的上升。例如在

---

[1] R. Saksena, *Social Economy of a Polyandrous People*, London: Asia Publishing House, 1962, p. 28.

[2] 汤大宾修：(乾隆)《开化府志》卷九，转引自云南省编辑组《中国少数民族社会历史调查资料丛刊》修订编辑委员会《云南方志民族民俗资料琐编》，民族出版社2009年版，第96页。

[3] 刘锡蕃：《岭表纪蛮》，商务印书馆1934年版。

[4] （清）杜昌丁：《藏行记程》，载吴丰培辑《川藏游踪汇编》，四川民族出版社1985年版，第42—46页。

[5] （清）余庆远：《维西见闻录》，于希贤、沙露茵选注：《云南古代游记选》，云南人民出版社1988年版，第123页。

迪庆藏区，课题组访问的一位以制作传统服装为业的妇女每年就能给其家庭带来几万元的收入，她也因此成为其家庭收入的主要贡献者；在德宏傣族地区，一位善于经营饭店的妇女每年给家庭贡献的收入甚至超过10万元。

由此可见，妇女是民族社会中以衣、食、住、行为代表的传统生活方式主要实践者与传承者。近年来，随着西南地区社会的变迁，传统的生活方式正在发生巨大的变化，食材种类的增加，烹饪能源的更新换代，日用品科技含量的提升，现代农业科技与机械化的普及都给妇女的日常生活带来了较大变化。她们从事此类劳动的时间大幅缩短，劳动强度明显减轻；同时，随着大量男性青壮年劳动力外出务工，形成了明显的农业女性化趋势，女性对传统农业的影响力与日俱增；国家经济发展结构的转型与消费市场需求的发展都给以女性为主的庭院经济和服务型产业提供了良好的发展契机。因此，妇女对本土社会生活的影响是细致、持续且深远的，这些影响不仅存在于普通的日常生活中，同时也为潜在的社会稳定维护贡献着力量。

2. 对社会心理的影响

社会心理是传统文化的重要组成部分，同时影响着文化传承与变迁的内部机制，"每一个社会或民族都有自己文化传承的内容与方式，文化传承既是某一个社会或民族的群体行为，也是该社会或民族的个体行为，某一社会或民族的文化就是通过这种群体或个体的行为而得到代际的传承"[1]。受传统性别分工方式和当前乡村社会男性大量外出务工的影响，大部分家庭内部对孩子进行照顾和教育的职责主要由女性承担。因此，自身的心理状态，及其与家庭成员之间的交往和对子女的教育是妇女对社会心理产生影响的主要途径。

乔多罗认为，由于男性未能很好地扮演照料者的角色，并且由于在很多社会中男性的活动使其远离家庭，因此使得男性与他的孩子（尤其是儿子）相对疏远[2]。假如借用大卫·诺克斯及卡洛琳·沙赫特所提供的育

---

[1] 滕星：《族群、文化与教育》，民族出版社2002年版，第7页。

[2] Chodorow, N., 1974. *Family Structure and Feminine Personality*. Rosaldo, M. z., Lamphere, L, . eds, *Women, Culture, and Society*. Stanford: Stanford University Press, 1974, pp. 43-66.

儿角色的分析框架①，则可以有效地对妇女在养育孩子的过程中所扮演的不同角色进行对比：女性更多扮演的是一种照料者的角色，她们充当着孩子的情感资源，并且是他们成年之路上的启蒙教师，并为促进全家人的健康辛勤劳作；而男性则更多地扮演着家庭的经济支持者及保护者的角色。

妇女的心理状态不仅影响自身的生存和发展品质，同时对家庭关系的维系和子女的教育有重要影响。从个体角度看，妇女日常生活中的心理要素包括基本的心理安全边际，对待生活、健康、财富的态度，以及面对压力、挫折和意外的承受和抵抗能力，维护自身正当权益的表达意愿，对新事物的接受和学习能力，对健康生活的维护和可持续发展意识等。由于妇女在家庭生活中所处的重要位置，这些心理状态不仅对妇女自身的身心发展至关重要，同时对其周边的家人，尤其是未成年人产生着重要影响。妇女的心理状况影响着夫妻关系、家庭关系和代际关系，成为家庭成员发展的重要影响源。

此外，因通婚圈、贸易圈和祭祀圈产生的关系网将一定区域内的妇女紧密联系在一起，这些关系网络给妇女之间的心理沟通提供了便利，既是积极心理传播的渠道，也是消极心理扩散的管道。可见，妇女发展水平的提升对本土其他妇女的社会心理稳定有积极作用，同时对本土社会群体的心理稳定也有正向影响。

3. 对社会关系的影响

婚姻可视为人类社会调整两性关系的一种工具，可以使每个人在社会中得到一个确定的地位，也因此决定他或她与其他人的关系。② 基于前文的分析，不难看出，妇女通过家庭生活连接社会，由于传统社会对妇女的活动空间多有限制，其对社会关系的影响也主要通过家庭成员及其与他们之间的关系网而产生。

传统社会中的妇女往往充当着多个角色，如妻子、女儿、儿媳、母亲或是祖母。她们作为家庭中的食物制作者、家务和农业劳动的主要承担者、后代的养育者和家庭运转的主要执行者以及家内关系重要的联系与协调者，在家庭和当地社会的运行和发展中发挥着重要的作用。通过婚姻缔

---

① [美] 大卫·诺克斯、卡洛琳·沙赫特：《情爱关系中的选择——婚姻家庭社会学入门》第9版，金梓等译，北京大学出版社2009年版，第250—251页。

② [英] W. H. R. 里弗斯：《社会的组织》，胡贻毂译，商务印书馆1990年版，第35页。

结、家庭劳动、子女养育、宗教信仰等社会实践活动，妇女与本土社会之间产生了密切的互动关系。

首先是夫妻之间的婚姻家庭生活。由于性活动是人类社会繁衍生存的基本途径，对于性活动中占主导作用性别的态度，亦反映出地方文化对男女两性主次地位的认识。马林诺夫斯基将性看作是一种文化力量，他认为，性之类的问题不能离开它所处的社会制度背景。[①] 福柯也曾指出"不应把性描述为出于本性与权力对立的一种固执的冲动，这种权力虽竭尽全力想征服性但却往往不能完全控制它，而性必然不会屈从于这种权力。相反，性实际是以权力关系来表现的。"[②]也就是说，性活动是一种产生权力的社会建构，并通过男女两性的行为与权威所塑造的社会性别关系得以彰显。

其次是生育和养育子女。在传统的父系社会中，女性通过生育后代（尤其是男性子嗣）获得和确立自己在家庭内部的重要地位，并以此给自身带来积极的家庭影响力。不管是父系还是母系的社会，妇女在对子女的教养活动中均发挥着至关重要的作用。

此外，通过婚姻缔结所产生的社会关系不仅仅限于夫妻双方，同时产生于婚前两人的家庭和家族之间。在大部分的父权制社会中，从夫居是主要的婚后居住方式。因此，"夫家"与"娘家"之间的关系及其与其他旁系亲属之间的关系构成了妇女建构自我社会关系的基础。

宗教信仰是妇女拓展自我空间的重要社会活动，同时建立起延伸至家庭范围之外的人际关系网络。同时，本土社会的一些显著特征使得妇女与社会关系之间的联系更加密切，如藏族地区以多偶婚为代表的婚姻形态的多样性与特殊性，傣族地区农业劳作与宗教信仰的女性化等社会特征，都使得妇女成为构建当地社会与维护地区社会稳定的重要群体。

（三）妇女发展在边境民族地区社会稳定维护中的特殊意义

妇女的发展是人类文明进步的标志。促进妇女发展既是实现"中国梦"的前提与基础，也是顺应时代潮流的必然要求，更是维护家庭与社会长治久安的重要工作。面对新时期妇女发展过程中的现实困境，我们需

---

① ［英］马林诺夫斯基：《原始的性爱》上，英文版第三版前言，王启龙、邓小咏译，中国社会出版社 2000 年版，第 2 页。

② ［法］米歇尔·福柯：《性史》第一、二卷，张廷琛、林莉、范千红等译，上海科学技术文献出版社 1989 年版，第 101 页。

要思考以何种方式去解决问题，走出困境，以实现妇女全面而自由的发展，同时，将妇女发展与社会发展之间架起密切联系的桥梁，使妇女自身在获得很高发展水平的同时对社会发展贡献更多的心智能力。

回顾历史，1949年以后，马克思主义社会稳定理论在我国得到了很好的继承与发展，除理论研究不断推进外，还被广泛运用于社会稳定实践，形成了具有鲜明特色的社会主义稳定论。改革开放政策实施以来，科学发展观稳定理论与和谐稳定论为中国在不同历史时期解决社会稳定问题提供了重要指导。随着时代的发展，对社会稳定的理解在不断深入，社会革新与思想解放为在新时期维护社会稳定提供了更为广阔的思考空间，"对于社会稳定来说，解放思想是指在马克思主义指导下打破习惯势力和主观偏见的束缚，研究生产关系不适应生产力的新情况，解决社会改革中的新问题，以实现社会稳定。事实就是指从社会稳定现实出发，探求社会稳定各子系统内部联系及其发展的规律性，认识社会主义稳定的本质。"[①]

反观现实，妇女作为家庭生活和子女养育的主要参与者，以及本土经济和社会发展的重要组成部分，其综合发展水平应该得到各界的足够重视。保障妇女权益、促进妇女发展、推动男女平等，对国家经济社会发展和中华民族文明进步具有重要意义。在过去的几十年里，国际社会为促进妇女发展与进步达成了多项协议，将妇女问题与全球政治、经济发展紧密相连成为国际社会的共识。我国政府先后于1995年、2000年和2011年制定和发布《中国妇女发展纲要》。《纲要》的实施改善了我国妇女生存与发展的社会环境，维护了妇女的合法权益，加速了男女平等的进程，妇女在政治、经济、教育、健康等各个领域取得了全面进步。然而，妇女在各方面的发展水平与男性相比还存在不小的差距，这种差距的存在既是妇女群体自身发展亟待改善的直接原因，同时也是很多与妇女有关的社会问题产生的重要根源。

因此，不同于"以国家权力强制和直接运用为基本特征的硬治理模式"[②] 类型的社会稳定问题研究，本研究所聚焦的是以往较少关注

---

① 蔡应明：《社会稳定学》，上海三联书店2014年版，第134页。
② 方盛举、吕朝辉：《论中国陆地边疆的硬治理模式》，周平、李大龙主编：《中国的边疆治理：挑战与创新》，中央编译出版社2014年版，第86—101页。

的"软治理模式"领域。本研究开展的出发点是对社会稳定问题产生原因的溯源。诸多研究成果显示，影响社会稳定的根本原因是利益受损，由于利益受损而产生的非制度化表达导致社会不稳定。[①] 对于妇女群体而言，长期被边缘与忽略的境遇，在客观上造成了这一群体利益受损的历史与现实，因而使其成为影响地区社会稳定不可忽视的重要群体。

进入全球化时代，社会稳定问题成为一个日渐复杂的动态系统，"建构起适应当前我国边疆民族需求的公民文化"[②]成为科学长效社会稳定观的核心要义。本研究对妇女群体发展水平及其与社会稳定问题之间密切关系的关注，正是对这一核心要义的印证与解读，同时也是对社会稳定问题研究视角的一种新尝试。

二 研究目的及意义

党的十八届三中全会决定中强调"贯彻党的民族政策，保障少数民族合法权益，巩固和发展平等团结互助和谐的社会主义民族关系"。同时提出要"坚持以人为本，尊重人民主体地位，发挥群众首创精神，紧紧依靠人民推动改革，促进人的全面发展"。然而，与国内大部分地区相比，西南地区的经济社会发展一直落后于沿海和内地；同时，随着时代的发展，西南地区已经从反和平演变和威胁国家安全的敏感地区转变为中国面向东南亚、南亚开放重要桥头堡的前沿。

因此，深入了解西南地区妇女的生存发展状况，对于边境开发、巩固国防、增强民族团结、维护社会安定和国家统一具有突出的学术价值和重要的现实意义。随着边疆民族地区社会发展与男女平等问题的凸显，从多领域和跨学科的视角对西南地区的妇女发展与社会稳定问题进行系统研究成为必然趋势。回顾文献，结合现实，本研究开展的目的主要有四，一是实现妇女发展与社会稳定的双重目标；二是完善多元一体到多元共生的理论体系；三是建立以问题导向的发展评估指标体系；四是构建妇女发展与社会稳定的联动机制。

---

① 刘建华：《舆情消长与边疆社会稳定》，人民日报出版社2016年版，第16页。
② 何明、王越平：《全球化背景下边疆社会稳定研究的几个问题》，《云南师范大学学报》（哲学社会科学版）2009年第3期。

从学术意义上看，本研究能够深化妇女研究中"社会性别与发展"的内容；扩展社会学关于"社会稳定问题"的研究领域，为解决各边境地区广泛存在的社会冲突与社会危机提供新的见解和思路；充实民族学中关于建立互助和谐民族关系的内容，为传统文化与社会稳定的兼容性问题提供新的理论视角；同时拓展政治学中关于政治参与的研究范围，为区域自治和社会控制等理论提供新的研究素材。

从应用价值上看，本研究在于拓展我国边疆人口和社会稳定问题的研究视野，弥补目前相关研究中对妇女群体关注的不足；深化学界对西南地区妇女群体和社会稳定问题的认识，充实边疆民族问题和社会稳定问题研究的实证资料。为边疆地区妇女发展和社会稳定问题的解决提供可资借鉴的参考成果；为相关部门进行整体规划，提升人口与社会管理水平，促进边疆人口发展、社会稳定和国防安全提供理论与实证参考；为探索其他边疆民族地区、西部经济欠发达地区和农村社区的妇女发展与社会稳定模式与理论提供可资借鉴的发展思路。

三　研究回顾

（一）妇女问题研究的学术历程

1. 国内的研究

（1）20世纪70—80年代的研究

受学科发展史的影响，在中国人类学（包括民族学）对妇女的关注起步稍晚，对妇女问题的关注始于20世纪70年代末至80年代初。作为对女性主义思潮的回应，女性人类学孕育而生，并在此基础上产生了女性主义民族志。早期的研究主要以刚刚从停滞中恢复的社会学和人口学为主。研究的主要问题包括对妇女人口、生育、经济、婚姻等一些基础领域，但对女性的角色与地位问题还甚少涉及。80年代中期以后，随着对外开放政策的实行和学术研究的逐步恢复，西方学术理论思潮逐步被引介到国内。女性地位问题随即成为女性研究的主要领域，除社会学、人口学、经济学外，政治学、历史学、文学、心理学、法学等学科也开始涉足这一论题，并逐步产生出丰硕的研究成果。

（2）20世纪80年代中期到90年代中期的研究

从80年代中期到90年代中期，国内关于妇女地位问题的研究内容相当广泛，包括关于妇女地位的理论研究、妇女的社会地位和家庭地位状况

(如妇女的政治地位、法律地位、经济地位,妇女的教育状况、就业状况、卫生保健状况及婚姻家庭状况)、影响妇女地位的中介因素以及妇女地位对中介因素的影响等研究。除对汉族女性群体进行关注之外[1],对少数民族女性群体的研究也逐渐开展起来[2],对少数民族女性自我意识和地位的关注逐渐加强[3]。

(3) 20 世纪 90 年代以来的研究

90 年代中期以后,中国的妇女问题研究进入实证与行动研究阶段。与西方学界的发展基本一致的是,社会性别理论也在此时进入中国。"性别研究"理念在女性人类学中得到回应,研究视角从以前的仅仅注重于对"女性"的研究逐步拓展到对包括男性在内的两性的关注,以此探究"完整的女性"和"完整的人类",对女性地位与角色的研究得到深化和发展。[4]

这一时期的重要标志为 1994 年在埃及开罗召开的世界人口发展大会 (ICPD) 及 1995 年在北京举行的世界妇女大会。这一时期妇女地位的研究主要以妇女的生殖健康为中心,强调妇女的主动参与。同时研究与实践的视角开始转变,从以往的由上至下到由下至上,即由以往的决策者、研究者立场转变到以基层妇女需求为基础,强调妇女的主动参与,从而找出解决妇女问题的关键。这一时期学术专家与政府决策部门的合作加强,以理论参与现行政策的制定及决策的科学管理方法得以

---

[1] 房学嘉:《关于女性在传统社会中地位的思考——以梅县客家妇女为例》,《妇女研究论丛》2004 年第 4 期。

[2] 按发表时间先后顺序可参见陈伯霖《定居前鄂伦春族妇女作用和地位问题初探》,《黑龙江民族丛刊》1988 年第 3 期;杨德芳《试从水族妇女的地位探索水族的社会历史》,《贵州民族研究》1991 年第 3 期;南文渊《西宁市回族妇女社会考察》,《宁夏社会科学》1993 年第 1 期;王冬芳《早期满族妇女在家庭中的地位》,《辽宁大学学报》(哲学社会科学版) 1994 年第 5 期;雷伟红《从婚姻家庭看畲族妇女的社会地位》,《中南民族学院学报》(人文社会科学版) 1998 年第 1 期等。

[3] 王承权:《中国少数民族妇女自我意识和地位的提高述论》,《民族研究》1995 年第 4 期。

[4] 参见周泓《妇女人类学的社会性别与女性地位、权力研究》,《新疆师范大学学报》(哲学社会科学版) 1999 年第 1 期;刘世风《女性人类学发展及其中国本土化尝试》,《妇女研究论丛》2007 年第 1 期;金少萍、沈鹏《中国女性人类学研究文献综述》,《贵州民族研究》2008 年第 1 期。

发展。

(4) 海外学者的中国妇女问题研究

国外学者对中国妇女的研究始于20世纪70年代以后。随着外国人类学家逐步得以进入中国进行实地调查和研究，作为其关注和研究的一个重要领域，对中国的女性地位和社会性别的兴趣一直吸引着他们在这一领域进行探索。[①]

如前所述，国外学界对中国妇女角色与地位的研究最早主要发轫于历史学，而后逐渐扩展到其他人文社会科学领域。对于研究中国女性地位问题的外国学者而言，客观环境上造成的研究缺失则更为明显。与先前相对宽松的研究环境相比，从50年代直到80年代早期，国家政策对外国学者的实地田野调查工作形成了高度的限制，致使大部分研究工作仅能依靠历史资料和档案进行，仅有少数田野调查得以在香港、台湾等地区开展[②]。此间研究的代表有克罗尔、安多斯、约翰逊和斯泰西等。其中，玛格瑞·沃尔夫对台湾农村妇女的研究，尤其是书中阐述的"子宫家庭"理论不仅详细分析了农村女性的转化角色与获取地位的策略，还极大地推动了对中国汉人传统社会亲属制度的研究进程。[③] 美国人类学家波特夫妇在1979—1985年间四次到访广东东莞茶山镇，其研究成果[④]对于西方人士比较关心的毛泽东时代的基层社会运作机制、中国人的情感文化建构、婚姻与家庭、计划生育政策、共产党的组织原则与道德原则、社会分层、城乡差别、集体经济的瓦解与联产承包责任制的实施，都做了深入

---

① 参见［加］朱爱岚《中国北方村落的社会性别与权力》，胡玉坤译，江苏人民出版社2004年版；［加］宝森《中国妇女与农村发展——云南禄村六十年的变迁》，胡玉坤译，江苏人民出版社2005年版；［澳］杰华《都市里的农家女：性别、流动与社会变迁》，吴小英译，江苏人民出版社2006年版；［美］罗丽莎《另类的现代性：改革开放时代中国性别化的渴望》，江苏人民出版社2006年版等。

② 诸如弗里德曼（M. Freedman）有关中国宗族与宗教信仰的研究，科恩（M. LCohen）台湾美农镇调查及其关于家庭分化与联合的研究，贝克（H. D. R. Baker）香港新界上水调查及其关于中国宗族与民间社会的研究，布雷克（F. Blake）香港新界西贡调查及其关于族群关系和社会变迁的研究等。

③ Margery Wolf, *Women and the Family in Rural Taiwan*, Stanford: Stanford University Press, 1972.

④ Potter, Sulamith Heins, *Birth Planning in Rural China: A Cultural Account*, Working Paper 103, Women in International Development, Michigan State University, 1985.

浅出的阐述。①

中国改革开放政策逐步推行之后，虽然进入中国进行实地研究的外国学者人数逐步增多，但其对中国女性地位的关注大部分则集中在城市和知识女性阶层。直到90年代加拿大女人类学家朱爱岚在中国北方村落进行实地研究时为止，她的研究中仍然认为"除了少数重要的例外，关于中国妇女的近期著述几乎都没有触及影响当代农村妇女生活的问题"。②（对于少数民族女性群体而言则更加鲜见）几乎在同一时代曾在云南农村进行过长达十年实地调查和研究的加拿大女学者宝森也表示了对中国女性研究中农村题材缺乏的忧虑③。

进入90年代以后，相关的研究成果逐步增多。如澳大利亚女人类学家杰华集中关注从农村到城市的流动者，特别是女性流动者的经验，通过对都市里的农家女的一手材料，提供了关于农村女性与城乡经验之间如何协调的有价值见解，以及这些经验如何影响她们的世界观、价值观和人际关系的方式。④ 还包括一些在海外攻读学位并继续从事研究工作的华人学者对中国女性的研究成果。如韩敏以皖北的李氏宗族为主线，展现了清末、民国、毛泽东时代及改革开放后的社会变迁，通过详细论述土地所有权、权力结构、婚姻和姻亲关系、礼物交换等内容，记述了不同的性别、年龄、阶级成分、社会地位的人对革命和改革的政治动员所作出的回应。⑤ 阎云翔通过对黑龙江下岬村的调查，讨论了作为独立个体的个人的出现与发展和国家在私人生活的转型以及个人主体性的形成中所起的重要作用，其中对女性的关注尤为突出。⑥ 美国妇女史学家贺萧（Gail Herchatter）以英语世界中研究20世纪（中国内地）妇女的650部著作为

---

① 覃德清：《波特夫妇华南茶山调查的追踪研究》，《广西民族学院学报》（社会科学版）2004年第1期。

② [加]朱爱岚：《中国北方村落的社会性别与权力》，胡玉坤译，江苏人民出版社2004年版，第12页。

③ [加]宝森：《中国妇女与农村发展——云南禄村六十年的变迁》，胡玉坤译，江苏人民出版社2005年版，第15页。

④ [澳]杰华：《都市里的农家女——性别、流动与社会变迁》，吴小英译，江苏人民出版社2006年版。

⑤ 韩敏：《回应革命与改革：皖北李村的社会变迁与延续》，江苏人民出版社2007年版。

⑥ 阎云翔：《私人生活的变革：一个中国村庄里的爱情、家庭与亲密关系》，龚小夏译，上海书店出版社2009年版。

基础，并分成三个专题"妇女与婚姻、家庭、性存在、和社会性别差异""妇女与劳动""妇女与国家的现代性"进行评述，勾勒了一幅极为重要的英语世界研究大陆妇女的学术地图。[①] 在这些研究成果中，中国改革政策的实施之后农村社会经济变迁与女性发展之间的关系问题是学者们关心的焦点所在。计划生育政策的实施也引发了学者们的研究兴趣。

2. 国外的研究[②]

作为人类社会发展的重要参与者和人口增长活动的主要实施者，西方人类学家对妇女群体的关注在学科诞生初期即已产生，但由于学界长期存在的性别偏见和以男性为主的学者群体特征等因素的影响，妇女一直以"失语者"的身份存在于人类社会中。不仅历史典籍中留下的记载零星模糊，近代的妇女也很少作为被关注的主流群体出现在世界各地的社会活动中，直至60年代西方女权运动的爆发。因此，对妇女角色与地位的研究是妇女问题研究的产生根源与重要主题。经过70年代女性主义思潮的洗礼，90年代兴起的社会性别理论将妇女群体的重要性不断强调和彰显，妇女对社会发展不可或缺的地位得以巩固，但与城市妇女相比，对乡村和少数族群妇女的关注仍然极其有限。

（1）20世纪30—70年代的性别角色差异研究

性别角色是人类学早期对妇女进行研究的主要内容。通过广泛开展的田野调查，人类学家尝试描述妇女在不同的社会文化背景中所扮演的角色，并试图对性别角色产生差异的原因进行解释。作为妇女研究的基石，林顿的研究提出了"归属地位"和"归属地位"，前者是社会先天赋予个人的地位，后者来自个人的实际生活[③]。1930—1940年是女性民族志的开创时代。玛格丽特·米德在《萨摩亚人的成年》中详细描述了女性在特定社会文化中愉快成长的过程，驳斥了西方社会中被普遍认

[①] Gail Herchatter, *Women in China's Long Twentieth Century*, (Global, Area, and International Archive) Berkeley, Los Angeles, London: University of California Press, 2007.

[②] 此部分的部分内容曾发表于《安徽工业大学学报》（社会科学版）2014年第1期《西方人类学的社会性别与权力研究述评》一文中。

[③] RalphLinton., *The Study of Man: An Introduction*, New York: D. Appleton-Century Crofts, 1936, p. 114.

可的青春期痛苦说①，其《三个原始部落的性别与气质》通过对不同社会性别模式的剖析，得出性别角色源自社会文化的重要结论②。此后，妇女逐渐成为人类学研究的主要对象，文本的呈现方式涵盖了生活史、自传或游记。

60年代的妇女解放运动和女性主义思潮给妇女研究带来了新的发展动力，人类学家们除延续前人的研究主题外，还开始重新思考和定义女性的地位和价值，作为专门领域的"女性研究"（Women's studies）由此产生，妇女研究也因此产生了日益强烈的政治色彩。此后，女性研究得到政治学、文学、生物学等领域的认同和推动，进入了快速发展时期。初期的研究强调对"女权"的认识，呼吁社会重视女性的贡献，鼓励女性自己发声，对男权的反抗和对妇女普遍处于屈从地位的认识由此产生。③

70年代的研究主题是运用各种理论解释和分析妇女地位的差异。罗莎多提出了空间区格理论，认为性别地位之间差异源自男性对公共空间控制和女性被限制在内部空间之中。④此后，经济变量和社会结构变量先后成为揭示的重要因素。其中，经济变量被认为是妇女地位的决定要素。学者们的研究涵盖了传统社会中的劳动分工，同时发现了现代社会分工对性别空间的扩大。此外，女性与发展、殖民主义、欧洲资本主义、现代化、全球化带来的影响之间的关系也逐渐进入了人类学家的研究视野。

对性别差异的研究产生了一个得到普遍认识的结果，即妇女地位的低下，尽管经历了长期研究，对妇女地位的认识与解释仍然存在争议。

（2）20世纪70—80年代的妇女地位影响因素研究

对女性地位影响因素的研究启发了对性（sex）和社会性别（gender）的探讨。罗莎多基于民族志调查，发现了男性和女性在公共和私人空间中被赋予的不同角色分工，并指出对私人空间的不公正评价是导致妇女地位

---

① [美]玛格丽特·米德：《萨摩亚人的成年》，周晓红、李姚军、刘婧译，商务印书馆2008年版。

② [美]玛格丽特·米德：《三个原始部落的性别与气质》，宋践译，浙江人民出版社1988年版。

③ Naomi Quinn, . *Anthropology Studies on Women's Status*, Annual Review Anthropology, 1977, Vol. 6, pp. 181-225.

④ Rosaldo, M. Z., Lamphere, L., eds, *Women, Culture, and Society*, Stanford: Stanford University Press, 1974, pp. 19-22.

低下的重要原因。① 奥特纳通过妇女的生物属性发现了她们受到的角色限制,并认为妇女因为大量承担以抚养后代为主的家庭事务而被排除在重要领域以外。② 此外,殖民主义在全球的扩张和新生产方式的产生和推广也对妇女地位产生了直接影响,由于男性能够得到大多数接受新技术的机会,导致妇女在社会中处于更加不利的位置。同时,也有一些研究发现了妇女在某些社会中与男性具有平等的甚至是较高的地位,但由于刻板认识的影响,这些现象往往未能获得足够的重视。

妇女地位问题的复杂性促使人类学家不断反思研究视角和理论方法。然而直到80年代,尽管取得了为数不少的研究成果,但对决定男女两性社会性别地位差异的核心要素的研究仍然极其缺乏。③

(3) 20世纪80年代以来的妇女地位解释路径研究

由于人类学界长期存在的性别缺失与偏见(如研究者以男性为主,报道人中缺乏女性,研究者缺乏与女性报道人的交流等),不少研究者开始尝试从妇女地位的形成过程中寻找解释,各种更为复杂的理论和思考层出不穷,原有的研究结论也受到不少的质疑与批判。

20世纪90年代以后,更多的研究转向了"社会性别研究"(gender studies)领域。研究者们试图把原有的研究思想转向一种新的,将男女两性都看作是社会性别构成环境中的对等成分的理念。④ 越来越多的研究在探究男女不平等、妇女受压迫的根源时,都强调性别差异与妇女社会地位及家庭地位的关系。并着重考察"性别角色"的形成过程及其意义。⑤ 此外,学者们还在处理女性群体内部的结构性差异上达成了某种共识,即认为"惟有将日渐拉大的种族、族群、阶级差异以及南北之间的全球差距

---

① Rosaldo, M. Z., Lamphere, L., eds, *Women, Culture, and Society*, Stanford: Stanford University Press, 1974, pp. 19–22.

② Ortner, S. B. 1974. *Is Female to male as nature is to culture?* Rosaldo, M. Z., Lamphere, L,. eds, Women, Culture, and Society. Stanford: Stanford University Press, 1974, pp. 67–78. 后来奥特纳本人也承认了这种理论的不足之处。

③ Naomi Quinn, *Anthropology Studies on Women's Status*, Annual Review Anthropology, 1977, Vol. 6, pp. 181–225.

④ Lucinda Joy Peach edited, *Women in Culture: A Women's Studies Anthpology*, Introduction. Malden: Blackwell Publishers Inc, 1998.

⑤ 谭琳、陈卫民:《女性与家庭:社会性别视角的分析》,天津人民出版社2001年版,第3页。

等一并予以考虑,社会性别的不平等才能得到更加微妙和全方位的理解"。① 遵照这种学术理路,越来越多的非西方女性学者(有色人种和第三世界女性研究者)开始对西方女性主义理论进行解构,进而对"第三世界女权主义"进行建构。对"女性地位和角色"研究的理论体系得以拓宽,使得对这一研究对象更为深入和全面的理解和解释逐步成为可能。

通过文献的回顾与梳理,不难看出,女性主义思潮对人文社会科学的影响是极其深远的,并且这种思潮的兴起和发展与社会发展的进程密切相关。受其影响,各人文社会学科对女性研究日益重视,并产生出专门的交叉边缘领域及学科,极大地推动了对妇女问题的探究进程。通过近几十年的发展,人类学及人口学、社会学、历史学、文学、女性学等其他人文社会科学对妇女问题的研究都取得了突出的成就,然而,各学科视角、思路和方法所存在的局限性也日益凸显出来。虽然学科视角存在差别,对妇女真实生活情境和经验的理解和探究却是这些学科共同的期许和发展趋向,而这一点,则正是人类学得以突出学科优势的领域。因此,笔者认为,从人类学的学科视角开展此项研究是甚为恰当的且具备一定优势的。由此途径可以从社会与文化建构的视角对妇女的生存空间、角色、地位与权力问题做出全面深入的理解和解释,为更加深入地理解妇女发展问题提供更加丰富的理论分析与真实的民族志资料。

(二) 中国西南边境地区的妇女问题研究②

对中国南方,尤其是华南地区妇女地位的关注集中代表了中国人类学恢复发展以后的研究成果。③ 而在西南地区,在对摩梭人婚姻和家庭的研究基础上拓展出来的女性和社会性别研究亦是人类学在这一领域的重要实践④。值得

---

① 胡玉坤:《社会性别、族群与差异:妇女研究的新取向》,《中国学术》2005年第1期。

② 此部分的部分内容曾发表于《西藏大学学报》(社会科学版) 2011 年第 1 期《藏族女性的角色与地位:文献回顾与研究展望》一文中。

③ 参见马建钊、乔健、杜瑞乐主编《华南婚姻制度与妇女地位》,广西民族出版社 1994 年版;李泳集《性别与文化:客家妇女研究的新视角》,广东人民出版社 1996 年版;谢重光《客家文化与妇女生活:12—20 世纪客家妇女研究》,上海古籍出版社 2005 年版等。

④ 参见宋兆麟《共夫制与共妻制》,生活·读书·新知三联书店 1990 年版;严汝娴、宋兆麟《永宁纳西族的母系制》,云南人民出版社 1983 年版;翁乃群《女源男流:从象征意义论川滇边境纳西文化中社会性别的结构体系》,《民族研究》1996 年第 4 期;和钟华《生存和文化的选择——摩梭母系制及其现代变迁》,云南教育出版社 2000 年版。

注意的是，这种分区域的研究特点与学界的区域研究发展密切相关①。

随着妇女研究在中国学界的推进，对西南边境地区妇女问题的研究在20世纪90年代以后也逐渐丰富起来。在西藏，50年代末的民主解放是藏族妇女社会角色与地位剧变的重要历史契机，藏族女性在社会、经济、文化等方面充当了更加多样性的角色，社会地位急剧提升。1950—2001年间西藏妇女的社会地位发生了翻天覆地的变化，对西藏妇女工作提出了深刻启示。② 从50年代至今，各种描述民主解放给藏族女性带来地位翻身机遇的文献不断涌现。③ 虽然这些文献的撰写者们对藏族女性地位的提高给予了极大的赞扬，但他们同时也认为藏族女性的社会参与度仍然有限，藏族社会中的性别不平等现象并未由此减弱。

在云南，对妇女地位的研究一直是妇女问题领域的主要焦点。赵俊臣等所著的《云南农村妇女地位》④ 研究一书为妇女地位研究在云南的开展奠定了重要基石。在各少数民族研究方面，对傣族、藏族、布朗族、彝族和哈尼族的研究等较具代表性⑤。同时，学者们也同时开始关注社会生活

---

① 参见荆世杰《全球化的社会性别学与中国社会性别研究的区域趋向》，《社会科学家》2007年第3期。

② 王小冰：《中国共产党的领导与西藏妇女的解放》，《西藏民族学院学报》（哲学社会科学版）2002年第2期。其他相关参考资料包括《西藏自治区妇女境况》，西藏自治区人民政府新闻办公室发行，1995年；黄颢、刘洪记《西藏妇女工作的成就》，《西藏50年·历史卷》，民族出版社2001年版；余振、郭正林主编《中国藏区现代化——理论、实践、政策》，中央民族大学出版社1999年版；拉毛措、丹珍卓玛《西藏自治区妇女的法律保障及其社会经济地位》，《中国藏学》（汉文版）2005年第3期；文华《迪庆藏族妇女性别角色和社会地位的变迁》，《中央民族大学学报》（哲学社会科学版）2002年第5期。

③ 相关的其他文献还包括于乃昌《巾帼风采耀高原——记西藏妇女历史命运的变迁》，《西藏民族学院学报》1995年第2期；仓决卓玛《西藏妇女权利今昔谈》，《西藏研究》（汉文版）1998年第3期；叶晓楠《西藏妇女地位空前提高》，《人民日报·海外版》2005年9月1日第4版。

④ 赵俊臣等：《云南农村妇女地位研究》，云南人民出版社1992年版。

⑤ 参见依拉罕《西双版纳傣族农村妇女在家庭中的地位》，《中华女子学院学报》1992年第4期；张云《论藏族妇女的地位》，《西藏研究》1992年第2期；赵瑛《从婚姻家庭看布朗族妇女的社会地位》，《云南民族学院学报》（哲学社会科学版）2002年第4期。李晓莉《彝族妇女家庭地位的变迁——以云南省直苴村彝族为例》，《云南民族大学学报》（哲学社会科学版）2017年第1期。陈庆德《现代语境中的妇女地位与菁口哈尼族村寨中的角色》，《思想战线》2008年第4期。

环境中妇女地位的动态变化①。

在广西，自治区妇联编写的《广西少数民族妇女》一书对其境内各族妇女的各种风俗进行了简介②；陆明珠等回顾了广西妇女发展的传统历史，指出妇女在家庭生产和经济活动中的重要贡献及其获得的不相称的低下地位，同时通过大量实例展现其在改革开放以来取得的发展成就③。

此外，对妇女发展各分领域的研究也陆续展开。在生育与健康领域，对云南的研究有刘小冶等对布朗族妇女生育状况的调查④，罗淳对傣族妇女生育状况的调查和云南各民族妇女生育状况的长期跟踪研究⑤，冯明玲等对云南农村妇女开展的生育卫生与健康教育系统研究⑥，陈先波等对老年妇女的健康保健开展的综合研究等⑦，赵捷对农村妇女的健康发展进行了长时间的跟踪，对妇女健康发展所取得的成就和存在的困境与问题进行了全面分析⑧；对广西妇女的研究主要有倪光华等对产妇和新生儿的调查研究⑨，

---

① 如王承权《少数民族妇女的婚姻家庭及其地位变化》，《云南民族学院学报》（哲学社会科学版）1995 年第 4 期；赵玲《云南妇女生活方式：嬗变·问题·策略》，《中共云南省委党校学报》2014 年第 4 期等。

② 广西壮族自治区妇联编：《广西少数民族妇女》，广西民族出版 1995 年版。

③ 陆明珠、韦峥芳：《壮族妇女在社会经济中的地位、作用及其发展趋势》，《广西民族研究》1994 年第 4 期。

④ 刘小冶等：《云南省勐海县布朗族妇女的婚姻、生育和节育状况调查分析》，《中国人口科学》1988 年第 4 期。

⑤ 罗淳：《云南景洪县曼噶俭乡傣族妇女生育状况的调查》，《人口学刊》1990 年第 1 期；罗淳：《云南各民族妇女生育状况析论》，《人口学刊》1996 年第 8 期；罗淳、严乃贵：《云南各民族妇女生育水平与生育模式比较研究》，《云南民族大学学报》（哲学社会科学版）2004 年第 6 期。

⑥ 冯明玲、胡守敬：《云南省妇女生育卫生与发展项目评析》，《中国妇幼保健》1999 年第 1 期；冯明玲等：《云南省农村妇女健康模式教育研究》，《中国妇幼保健》1999 年第 7 期；冯明玲等：《云南省农村妇女社区健康教育监管评估方法剖析》，《中国初级卫生保健》1999 年第 8 期。

⑦ 金新政、陈先波：《少数民族地区老年妇女健康保健服务需求》，《中国妇幼保健》2011 年第 2 期；金新政、陈先波：《少数民族地区老年妇女健康状况调查》，《中国妇幼保健》2011 年第 5 期；陈先波、舒占坤等：《少数民族地区老年妇女经济与健康状况调查》，《中国卫生质量管理》2011 年第 2 期。

⑧ 赵捷：《关于农村妇女素质与发展的思考》，《妇女研究论丛》1999 年第 1 期；赵捷：《妇女健康：10 年推进过程中的喜悦与担忧》，《妇女研究论丛》2005 年第 5 期。

⑨ 倪光华：《广西地区妇女 1000 例骨盆外测量及 1000 例足月新生儿身长体重和儿头各径线的调查》，《广西医学院学报》1979 年第 2 期；倪光华、赖玲玲、廖兰英：《广西妇女正常分娩产程的研究》1980 年第 3 期。

卢奕新对广西主要民族育龄妇女生育状况的研究[1]，莫龙等对广西少数民族妇女生育状况的调查研究等[2]。

在政治参与领域，查尔斯·贝尔等人描述到，传统社会中藏族女性拥有很高的地位，女性具备对所有家庭内部重要事务相当大的决定权，还负责管理整个家庭事务。[3] 同时，与其对家庭内部事务的高度担负度与决定权相比，藏族女性对社会政治事务的参与度仍然十分有限。藏区民主改革完成之后，虽然通过法律保障获得了平等的参政权利，但藏族女性对社会政治的参与热情并没有人们预料的那样高。孙继虎和刘军奎在甘南藏区卓尼县开展的专项调查结果表明，"虽然具有平等参政的权利，但藏族女性干部对政治关心的程度还是不够"[4]；在云南，廖林燕对白族妇女的调查发现，"城郊少数民族农村妇女已具有较强的参与意识，但由于经济条件、文化程度、政治机制等各种因素的制约，在政治参与过程中还呈现出一些非理性、非法参与的特征"[5]。王丽华提出，"通过拓宽少数民族妇女参与村民自治的渠道和途径，发挥国家政权的主导作用，充分发挥各级妇联组织的政治社会化的作用，加强大众传媒的政治社会化功能等将有利于增强村民自治过程中少数民族妇女政治社会化的有效性"[6]；广西的调查研究也发现，"少数民族地区农村妇女政治参与的制约因素，与地方经济发展水平、主体的参政意识和参政经验及社会网络的构建有关"[7]。

在经济参与领域，藏族妇女的参与度引起了不少研究者的注意，马提亚·赫尔曼斯在库库淖尔（青海）的藏族游牧地区看到女性在社会中分

---

[1] 卢奕新：《1981年广西主要民族育龄妇女生育状况》，《人口与经济》1985年第2期。

[2] 莫龙、王春林：《广西少数民族妇女生育状况浅析》，《广西民族研究》1988年第2期。

[3] Bell, Charles, Sir, KCIE, CMG, *The Tibetan Countryside*. Royal Society of Arts, Journal, 75：3890（1927：June 10）p. 712.

[4] 孙继虎、刘军奎：《藏族妇女政治参与现状及其制约因素分析——一项来自甘南藏区卓尼县的实地调查》，《西北民族大学学报》（哲学社会科学版）2005年第3期。

[5] 廖林燕：《村民自治视野下云南城郊农村白族妇女的政治参与——以昆明市西山区碧鸡镇观音山白族村为例》，《云南行政学院学报》2006年第5期。

[6] 王丽华：《论村民自治与少数民族妇女的社会政治化》，《云南行政学院学报》2006年第5期。

[7] 陆海霞：《论新农村建设中少数民族地区农村妇女的政治参与——基于广西11地市女村官的数据》，《云南行政学院学报》2012年第3期。

担了相当多的工作。同时，牧区藏族女性的家庭地位要明显高于农区。①拉毛措详细分析了青海藏族妇女在社会经济生活中所发挥的重要作用，虽然社会地位不高，但她们却是家庭的运转核心②；和钟华先后对云南纳西族、彝族、藏族、普米族、傣族、哈尼族、基诺族等少数民族妇女的经济参与进行过长时间的调查研究，发现她们在地方社会的经济发展中发挥着日益重要的作用③，同时，还有研究发现，妇女通过非政府组织的培训和赋权能够获得更多的社会技能④；在广西，第四次人口普查统计数据显示，少数民族妇女的劳动参与程度同时高于区域内汉族和全国少数民族妇女平均水平⑤，中越边境互市点开放后，妇女在边境贸易中的重要作用逐渐显现出来⑥。

在教育发展领域，拉毛措回顾了藏族妇女教育的近现代史，指出藏族妇女教育仍是不容忽视的重要问题⑦，李子华的研究提出"应根据藏区各项社会事业长远发展的需要以及藏族妇女教育的特殊需求，建立新的教育政策支持系统，保障藏族妇女教育事业的科学、健康和可持续发展"⑧；杨国才通过对云南少数民族女性受教育状况的分析，探讨制约妇女受教育的原因，提出推动妇女教育扶贫、开办各类技能培训机构等对策⑨，罗阳分析和比较了傣、哈尼和布朗族妇女的受教育情况，发现各族妇女的受教育程度存在差异，影响因素包括生产方式、经济条件和宗教教育等⑩；在

---

① Matthias Hermanns, *The Status of Woman in Tibet*. Anthropological Auarterly, 1953, p. 26.

② 拉毛措：《青海藏族妇女在社会经济生活中的地位与作用》，《青海民族学院学报》（社会科学版）1995年第4期。

③ 和钟华：《论少数民族妇女的经济参与》，《云南社会科学》1995年第4期。

④ 章立明：《温洛克（Winrock）"妇女能力建设与农村发展项目"培训个案研究》，《妇女研究论丛》2003年第5期。

⑤ 刘宝芬：《浅析广西少数民族妇女就业现状与特点》，《广西民族研究》1995年第2期。

⑥ 韦莉芳：《广西边贸经济发展中的特殊现象——妇女的地位和作用》，《广西商专学报》1998年第3期。

⑦ 拉毛措：《藏族妇女教育历史回顾》，《攀登》2007年第4期。

⑧ 李子华：《藏族妇女教育现状及政策转向》，《青海民族大学学报》（社会科学版）2015年第4期。

⑨ 杨国才：《云南少数民族女性的教育和发展》，《云南师范大学学报》1999年第6期。

⑩ 罗阳：《西双版纳傣、哈尼、布朗族妇女的教育比较》，《云南民族学院学报》（哲学社会科学版）2001年第4期。

广西，农村妇女的职业教育问题受到关注①，同时针对大量的留守妇女，黄约等的研究提出，应"提供必要的教育救助途径和手段，引导少数民族农村留守妇女参与分享社会教育资源，依靠科技知识的力量彻底改变贫困落后的面貌"②。

此外，西南边境的妇女研究除涵盖中国妇女问题研究的各个领域外，还凸显出独特的地域特征。然而，受学科视野的影响，早期的妇女问题研究者对婚姻制度、劳动分工、宗教民俗等方面对妇女发展的影响关注较多，对妇女发展与社会现实问题之间的联系探讨相对较少。因此边境地区的妇女问题进入国内学界的研究视野还不到20年时间。如对妇女流动与艾滋病防控问题的研究③，对拐卖妇女问题的法理学探讨④和实地研究⑤，以及对跨国通婚的综合性研究⑥等。

（三）妇女发展与社会稳定问题研究

中国的妇女发展问题源于马克思主义妇女解放研究。中国共产党建立后，一直将马克思主义妇女解放理论作为妇女工作的指导思想。新中国成立后，党和国家进一步加强对马克思主义妇女解放理论的研究，先后出版了一系列重要成果。如1978年出版的《马克思恩格斯列宁斯大林论妇女》⑦和1985年出版的《马克思主义妇女解放基础理论》⑧等。20世纪80年代以后，中国学者开始参与到当代妇女发展问题的研究当中，并积

---

① 王海燕：《普及农村妇女职业教育的几点探讨——以广西为例》，《社会科学家》2012年第5期。

② 黄约、江燕娟：《基于性别平等的少数民族农村留守妇女教育救助——以广西上林县农村留守妇女教育救助调查为例》，《浙江学刊》2009年第1期。

③ 孙宏：《黑龙江省中俄边境地区流动妇女艾滋病干预研究》，《中国性病艾滋病防治》2002年第6期。

④ 袁娥、杨镇宇：《当前我国边疆民族地区拐卖妇女犯罪活动分析研究》，《妇女研究论丛》2001年第2期。

⑤ 程曦：《中越边境贩卖越南妇女问题研究》，《武汉公安干部学院学报》2010年第4期。

⑥ 沈海梅：《在跨国移民理论框架下认识中国的"外籍新娘"》，《昆明理工大学学报》（社会科学版）2012年第5期；李雪岩、龙耀：《中越边境跨国婚姻问题研究（妇女篇）——以广西大新县德天村为例》，《世界民族》2008年第4期；李雪岩、龙耀：《中越边境跨国婚姻问题研究（子女篇）——以广西大新县德天村为例》，《世界民族》2008年第5期。

⑦ 全国妇女联合会：《马克思恩格斯列宁斯大林论妇女》，人民出版社1978年版。

⑧ 全国妇联干部学院：《马克思主义妇女解放基础理论》，人民出版社1985年版。

极开展国际学术对话①，1990年以后，随着民族人口学的研究对象和方法得到不断拓展，少数民族妇女发展问题的系统研究逐步展开。除重视少数民族妇女发展在地区社会经济发展中的重要作用②之外，还积极开展妇女发展与适应问题研究③，逐步形成了具有中国特色社会主义妇女理论与实践活动④。在学术研究领域，李小江以"文化大革命"为时间节点，将新中国的妇女解放分为前后两个时期，并认为中国妇女成功地由"家庭中人"转变为"社会中人"，同时在法律上实现了男女平等⑤；杜芳琴的《妇女和妇女史的本土探索——社会性别和跨学科视野》在原有的女性地位研究基础上引入了西方的社会性别理念，开启了中国妇女发展研究的新视野⑥。

中国对社会稳定问题的研究始于20世纪80年代，早期的研究路径集中于西方政治学的政治发展理论，邓伟志较早开展了对社会稳定相关概念和理论的研究，并提出了社会稳定的主要类型⑦；陶德麟对社会稳定的基本概念进行了厘清，同时对其基本内容与影响因素展开讨论⑧；在实证研究方面，黄建钢等的研究讨论了社会稳定的具体思路与对策⑨，胡联合等则结合社会稳定的理论与实践展开系统研究⑩。西方学者对此问题的研究起源于对20世纪60年代以后对发展中国家政局动荡和社会失稳问题的思考。大部分研究立足于传统与现代两分法，采用比较研究和实证分析方法，对此类问题进行了多角度、多方位的探讨，如阿尔蒙德对政治结构专业化和政治文化世俗化的研究⑪及亨廷顿的政治

---

① 雷洁琼：《保护妇女儿童合法权益发挥妇女的积极性》，《法学杂志》1985年第2期。
② 程昭星：《重视少数民族妇女的作用发展民族地区经济》，《黑龙江民族丛刊》1989年第4期。
③ 陈金定：《妇女发展与适应问题：理论与实务》，华东师范大学出版社2009年版。
④ 彭珮云：《中国特色社会主义妇女理论与实践》，人民出版社2013年版。
⑤ 李小江：《女性/性别的学术问题》，山东人民出版社2005年版。
⑥ 杜芳琴：《妇女学和妇女史的本土探索——社会性别和跨学科视野》，天津人民出版社2003年版。
⑦ 邓伟志主编：《变革社会中的社会稳定》，上海人民出版社1997年版。
⑧ 陶德麟主编：《社会稳定论》，山东人民出版社1999年版。
⑨ 黄建刚等：《社会稳定问题研究》，红旗出版社2005年版。
⑩ 胡联合等：《当代中国社会稳定问题报告》，红旗出版社2009年版。
⑪ ［美］加布里埃尔·A. 阿尔蒙德等：《比较政治学：体系、过程和政策》，曹沛霖译，上海译文出版社1987年版。

参与大众化研究①等，并提出通过政治发展来实现发展中国家社会稳定的途径和策略。

20世纪90年代中期，随着妇女心理研究的发展，中国学者发现了妇女发展与社会稳定之间的关系，指出妇女心理暗含有利社会稳定的潜质，呼吁社会各界进一步认识妇女的社会价值②。党和国家也将妇女视为社会稳定的重要贡献者加以重视③。近年来，面对民族宗教冲突、群体性事件和恐怖活动等边疆民族地区社会不稳定问题，内蒙古、西藏、广西等④边疆省区先后开展各类实践活动，号召广大妇女以家庭小稳定推动社会大稳定，在打击违法犯罪、恐怖活动等社会不安定因素中发挥积极作用。在国外学者眼中，妇女不仅是社会活动的参与元素，同时也在军事、战争、种族冲突等社会稳定问题中发挥着重要作用。

聚焦边疆社会稳定问题，在整体研究方面，何明与王越平指出，"疏导民族与国家、民族与民族之间的关系，建构适应当前我国边疆民族需求的公民文化是妥善解决边疆社会的不稳定问题的核心"⑤。李育全的研究发现，"影响边疆民族地区社会稳定的因素是动态、复杂、多元的，必须在认清因素的基础上对相关因素采取积极引导，及时化解矛盾和纠纷，形成良性、动态的社会稳定机制"⑥。徐祇朋的研究指出，适时构建民族地区的社会稳定风险评估指标体系，对民族地区的经济、社会发展等情况进

---

① [美]塞缪尔·P. 亨廷顿：《变化社会中的政治秩序》，王冠华等译，生活·读书·新知三联书店1989年版。

② 关小燕：《妇女心理与社会稳定》，《江西师范大学学报》（哲学社会科学版）1995年第1期。

③ 胡锦涛：《团结动员亿万妇女为实现党的十四届五中全会提出的宏伟目标多做贡献——在全国妇联七届三次执委会上的讲话》，《中国妇运》1995年第12期。

④ 参见陈羽《认真学习贯彻中国妇女十大精神 努力开创内蒙古妇女儿童工作新局面》，《中国妇运》2009年第1期；王春霞《西藏妇女要为维护社会稳定实现跨越发展发挥"半边天"作用》，《中国妇女报》2011年4月25日A1版；邹才仁、蒋巧莲《扎实做好妇女群众工作 促进社会和谐稳定》，《中国妇女报》2012年7月12日A1版。

⑤ 何明、王越平：《全球化背景下边疆社会稳定研究的几个问题》，《云南师范大学学报》（哲学社会科学版）2009年第3期。

⑥ 李育全：《维护边疆民族地区社会稳定的对策分析》，《云南农业大学学报》（社会科学版）2010年第3期；李育全：《维护边疆民族地区社会稳定的基本对策》，《学理论》2011年第2期。

行综合分析研究,能有效减低社会管理成本,更好地建设民族地区的和谐社会[1]。在各方向影响因素研究领域,李育全对宗教与边疆社会稳定之间的关系和影响机制进行了长时间的跟踪研究,提出了针对邪教的防治对策[2];高静文在大量实地调查的基础上对民族心理与社会稳定之间的关系进行了分析[3];在边疆社会稳定的社会治理方面,李育全和马雁关注了资源使用问题[4],钱素华则对其社会管理展开讨论[5];在边境地区突出社会稳定研究方面,王晓艳[6]、杨文英等[7]集中调查分析了跨国婚姻问题,鲁刚[8]、张金鹏[9]等则先后对西南边境的社会稳定问题先后开展过系统研究。

综上所述,尽管国内外学者都对包括中国在内的发展中国家社会稳定问题给予了关注,但仍存在某些不足。如西方学者的研究成果大多以自身政治现实为参照系,研究结论脱离各研究对象国的发展实际;同时,学者自身秉持的"西方中心主义"思想严重干扰了研究成果的客观性与价值取向。国内学术界以往对社会稳定问题的研究较多集中于政治学、社会学和管理学视角,缺乏对社会各阶层对社会稳定问题的参与性研究,尤其是妇女群体。妇女作为社会的重要组成部分,只有找出其生存发展的内在规律及其与社会稳定发展之间的联系,才能更好地促进群体自身的发展和边境社会的稳定发展,因此,研究妇女发展与社会稳定之间的关系及其影响

---

[1] 徐祗朋:《关于边疆地区社会稳定风险评估指标体系构建的思考》,《西南民族大学学报》(人文社会科学版)2012年第7期。

[2] 李育全等:《论邪教的界定及边疆民族地区邪教的特点》,《云南农业大学学报》(社会科学版)2010年第3期。

[3] 高静文、赵璇:《民族心理与边疆社会稳定》,《中南民族大学学报》(人文社会科学版)2010年第1期;高静文:《边疆民族心理、文化特征与社会稳定调查研究》,民族出版社2011年版。

[4] 李育全、马雁:《农村社会稳定机制的构建——以土地使用所蕴含的社会公共资源为视角》,《农村经济》2009年第12期。

[5] 钱素华:《创新社会管理,维护边疆民族地区社会稳定》,《云南行政学院学报》2012年第5期。

[6] 王晓艳:《从民族内婚到跨国婚姻:中缅边境少数民族通婚圈的变迁》,《思想战线》2014年第6期。

[7] 杨文英、张吟梅:《中缅跨国婚姻与边疆社会稳定》,云南大学出版社2013年版。

[8] 鲁刚等:《社会和谐与边疆稳定》,中国社会科学出版社2011年版。

[9] 张金鹏、保跃平:《跨境民族乡村社会安全问题和转变维稳方式研究》,中国社会科学出版社2015年版。

四 概念界定、理论视角与研究方法

(一) 概念界定

1. 西南地区

中国的西南地区有着双重概念,其一为地理分区,与西北、东北、华北、华东、华南、中南等区域并立,区域范围经多次调整后逐步确定,包括今天的云南省、贵州省、四川省、西藏自治区,1997年后增设重庆直辖市;其二为气候分区,泛指青藏高原西部的云贵高原、四川盆地等地理单元,除覆盖云贵川三省外,还包括了陕西省南部、湖北和湖南两省的西部和广西壮族自治区的西北部地区。两种分类各有侧重,关注不同。本项研究的主要研究对象为西南边境的三个省区,因此在参考地理范畴的基础上结合西南陆地边境线的实际分布确定研究区域。按照这一划分方式,本研究所指的西南地区在广义上为西藏自治区、云南省和广西壮族自治区,狭义上则专指藏滇桂三省区与邻国接壤的边境县市,尤其集中讨论接壤国家较多的云南边境县市区域。

2. 妇女发展

妇女发展是社会发展的一种社会性别分析视角,其前提和基础是妇女解放。妇女发展研究具有深厚的国际背景,源于主流社会发展的路径和全球妇女运动。曾先后出现了三种理论与政策模式:20世纪70年代的"妇女参与发展"(Women in Development,WID)、80年代后期的"妇女与发展"(Women and Development,WAD)及90年代以来的"社会性别与发展"(Gender and Development,GAD)。在我国,对妇女发展的认识与国家和社会的发展密切相连。很多学者都对此进行了解读和阐释。本文援引学者李静之的观点,认为妇女发展是"在人的发展框架下,来确定促进妇女发展需要做的事情,并对与此有关的理论问题进行讨论,使之在逻辑上和内涵上更加清晰"[①]。

3. 社会稳定

社会稳定是社会学研究的重要领域,社会稳定的实质是社会整合程度高低和社会运行是否有序。有学者认为,"是指一定地理区域内的社会共

---

① 李静之:《论妇女解放、妇女发展和妇女运动》,《妇女研究论丛》2003年第6期。

同体内部及其与外部关系的正常有序状态"①,是"社会秩序和社会生活的安定、协调、和谐和有序,是通过人们的自觉干预、控制和调解而达到的社会秩序和社会生活的动态平衡状态"②。社会稳定有广义和狭义之分,有学者认为"广义的含义将社会稳定理解为社会或其中特定群体为达到维持社会秩序而采取的手段;狭义的理解则将其理解为社会或其特殊群体对偏离社会规范的越轨行为所采取的限制措施及限制过程"③,也有研究认为"广义的社会稳定包括政治局势、经济形势、社会生活和社会心理四类;狭义的社会稳定专指社会生活、社会心理和社会关系的稳定"④。本书的研究主要聚焦狭义的社会稳定范畴。

(二) 理论视角

1. 妇女发展理论

20世纪60年代的妇女解放运动和女性主义思潮催生了作为专门领域的"女性研究",也为妇女发展奠定了重要的理论基石。20世纪70年代以后,学界逐渐产生了一批探讨妇女发展的成果,孕育了在国际上影响深远的"妇女参与发展"(WID)运动。博斯鲁普的《妇女在经济发展中的作用》是这一领域的奠基之作,研究首次运用量化分析的方式呈现了在西方女权主义和现代化影响下的妇女发展成就。其他的代表人物及其著作还包括玛丽·沃尔斯通克莱夫特的《妇女权力的辩护》,约翰·斯图尔特#穆勒的《妇女的屈从低位》、《承认妇女的选举权》和《妇女的参政权》,贝蒂·弗里丹的《女性的奥秘》和《第二阶段》等。"参与发展理论"强调妇女对现行社会结构的适应和对更加公平的发展机会的获取,提高妇女社会生产劳动参与度是其关注的重点领域,但由于倡导者的思想阐发于西方中产阶级,因此在解决发展中国家复杂的社会现实问题时还存在一定的局限性。

80年代以后,第三世界和原殖民地国家的女性主义者开始发声,有效提升了发展中国家和欠发达国家在妇女发展领域的参与水平,"妇女与

---

① 丁水木:《社会稳定的理论与实践:当代中国社会稳定机制研究》,浙江人民出版社1997年版,第2页。
② 陶德麟:《社会稳定论》,山东人民出版社1999年版,第4页。
③ 蔡应明:《社会稳定学》,上海三联书店2014年版,第20页。
④ 丁水木:《社会稳定的理论与实践:当代中国社会稳定机制研究》,浙江人民出版社1997年版,第7页。

发展理论"（WAD）由此逐渐崛起。1984 年，总部设在印度的新时代妇女发展替代选择组织（DAWN）召开第一届会议，与会者对以西方思潮为主的妇女主流发展模式和理论展开讨论和批判。此次会议成为国际妇女发展理论的一次重要转向，至此，发展中国家的妇女问题研究者开始尝试在西方思想影响之外的领域对妇女发展理论提出新的思考与实践。此外，马克思主义妇女理论对"妇女与发展理论"贡献良多。马克思主义妇女理论强调妇女在资本主义和阶级社会中受到的压迫，并关注妇女在社会发展进程中所发挥的重要作用，同时批判西方发达国家对发展中国家的长期索取与控制。"妇女与发展理论"同样对现行社会结构采取默认与接受的态度，认为以男性为主导的社会性别制度难以改变，妇女发展必须另辟蹊径，因此大多采取通过 NGO 组织开展的小型项目帮助妇女获得工作机会，增加经济收入，以此获取相应的权利和地位。这类实践活动在一定程度上动员了妇女参与社会活动，提高了妇女的经济参与度和社会地位，但从整个社会层面来看仍然收效甚微。

90 年代以后，随着"社会性别研究"的兴起，"妇女发展理论"也逐渐转变为"社会性别与发展"（GAD）。学界对妇女受压迫的根源理解更加深入和透彻，女性开始逐渐成为与男性平等的性别群体。妇女发展的解决路径逐渐从先前的政治、法律等层面逐渐被引入到国家发展规划进程中，性别视角开始出现在国家政策和发展规划内容中。由于有了国家的有效参与，妇女地位和妇女发展获得了更多的政策保障。同时，社会性别开始成为全社会关注的社会问题，与之有关的著作大量问世，社会性别作为专门性课程进入了大学课堂。与之前的"妇女参与发展"和"妇女与发展"两个发展阶段相比，"社会性别与发展"不仅吸纳了发展中国家的妇女群体自主发声，同时将妇女发展置身于纷繁复杂的国际格局中，强调妇女的阶级处境，关注由于经济发展和社会制度所造成的性别不平等。

回顾妇女发展理论的历史，不难看出，前期的理论深受西方思潮的影响，忽略了深受资本主义压迫和殖民主义影响的发展中国家的妇女群体，将妇女视为一个孤立的群体，解决妇女发展的路径也相对单一。得益于社会性别理论的发展，妇女发展问题的社会关注度显著提高，妇女群体与社会结构之间的紧密联系受到认可，妇女的主观能动性和知识谱系受到重视。可以说，"回望过往几十年，女权主义理论家与实践者不单致力于抨击主流的'第三世界'发展模式，她们还建构起异彩纷呈的关于'第三世界'妇女的知识体系"[①]。随着妇女发展进入国家政策与规划领域，妇女发展问题已经成为社会与国家发展不可或缺的重要组成部分。

2. 马克思主义的社会稳定理论

马克思认为，社会稳定是人的稳定，"人们之所以有历史，是因为他们必须生产自己的生活，而且必须用一定的方式来进行；这是受他们的肉体组织制约的，人们的意识也是这样受制约的"[②]。社会稳定的基本原理是生产关系一定要适应生产力的发展。社会稳定的措施包括社会改革和社会革命两大类。社会稳定是关于社会运动过程的具体形式、发展阶段和不同质态的范畴，是同生产力发展一定阶段相适应的经济基础和上层建筑的统一体。社会稳定发展的根本动力是社会基本矛盾，科技是社会稳定发展的主要动力，社会改革是其发展的修复动力，社会革命是其发展的变革动力，阶级斗争则是其变革的直接动力。

1949年以后，马克思主义社会稳定理论在我国得到了很好的继承与发展，被运用于社会稳定实践，形成了具有鲜明特色的社会主义稳定论。"对于社会稳定来说，解放思想是指在马克思主义指导下打破习惯势力和主观偏见的束缚，研究生产关系不适应生产力的新情况，解决社会改革中的新问题，以实现社会稳定。事实就是指从社会稳定现实出发，探求社会稳定各子系统内部联系及其发展的规律性，认识社会主义稳定的本质。"[③]之后，科学发展观稳定理论与和谐稳定论为中国在不同历史时期解决社会稳定问题提供了重要指导。对于社会稳定的分析维度，从宏观层面，可分为国内社会的稳定和国际环境的稳定两个方面；聚焦国内，又可分为政治局势稳定、经济形势稳定、思想情绪稳定和社会秩序稳定四个方面。[④]

从整体上看，西方学者对社会稳定的研究大多在"社会运动理论"的视角下展开，早期的研究大多基于"群体心理学"的研究范式。20世纪70年代以后，这种理论的弊端不断凸显，饱受批评，对社会稳定的认识、理解与探究不断得到推进。可见，研究社会稳定，必须重新审视

---

① 胡玉坤、郭未、董丹：《知识谱系、话语权力与妇女发展——国际发展中的社会性别理论与实践》，《南京大学学报（哲学·人文科学·社会科学版）》2008年第4期。

② 《马克思恩格斯选集》第1卷，人民出版社1995年版，第81页。

③ 蔡应明：《社会稳定学》，上海三联书店2014年版，第134页。

④ 汪信砚：《邓小平的社会稳定思想及其在新时期的发展》，《马克思主义研究》2004年第4期。

"社会冲突"这一概念。西方社会冲突论认为，现代社会的冲突是人们对社会的一种情绪表达，具有"安全阀"和"出气孔"功能，对社会稳定具有极为重要的意义。

3. 社会学与人类学的身体研究

身体研究起源于古典哲学，柏拉图、笛卡尔等哲学家都曾经对人的身体有过讨论。但在他们眼中，身体都是一种低于灵魂的存在状态。因为这种偏见的主导思想，身体遭到了学术界长期的忽视。直到20世纪70年代前后，身体"缺席在场"的状态才开始逐渐改观，转而成为新的学术话题受到关注。玛丽·道格拉斯的《洁净与危险》（1966）和《自然象征》（1970）两部著作的出版不仅成为象征人类学的重要代表作，同时也开启了人类学身体研究的历史。早期的研究将身体视为人类学交往和互动的媒介，如罗伯特·罗维（1924）对宗教经历中个人身体可变性的研究，保罗·雷丁（1927）在《人的个性和自我》中对毛利原住民身体哲学的研究，罗伯特·赫兹对右手优越性的象征研究以及莫斯对身体机能的研究等。

中期的研究则将身体视为人类将交往和互动的媒介，如梅洛·庞蒂亚关于直觉和涉身性的研究，布迪厄的实践与惯习研究，福柯对身体规训机构的研究。一系列的重要身体理论也相继推出，如休斯和洛克的"三重身体"概念，特纳的"身体秩序"理论，奥尼尔的"五种身体"理论，戈夫曼的"互动秩序"理论，弗兰克的"行动问题"研究，哈拉维的身体边界研究，布莱金为身体人类学研究提供的分析框架等。此外，随着女性主义的涉入，身体研究也带有了社会性别批判的色彩。巴特勒基于表演性的社会性别分析即为其中的代表。在这一时期，身体逐渐成为研究的主题，并形成了身体人类学的"社会—文化"研究范式。

后现代主义思潮兴起后，分析身体的视角逐渐多元化，尤其是女性主义思潮的兴起使得学界对身体与政治和社会性的反思变得更加深入，并逐渐成为一种独特的分析视角。如波伏娃的《第二性》、米利特的《性的政治》等社会性别研究成果的面世，社会学和人类学对身体的研究逐步拓展到消费文化（身体装饰、减肥、整容、舞蹈等）、医学人类学（生育、疾病、医疗技术等）和暴力人类学（难民、暴力、犯罪）等纵深领域。

可见，人类对自身身体的理解是一个不断变化的过程。特纳从权力的视角提出了话语性和物质性的身体,奥尼尔提出了生理态、沟通态、消费态、医学态的身体,克里斯·希林认为,"要梳理身体这个概念,最富裨益的方式就是把身体概括为一种兼具生物性与社会性的未完成现象,因其进入并参与社会,而在特定的限制之下发生转化。正是这种生物性兼社会性的特征,使身体这种现象既显白无奇,又难以捉摸"①。基于上述理论,本书所指的"身体"为社会学和人类学"身体研究"(body studies)领域的研究对象,重点关注身体的社会属性和文化属性,与医学、生理学和其他学科所关注的"物理性"相区别。

综上,本书的研究可以说是一种新的尝试。从身体研究的视角看,本书的研究不同于以往对身体话语和身体文化的研究,而是集中讨论身体政治和身体表达,研究内容既涉及医学人类学对妇女身体的疾病、性感知等问题的探讨,也与暴力人类学中政治、暴力对身体的影响,以及身体在暴力中的角色有关。从社会稳定研究的视角看,研究从社会动员的理论着手,重点分析妇女群体在社会稳定中的角色和影响机制;从妇女发展的角度看,研究着重从社会发展与稳定维护的视角分析影响妇女发展的主要因素,探讨改善妇女发展的有效路径。

因此,本书将妇女的身体作为一个特殊的对象,分析其在西南边境地区特殊的空间中所扮演的角色和发挥的社会功能,同时也是身体范式在民族研究中的一次尝试性运用,探讨了"疾病、老龄化、婚姻等在民族研究中较少被关注的身体社会学问题"②。三个视角的叠加构建了本书的分析框架,即从群体视角分析妇女发展的现状与问题,从身体研究的视角分析妇女群体在地区发展和社会稳定维护中所扮演的角色和发挥的作用,而后从妇女发展和社会稳定维护的视角提出相应的对策建议。

(三)研究方法

1. 文献研究法。文献资料是开展系统、科学研究的必要前提。课题组通过大量查阅,试图全面掌握国内外对西南边境地区研究的各类相关文献,了解研究对象的整体情况,搭建研究的基本分析框架,为研究提供理论支持。同时,在开展实地调研的各市、州、县图书馆、档案馆

---

① [英]克里斯·希林:《身体与社会理论》第2版,李康译,北京大学出版社2010年版,第12页。

② 伍小涛:《试论身体社会学在民族研究中的运用》,《广西民族研究》2017年第4期。

及各相关政府部门获取了部分资料。同时,课题组还从美国、中国香港等地的大学获取了部分相关的英文文献。为方便阅读,文后所列出的参考文献先按照出版物属性进行分类,而后以作者姓名的首字母为序,在同一出版物有多版本时优先选择较近出版的版本,对外文出版物优先选择中译本引用。

2. 定量研究法。为有效弥补质性研究的不足,提高对研究对象分析、判断的科学性和准确性,研究采用定量分析的方法,采集权威统计数据,通过对人口、经济、劳动、教育、卫生等各类统计资料数据的筛选,参照国内外行业标准,结合研究对象实际情况,建立评估指标体系,选择恰当分析工具,通过统计分析方法对西南三省区的妇女发展状况做出计量评估,为影响因素的筛选和影响机制的研判奠定必要基础。

3. 田野调查法。田野调查法是人类学研究必不可少的经典研究方法。在女性研究领域中,这种方法的运用还有三个重要的目的,一是纪实性地描述妇女的生活和劳动;二是从这些妇女自身的角度来理解她们;三是在社会的背景中认识妇女[①]。结合以往研究成果,课题组通过前期调查和甄选,将少数民族人口的集中程度和总量,边境线的分布和长度,民族传统文化的保护状况,地理位置和交通状况,当地政府对调查研究开展的接纳程度,研究开展的时间和经费限制等作为选择标准,选择了中缅边境的德宏傣族景颇族自治州、中老边境的西双版纳傣族自治州和中越边境的红河哈尼族彝族自治州等地开展实地调研。通过比较分析不同民族妇女发展与当地的社会稳定状态,研究西南地区社会稳定问题的成因与特征,深化对妇女发展和社会稳定问题的认识。

4. 个案分析法。个案研究能够充分展现研究对象的现实状态,并有效勾连研究对象及其所处社会环境各要素之间的密切联系。课题组在文献研究与田野调查的基础上,除展现实地调查的个案资料外,还涵盖了近年来各地司法机关公开审理结案的一批大案、要案。通过筛选丰富的典型个案,基于事实描述、特征提炼与类型归纳,对这些具有代表性的个人和群体进行深入调查与分析,帮助探究当地妇女发展与社会稳定问题的特点、相互关系与形成过程,了解妇女对社会稳定问题的影响机制。除各级司法

[①] 刘霓:《西方女性学:起源、内涵与发展》,社会科学文献出版社2001年版,第66—67页。

机关公开审理结案的审判对象外，课题组对实地调查所得个案中的报道人真实姓名进行了适当处理，以保护调查对象的个人隐私。

5. 跨文化研究。尽管妇女问题研究在人类学领域受到欢迎和关注，但已有文献资料中存在的男性主义偏见却大量存在。为克服此类材料可能存在的误导，运用跨文化的实证调查方法研究不同社会背景中妇女的生活经验十分必要。[①] 课题组通过文献研究和实地调查相结合的方式，选择不同文化背景的田野点开展研究，通过跨文化的类比和分析，为科学和合理地解释研究对象奠定必要的基础。

---

① Reinharz, Shulamit：《女性主义跨文化研究》，陈瑶、龙灿译，孙中欣、张莉莉主编：《女性主义研究方法》，复旦大学出版社2007年版，第378—392页。

第一章　西南三省区妇女发展现状评估

妇女发展水平是衡量社会性别平等、社会公正、社会整体发展状况的重要指标。自从妇女发展评估方式产生以来，国际社会对其的认可度不断提高，世界各国均逐步对评估标准进行探讨，并在其引导下开展妇女工作。自第四次世界妇女大会在中国召开以来，国务院先后颁布了《妇女发展纲要（1995—2010年）》《妇女发展纲要（2001—2010年）》《妇女发展纲要（2011—2020年）》等一系列重要的规划性文件，极大地促进了中国妇女事业的发展。在妇女发展水平的评估方面，评估方式的选择与指标体系的建构均经过了长期的发展历程。

近20年来，全国妇联妇女研究所对性别平等和妇女发展评估指标体系和综合指数进行了长期的探索和研究，先后发布了一批具有重要意义的评估报告[1]，为了解和评价适合中国国情的妇女发展状况提供了基本的评估与分析框架，为相关研究的开展奠定了坚实基础。通过对西南边境地区妇女发展状况的评估，能够运用系统的理论和科学的分析方法对当前西南边境地区妇女的生存现状进行准确评估，对妇女群体未来的发展趋势进行科学预测，为了解和探索妇女群体与当地社会发展与和谐稳定中各因素之间的关系提供基本的分析基础。

---

[1] 参见谭琳主编《1995—2005年：中国性别平等与妇女发展报告》，社会科学文献出版社2006年版；谭琳主编《2006—2007年：中国性别平等与妇女发展报告》，社会科学文献出版社2009年版；谭琳主编《2008—2012年：中国性别平等与妇女发展报告》，社会科学文献出版社2013年版；谭琳主编《2013—2015年：中国性别平等与妇女发展报告》，社会科学文献出版社2016年版。

第一节 综合评估

一 指标体系的建构

根据前期研究经验，以往对妇女发展状况的评估由于过度依赖每隔10年开展一次的全国人口普查、中国妇女地位调查等周期较长的专项统计数据，导致研究的时效性受到较大影响和制约。《妇女发展纲要（2011—2020年）》确定了妇女与经济、妇女参与决策和管理、妇女与教育、妇女与健康、妇女与法律、妇女与环境六个优先发展领域的主要目标和策略措施，由于在实际操作过程中后两个指标的数据选择与采集存在一定障碍，很多研究对评估方式进行适当调试。本研究借鉴全国妇联妇女研究所2015年开展的《中国性别平等与妇女发展综合评估报告》中建构的指标体系对原来涵盖三个层级的综合评估指标体系进行适度简化，结合西南边境地区的实际情况，重点考察受生命健康状况、教育状况、经济参与状况、政治参与状况等敏感度较高的妇女发展领域，同时将当地的社会发展实际和传统文化等因素纳入评估参考范围，提高了评估结果的准确性、可比性与解释性。由于各指标体系存在差异性，在整合加权之后需要依照统计学的相关方法进行标准化处理，本研究的计算方式借用《中国性别平等与妇女发展综合评估报告》中的方式进行转换，具体如下：

"生命健康"领域的"孕产妇死亡率"指数原为负向，即指数越高妇女的生命健康状况越差，正向转换方式为生命健康指数=（1-孕产妇死亡率×0.01）×100，数值越大说明妇女生命健康状况越好；"教育"领域的"平均受教育年限"指数为同年度同地区女性人口平均受教育年限与男性人口平均受教育年限之比，最高得分为100，最低为0；"经济参与"领域主要考察城镇单位就业人员中的女性比例，以50%为男女平等发展的理想值，评估值为实际值与理想值之比，越接近50%者评估指数越接近1；"政治参与"领域同样以女性比例达到50%为理想值，以实际值与理想值之比为评估值，越接近50%者评估指数越接近1。上述各领域按照同等权重进行加权汇总后得出综合评估指数（见表1-1）。

表1-1　　　　西南地区性别平等与妇女发展评估指标及其权重

领域	指标	权重
生命健康	孕产妇死亡率（1/10万）	0.25
教育	平均受教育年限（年）	0.25
经济	城镇单位就业人员中的女性比例（%）	0.25
政治参与	村委会成员中女性比例（%）	0.25

资料来源：参考贾云竹《中国性别平等与妇女发展综合评估报告（2010—2015年）》中的评估指标体系建构而成，参见谭琳主编《2013—2015年：中国性别平等与妇女发展报告》，社会科学文献出版社2016年版，第282页。

二　综合发展状况评估

根据上述评估指标选择标准，课题组对反映2015年西南边境三省区妇女的生命健康、教育、经济与政治参与四个领域发展水平的指标进行原始数据采集、汇总、计算，整理汇总为表1-2。从全国水平上看，主要反映生命健康水平的孕产妇死亡率为20.1/10万，已经非常接近《中国妇女发展纲要（2011—2020年）》中提出的20/10万的终期目标；主要反映教育水平的妇女受教育年限为8.85年；主要反映经济参与水平的城镇单位女性就业人员比例为32.49%；主要反映政治参与水平的居委会、村委会中女性人员比例为22.88。与全国水平相比，除西藏的妇女经济参与程度高于全国平均水平外，其余指标数据均低于全国水平。

表1-2　　　　西南三省区妇女发展综合评估数据一览表

评估领域	生命健康	教育	经济	政治参与
评估指标	孕产妇死亡率（1/10万）	女性平均受教育年限（年）	城镇单位女性就业人员比例（%）	居委会、村委会中女性比例（%）
全国	20.1/10万	8.85	32.49	22.88
云南	23.63/10万	7.80	28.11	18.20
西藏	100.92/10万	5.26	35.62	22.48
广西	14.2/10万	8.48	26.97	20.78

资料来源：根据国家卫生和计划生育委员会《中国卫生和计划生育统计年鉴2016》，中国协和医科大学出版社2016年版，第218—219页；国家统计局人口和就业统计司《中国人口和就业统计年鉴2016》，中国统计出版社2016年版，第90—92页；国家统计局人口和就业统计司、人力资源和社会保障部规划财务司《中国劳动统计年鉴2016》，中国统计出版社2017年版，第265页；中华人民共和国民政部《中国民政统计年鉴2016》，中国统计出版社2016年版，第654—655页中的相关数据统计、计算形成。

从地区数据来看，西南三省区之间妇女生命健康领域发展水平地区差距较大，其中广西的孕产妇死亡率已经低于"纲要目标"20/10万，云南的水平也在逐步接近这一目标，而西藏的孕产妇死亡率还高达100.92/10万。在教育发展领域，三省区中广西水平最高，女性平均受教育年限达8.48年，高于全国平均水平；云南其次，为7.80年；西藏最低，为5.26年。在经济参与领域，西藏妇女参与程度最高，城镇单位女性就业人员比例达35.62%，超过全国平均水平；云南其次，为28.11%；广西最低，为26.97%。在政治参与领域，西藏妇女再度领先，居委会、村委会中女性成员的比例达22.48%，非常接近全国平均水平，广西次之，云南最低。

从原始数据反映的情况看，西藏自治区妇女的生命健康状况显著落后于全国平均水平与云南、广西两省区，受教育状况相对落后，但妇女的经济与政治参与水平却显著高于上述两省区，集中反映出藏族妇女在当地社会发展中所扮演的重要角色，以及藏族妇女群体自身发展的特殊性。

为更加清晰地对西南地区妇女综合发展状况进行评估，方便各地区和各年度的比较分析，我们根据前文建构的指标体系对原始数据进行加权汇总，得出各省区妇女发展综合评估指数（见表1-3）。经计算，2015年全国妇女发展指数为70.68分，生命健康、教育、经济和政治参与各领域的得分分别为79.90分、92.08分、64.98分和45.76分。广西妇女发展综合评估指数为三省区中最高，云南其次，西藏列末位。从各发展领域的指数看，生命健康和教育领域的位序与综合评估指数一致；经济参与领域为西藏第一，云南第二，广西最低；政治参与领域为西藏第一，广西第二，云南最低。

表1-3　　　　　西南三省区妇女发展综合评估指数一览表

评估领域	生命健康	教育	经济参与	政治参与	综合指数
全国	79.90	92.08	64.98	45.76	70.68
西藏	55	85.93	71.24	44.96	64.28
云南	76.37	92.27	56.22	36.40	65.32

续表

评估领域	生命健康	教育	经济参与	政治参与	综合指数
广西	85.8	94.43	53.94	41.56	68.93

资料来源：根据国家卫生和计划生育委员会《中国卫生和计划生育统计年鉴2016》，中国协和医科大学出版社2016年版；国家统计局人口和就业统计司、人力资源和社会保障部规划财务司《中国劳动统计年鉴2016》，中国统计出版社2017年版；中华人民共和国民政部《中国民政统计年鉴2016》，中国统计出版社2016年版等资料中的相关数据统计、计算形成。需要指出的是，因西藏自治区的孕产妇死亡率大幅度超过全国平均水平，运用前文所述计算公式得出的数值不能客观说明其发展水平，故根据贾云竹《中国性别平等和妇女发展综合评估报告（2010—2015年）》中对西藏的两次计算数值（2010、2014年）中间隔年份的平均增速作为依据进行赋值处理。

表1-4　　　　　　西南三省区妇女发展综合评估指数
变动一览表（2010—2014年）

评估领域	生命健康		教育		经济		政治参与		综合指数	
	2010	2014	2010	2014	2010	2014	2010	2014	2010	2014
全国	70.0	78.3	74	76.3	74.5	71.6	43.1	45.7	65.4	68.0
西藏	30.0	50	40.4	44.3	71.6	71.2	35.0	44.3	44.3	52.5
云南	62.7	77.9	63.9	67.9	70.4	71.3	33.2	36.4	57.6	63.4
广西	79.3	85.9	71.6	73.4	72	75.1	34.0	41	64.2	68.9

资料来源：根据贾云竹《中国性别平等与妇女发展综合评估报告（2010—2015年）》中的相关数据整理而成，参见谭琳主编《2013—2015年：中国性别平等与妇女发展报告》，社会科学文献出版社2016年版，第292—294页。

通过回顾2010—2014年全国的平均发展状况（见表1-4），可以看出，全国妇女发展综合评估指数在四年间提高了2.6分。在主要反映妇女发展水平的四个领域中，生命健康领域提升较大，共提升8.3分；教育领域和政治参与领域略有提高，分别提升了2.3分和2.6分；值得注意的是经济领域，妇女发展水平出现下降趋势，下跌2.9分。

从各地的情况看，三省区的妇女发展综合评估指数均有提高，其中西藏升幅最大，为8.2分，云南提高了5.8分，广西提高了4.7分；从各领域发展水平变动趋势看，三省区妇女的生命健康水平提升明显，其中西藏升幅最大，达20分；政治参与水平提升也较为显著，妇女的教育水平提升幅度不大，西藏和云南的妇女经济参与水平出现小幅下降。

通过上面的评估可以看出，2010年以来，全国妇女发展水平在整体上呈现出稳步提升的趋势，生命健康领域提升幅度较大，教育和政治参与领域略有提升，但经济参与水平不容乐观。在西南三省区，妇女发展水平整体上低于全国平均水平，2010 年和 2014 年的二次评估结果均位列全国各省区排名后列。① 同时，三省区之间在发展水平上存在领域上的差异，西藏的生命健康和教育发展水平较为落后，但经济和政治参与水平相对较高；广西的生命健康、教育发展和经济发展水平相对较高，但政治参与度比西藏低；云南在三省区中位列最后，无一指标高于其他两个地区。

第二节 各领域妇女发展状况评估

一 健康状况

健康是妇女发展的重要基础领域。在妇女的整个生命周期中，健康对其生育和抚养后代发挥着重要作用。1949 年以来，中国的妇女健康事业取得了长足进步，妇女健康水平全面提升，有效促进了妇女群体自身的健康水平提升和整个社会人口的良性发展。1995 年世界妇女大会在中国召开之后，国际评价标准被引入中国，妇女健康工作逐步形成长效机制，妇女健康评价领域不断拓展，但资源配置不平衡、性病和艾滋病感染等新问题也日趋严峻②。

在西南三省区，由于自然条件的限制和经济社会发展的落后，妇女健康状况长期落后于全国平均水平，除前文所示的孕产妇死亡率较高外，从 2015 年三省区的孕产妇健康指标来看（见表 1-5），云南省的高危产妇比重高达 29%，西藏的孕妇建卡率、系统管理率、产前检查率、产后访视率和住院分娩率均为三省区中最低，建卡率和系统管理率仅为 83% 和 71%，产前检查率和产后访视率也只达到 87.3% 和 84.1%，但住院分娩率已经超过 90%。对比"纲要目标"要求（85%、96%），云南、广西的孕

---

① 2010 年评估结果为，广西位列 27，西藏位列 28，云南位列 30；2014 年评估结果为广西位列 27，西藏位列 28，云南位列 29。参见贾云竹《中国性别平等与妇女发展综合评估报告（2010—2015 年）》中的相关数据整理而成，谭琳主编《2013—2015 年：中国性别平等与妇女发展报告》，社会科学文献出版社 2016 年版，第 292—294 页。

② 王金玲：《近十五年来中国妇女的健康状况与健康促进》，《山西师范大学学报》（社会科学版）2010 年第 6 期。

产妇系统管理率和住院分娩率已经达标,西藏的水平也在逐步接近目标要求。

表1-5　　　　　　　　西南三省区孕产妇健康状况

	高危产妇比重（%）	建卡率（%）	系统管理率（%）	产前检查率（%）	产后访视率（%）	住院分娩率（%）
全国	22.6	96.4	91.5	96.5	95.5	99.7
西藏	8.7	83.0	71.0	87.3	84.1	90.5
云南	29.0	98.8	92.8	98.3	97.7	99.3
广西	26.4	99.9	97.1	99.3	98.8	99.9

资料来源：国家卫生和计划生育委员会：《中国卫生和计划生育统计年鉴2016》，中国协和医科大学出版社2016年版，第218—219页。

从反映产妇健康状况的主要指标看（见表1-6），西藏的孕产妇死亡率仍显著高于其他两省区，其中产科出血和妊娠高血压疾病是导致孕产妇死亡的主要原因；在云南，孕产妇死亡的主要原因包括产科出血、内科合并症和羊水栓塞；广西的新法接生率已经达到100%，孕产妇死亡率仅为14.2/10万，但内科合并症和羊水栓塞死亡率却为三省区中最高。

表1-6　　　　　　　　西南三省区产妇健康状况

	新法接生率（%）			孕产妇死亡率（1/10万）			孕产妇死因构成（%）				
	合计	市	县	合计	市	县	产科出血	妊娠高血压疾病	内科合并症	羊水栓塞	其他
全国	99.9	100.0	99.9	—	—	—	—	—	—	—	—
西藏	98.0	99.0	97.8	100.9	0.0	117.9	48.1	24.1	5.6	7.4	14.8
云南	99.9	100.0	99.8	23.6	28.3	22.0	39.2	5.0	15.8	16.7	23.3
广西	100.0	100.0	100.0	14.2	11.6	15.9	12.7	7.3	35.5	24.5	20.0

资料来源：国家卫生和计划生育委员会：《中国卫生和计划生育统计年鉴2016》，中国协和医科大学出版社2016年版，第218—219页。

以上数据显示，西藏的新法接生率低于全国水平和其他两省区水平，孕产妇死亡率和产科出血率也明显偏高。笔者曾经在迪庆藏区的调查中发现，随着医疗卫生条件的改善，越来越多的妇女告别了在家中分娩的时代，选择了住院分娩的方式，但仍有大量的妇女在用传统方式"冒险生产"。近年来，为提高产妇的住院分娩率，国家实施了母婴援助计划，为符合条件的产妇免费提供住院帮助，并根据情况给予适当的补贴和奖励。虽然政府极力推广，但由于传统观念根深蒂固，再加上交通不便，仍有不少产妇选择在家生产。德钦县某村的妇女干部向调查组成员介绍道：

> 靠近镇上的这些地方（的产妇）么大部分还是会去医院生呢，山上呢（的）几个小队（村民小组）呢人（产妇）么就不一定了，人家不愿意下来，像现在给钱（补贴）么还好点，不然你（用）车子开起（着）克（去）拉，人家都还不一定下来呢，不给钱还要花钱么哪个（谁）愿意来，都是自己搞。①

同时，由于高原自然环境特殊，与在家生产一样，医院分娩同样也存在风险，对于因生产失去生命的产妇，人们的看法仍然遵循着无常的生命观。家住医院附近的村民拉初大姐告诉调查员：

> 现在我们这里的妇女大部分都在医院（镇卫生院）里生（小孩），以前的人胆子大啊，敢在家里生。不过（在医院生）也有出事的。我有个朋友跟我同岁（35 岁），去年在县城医院剖（腹产）的，生下个娃娃，（产妇）第二天就高血压不在了（去世了）。我们藏族人么（认为）人死了就不想再提了，所以就像这种算了是，不然么要找医院呢麻烦呢。②

在妇女病的查治方面（见表 1-7），2015 年西藏和云南的检查率均显著低于全国同期水平，云南的检查率同时还低于西藏。在常见病种方面，云南的查出妇女病率、滴虫性阴道炎、宫颈糜烂的患病率显著高于西藏，显示了成年男女感染和传播生殖系统疾病的严重性。同期宫颈癌和卵巢癌在云南的发病率也远高于西藏地区。"纲要目标"要求妇女常见病定期筛查率达到 80% 以上，目前三省区的水平距离这一标准差距较大，其中以云南最低。

---

① 访谈时间：2010 年 8 月。
② 同上。

表 1-7　　　　　　　　　西南三省区妇女病查治情况

	检查率(%)	查出妇女病率(%)	滴虫性阴道炎(%)	宫颈糜烂(%)	尖锐湿疣(%)	宫颈癌(%)	乳腺癌(%)	卵巢癌(%)
全国	61.6	26.3	12.9	10.0	28.5	15.8	13.2	3.5
西藏	45.5	18.7	9.0	3.7	41.4	7.4	11.5	0.4
云南	21.7	31.4	16.7	12.4	49.1	32.5	15.5	7.1
广西	40.4	27.1	13.0	10.1	47.4	24.5	21.8	1.8

资料来源：国家卫生和计划生育委员会：《中国卫生和计划生育统计年鉴2016》，中国协和医科大学出版社2016年版，第220页。

妇女病定期筛查率不高反映了两方面的问题，一是妇幼保健机构的定期查治覆盖面不够广，二是妇女群体对常见病的筛查接受意识不够。实地调查显示，上述两方面的原因都在一定程度上对这一结果产生着直接影响，基层妇幼保健机构的人员配备不够充足，除了应对日常工作外，能够用来开展常见病查治的工作时间相对有限，很难在交通条件有限的前提下覆盖地理分布上较为分散的居民点，但更多的影响因素还是来自妇女群体自身。传统的"污秽"身体观仍然在很大程度上影响着妇女对待自己身体的态度，尤其是与生殖系统有关的疾病。德宏州梁河县一位妇幼保健院医生这样介绍：

　　这些病么不好说，咋个说呢，总之是不好意思，不止是来检查的（妇女）不好意思，有时候医生也有点不好意思。观念就是这种（样），如果检查出来有个什么病么人家会乱七八糟地想，觉得你可能是那种不干净呢（的）人。[1]

妇女群体的反映也与医生的看法基本一致：

　　玉某（傣族，40岁，西双版纳州勐腊县某村村民）：这些检查么还是会通知我们的，去不去么就不一定了，有时候会去，几个认识的人约着去，自己一个人么就不去了，不好意思。如果这些（妇科）

---

[1] 调查时间：2017年2月。

有不舒服么自己整点草药,偏方这些,严重么去镇上药店买点药吃,一般不好意思去医院。实在不得(行)么再去(医院)。①

咩某(傣族,56 岁,德宏州芒市西山乡某村村民):我们这点离镇上远,村卫生所么有个女医生,有时候会问问她,一般么还是自己整(处理),这些方面(妇科)不好意思随便去看。人家(周围的村民)会乱议论,搞得家里面丢面子。②

在婚前检查保健方面(见表 1-8),广西的婚前检查率达 97.7%,显著高于云南、西藏和全国水平,云南省通过婚前检查发现的性病和生殖系统疾病患病率较高,分别占检出疾病人数的 11.16% 和 30.34%,影响疾病接受医学指导意见人数占检出疾病人数的 22.34%。

从性别差异上看(见表 1-9 和表 1-10),男女两性的检查率大致相当,西藏男性查出性病和生殖系统疾病人数分别占检出疾病总人数的 4.87% 和 32.54%,云南男性为 12.88% 和 13.91%,广西男性为 6.41% 和 35.01%;西藏女性查出性病和生殖系统疾病人数分别占检出疾病总人数的 2.85% 和 69.06%,云南女性为 9.77% 和 43.61%,广西女性为 0.002% 和 56.48%。云南男性和女性的性病检出率均为三省区中最高,生殖系统疾病检出率中男性最高为广西,女性最高为西藏。

表 1-8　　　　西南三省区婚前检查保健情况(合计 2015 年)

	检查率(%)	检出疾病人数	指定传染病	性病	严重遗传病	精神病	生殖系统疾病	内科系统疾病	影响婚育疾病接受医学指导意见人数
全国	58.7	937389	236365	44747	7803	2099	303178	327777	366274
西藏	17.7	1337	80	46	—	—	781	147	13
云南	83.3	31826	13878	3552	62	57	9658	6337	7113
广西	97.7	56834	5805	3050	166	344	27177	22873	

资料来源:国家卫生和计划生育委员会:《中国卫生和计划生育统计年鉴 2016》,中国协和医科大学出版社 2016 年版,第 222 页。

---

① 调查时间:2017 年 7 月。
② 调查时间:2017 年 2 月。

表1-9　　　　　　西南三省区婚前检查保健情况（男2015年）

	检查率（%）	检出疾病人数	指定传染病	性病	严重遗传病	精神病	生殖系统疾病	内科系统疾病	影响婚育疾病接受医学指导意见人数
全国	58.8	460614	133455	21900	3305	482	122003	171057	193322
西藏	17.4	390	42	19	—	—	127	79	5
云南	83.3	14231	7815	1833	20	10	1984	3428	3738
广西	97.8	22946	3307	1472	29	20	8034	11310	9597

资料来源：国家卫生和计划生育委员会：《中国卫生和计划生育统计年鉴2016》，中国协和医科大学出版社2016年版，第223页。

表1-10　　　　　西南三省区婚前检查保健情况（女2015年）

	检查率（%）	检出疾病人数	指定传染病	性病	严重遗传病	精神病	生殖系统疾病	内科系统疾病	影响婚育疾病接受医学指导意见人数
全国	58.7	476775	102910	22847	4498	1617	181175	156720	172952
西藏	18.4	947	38	27	—	—	654	68	8
云南	83.3	17595	6063	1719	42	47	7674	2909	3375
广西	97.7	33888	2498	1578	137	314	19143	11563	8540

资料来源：国家卫生和计划生育委员会：《中国卫生和计划生育统计年鉴2016》，中国协和医科大学出版社2016年版，第224页。

此外，在常见疾病的治疗方面，偏远地区的妇女往往对医院有一种恐惧的心理。普通疾病大家仍然非常依赖"偏方"和草药。在病情难以得到控制的情况下，只要条件允许，人们还是会前往医院诊治。如在藏区，大部分妇女首选的还是藏医院。

对于疾病，尤其是"小病"以及生殖方面的特殊病症，妇女们大多采取的态度是隐忍，但这种隐忍的程度却依照家庭状况及其自身所接受的教育程度存在着不小的差异。有卫生院的医生介绍，远离乡镇地区的妇女大部分不太注意自身的卫生与劳动保护，不少人甚至临产前两三天还在继续劳动，有的人生产之后休养时间过短。所以，一般生过孩子的妇女妇科病发病率较高，造成"小病时羞于医治，大病时无法治疗"的状况。

二　教育状况

从2015年西南三省区人口整体的受教育水平上看（见表1-11），未上过学的人口中女性所占比例显著高于男性，其中西藏为58.64%，云南为 68.70%，广西为 74.50%。小学阶段的男女性别差异相对较小，初中、普通高中和中职阶段男性所占比例显著高于女性，大学专科和大学本科阶段男女大致持平，研究生阶段男性高于女性，个别地区有例外。

表 1-11　　　　西南三省区分性别、受教育程度的人口
比例（1%人口抽样调查数据）

	未上过学 男	未上过学 女	小学 男	小学 女	初中 男	初中 女	普通高中 男	普通高中 女
全国	28.89%	71.11%	48.02%	51.98%	53.77%	46.23%	56.51%	43.49%
西藏	41.36%	58.64%	55.40%	44.60%	58.93%	41.07%	55.22%	44.78%
云南	31.30%	68.70%	50.39%	49.61%	56.58%	43.42%	58.01%	41.99%
广西	25.50%	74.50%	48.48%	51.52%	54.83%	45.17%	56.67%	43.33%

	中职 男	中职 女	大学专科 男	大学专科 女	大学本科 男	大学本科 女	研究生 男	研究生 女
全国	53.45%	46.55%	52.89%	47.11%	52.40%	47.60%	54.65%	45.35%
西藏	60.08%	39.92%	49.84%	50.16%	49.85%	50.15%	38.46%	61.54%
云南	49.62%	50.38%	49.47%	50.53%	50.98%	49.02%	51.50%	48.50%
广西	56.21%	43.79%	50.99%	49.01%	44.00%	56.00%	55.97%	44.03%

资料来源：国家统计局人口和就业统计司：《2015 中国人口和就业统计年鉴》，中国统计出版社 2015 年版，第 90—92 页。

在西部地区，国家为实现"基本普及九年义务教育、基本扫除青壮年文盲"的目标，专门制订了《国家西部地区"两基"攻坚计划（2004—2007 年）》。通过"两基"攻坚计划，并在 2006 年正式实施的《义务教育法》保障下，西部各省区的义务教育阶段入学率不断上升，文盲率不断下降。然而，文盲人口中的老年人口所占比例不小，脱盲存在较大难度。课题组在调查中发现，民族地区老年妇女群体中的复盲现象较为常见，甚至部分中年妇女在小学毕业后由于长期不学习，加上与外界的交流较少，导致汉字的识字量少，甚至运用汉语进行交流都存在障碍。

玉某（傣族，71 岁，西双版纳州景洪市某村村民）：扫盲么晓得呢嘛，上面下来人把我们这些不识字呢妇女些喊拢（集中）教我们识字，上课时候感觉差不多学会了，下来不用么时间长了忘记了。年

纪大了记性不好，她们年轻点那些（妇女）么学会了好些，我是差不多忘记完了。讲话我还是会，看字么不行。我家几个姑娘儿子都上到初中毕业，他们都会讲会看字。①

李某（景颇族，68 岁，德宏州芒市西山乡某村村民）：扫盲么我是去过呢，有些（和）我们差不多年纪的（村民）开始去了，家里有事一忙就不去了，也没学会。我学了几个字，后来慢慢忘记了好些，想不起来，我们住在山上么用处不多，现在看电视么也是听声音。有些也听不懂，问他们年轻点的。讲话我不行，有些讲不来（不会说）。我家姑娘嫁在旁边（寨子），也是很不会讲（汉语）。②

玉某（傣族，62 岁，德宏州芒市遮放镇某村村民）：扫盲我晓得，我就是在扫盲班学了识字，以前我从来没有进过学校，后来才学，学会认字好，会看钱，会算账，会买药，我现在开个小吃店，天天招待客人，讲话我可以，要是不识字生意都不好做。我家娃娃么都在镇上，个个都会讲（汉语）。③

可见，女性的受教育状况不仅影响自身的社会角色与地位，同时对子女和家庭的发展有重要影响。民族地区妇女对国家通用语言的习得与运用能力既受到其接受教育程度的影响，同时也与其生活与交往的范围与人群存在密切联系。通用语能力对妇女自身的定位与发展产生着长期影响，尤其是妇女的社会经济与政治的参与水平。

在就业人员群体中，男女两性的受教育状况也存在较大差异。从男性就业人员受教育程度上看（见表 1-12），西藏男性未上过学的比例高达 19.4%，小学占 47.7%，初中及以上程度者合计仅为 33%，高中及以上程度者合计为 15.5%；云南未上过学的男性为 3.2%，小学为 31.8%，初中及以上程度者合计为 65%，高中及以上程度者合计为 20.6%；广西未上过学的男性为 0.9%，小学为 15.8%，初中及以上程度者合计为 83.2%，高中及以上程度者合计为 30.6%。

---

① 调查时间：2017 年 7 月。
② 调查时间：2017 年 2 月
③ 同上。

表 1-12　西南三省区男性就业人员受教育程度构成（%）

	未上过学	小学	初中	高中	中等职业教育	高等职业教育	大学专科	大学本科	研究生
全国	1.5	15.3	45.7	14.2	4.9	1.4	9.0	7.2	0.8
西藏	19.4	47.7	17.5	3.0	1.4	0.3	7.3	3.2	0.3
云南	3.2	31.8	44.4	6.4	3.5	1.0	4.9	4.4	0.4
广西	0.9	15.8	52.6	10.7	5.2	1.4	8.0	4.9	0.4

资料来源：国家统计局人口和就业统计司：《2015 中国人口和就业统计年鉴》，中国统计出版社 2015 年版，第 158 页。

从女性就业人员受教育程度上看（见表 1-13），西藏女性未上过学的比例高达 44.2%，小学占 32.1%，初中及以上程度者合计仅为 23.7%，高中及以上程度者合计为 14.9%；云南未上过学的女性为 9.6%，小学为 37.1%，初中及以上程度者合计为 53.2%，高中及以上程度者合计为 19.1%；广西未上过学的女性为 2.8%，小学为 23.5%，初中及以上程度者合计为 73.8%，高中及以上程度者合计为 27.2%。

表 1-13　西南三省区女性就业人员受教育程度构成（%）

	未上过学	小学	初中	高中	中等职业教育	高等职业教育	大学专科	大学本科	研究生
全国	4.6	21.0	40.1	10.3	4.6	1.3	9.4	7.9	0.7
西藏	44.2	32.1	8.8	3.1	2.3	0.3	4.1	5.1	—
云南	9.6	37.1	34.1	4.9	3.5	0.6	5.0	4.8	0.3
广西	2.8	23.5	46.6	7.6	4.9	1.1	8.1	5.0	0.5

资料来源：国家统计局人口和就业统计司：《2015 中国人口和就业统计年鉴》，中国统计出版社 2015 年版，第 159 页。

通过比较男女两性就业人员受教育程度，可以看出，全国就业人员中男女两性所占比例最高者均为初中阶段，广西的分布比例与全国相符，说明国家的义务教育法和"两基"攻坚取得了显著成绩；云南男性就业人员比例最集中的阶段为初中，但女性还停留在小学阶段；西藏男性主要集中在小学阶段，女性则大量集中在未上过学的水平，可见，西藏的扫盲工作任务艰巨。西藏女性未上过学者的比例显著高于其他地区，而云南的就业女性小学文化程度者所占比例高于西藏，说明西藏的女性小学入学率较低，而云南女性则在初中入学率上显示出较低水平。相关专项研究结果也显示，西藏女性的教育问题非常突出，必须重视。[1]

从各教育水平上看，在全国未上过学的人群中女性比男性高出 3.1 个百分点，其中西藏、云南和广西的女性分别比男性高出 24.8、6.4 和 1.9 个百分点，可见文盲人口具有典型的女性特征；在小学阶段，西藏女性低于男性 15.6 个百分点，云南和广西的女性所占比例分别高于男性 5.3 和 7.7 个百分点；在初中阶段，西藏、云南和广西的女性分别比男性低 8.7、10.3 和 6 个百分点；在高中阶段，西藏的男女两性基本持平，云南和广西的女性分别比男性低 1.5 和 3.1 个百分点；在中等和高等职业教育阶段，三省区的两性差距逐渐减小或趋于持平；在大学专科阶段，西藏的女性低于男性 3.2 个百分点，云南和广西趋于持平；在大学本科阶段，三省区的情况与全国水平一致，均呈现出女性高于男性的状况；在研究生阶段，西藏男性高于女性 0.3 个百分点，云南和广西女性略低于男性 0.1 个百分点。

受教育水平与劳动者所从事的劳动类别、收入回报和保障程度密切相关。西藏从业妇女受教育程度大量集中在文盲阶段，决定了其大量集中在传统农业劳作领域；云南从业女性大量集中在小学阶段，表明其在从事传统农业劳作的同时能够从事专业要求不高的制造业和第三产业，但对其自身发展存在较大限制，在人口转移中成为留守妇女的可能性较大；广西从业受教育水平为三省区最高，为妇女自身的发展奠定了良好基础。值得注意的是，在中等职业教育以上的各教育阶段，男女两性的差距逐步减小，本科阶段甚至出现女性高于男性的状况。说明西南边境地区从业女性受教育水平较低的状况大多是由受教育机会决定的。

三 经济参与状况

经济参与状况是妇女发展的重要组成部分之一。在乡村社会中，非农就业意味着妇女可能获得一份可支配的个人现金收入，可转化为私人收益，保障个人利益，以此提升家庭地位。还有研究发现，当前社会对男女

---

[1] 蒋志远：《西藏人口受教育程度的结构差异问题及其对策研究——基于六普数据的分析》，《西北人口》2016 年第 3 期。

两性的刻板性别印象仍然是造成男女两性工资差距的重要原因；同时，生育两个以上的子女将会导致女性工资的显著降低。①

随着社会经济的发展，乡村社会的经济结构不断调整，岗位数量不断增加，但妇女的经济参与度的改善情况却不容乐观。在就业单位类别中，城镇单位作为较为稳定和社会保障较为完善的类型，城镇单位女性就业人员所占比例能够有效反映妇女的经济参与状况。2015 年的统计数据显示（见表 1-14），西南三省区中，滇藏两省区城镇单位女性就业人数占其就业总人数的比例略低于全国水平（36.1%），其中西藏为 35.4%，云南为 35.8%，广西为 38.02%；在城镇登记失业人数方面，西藏的女性失业人数占总人数的 55.55%，云南的比例为 42.61%。

表 1-14　　　　　西南三省区妇女经济参与状况一览表

	城镇单位就业人数（万人）	城镇单位女性就业人数（万人）	城镇单位就业人员中女性所占比例	城镇登记失业人数（万人）	城镇登记女性失业人数（万人）
全国	18062	6527.7	36.1%	—	—
西藏	33.38	11.81	35.4%	1.8	1.0
云南	414.66	148.65	35.8%	19.47	8.31
广西	405.41	154.14	38.0%	—	—

资料来源：西藏自治区统计局：《西藏统计年鉴 2016》，中国统计出版社 2016 年版，第 33 页；云南省统计局：《云南统计年鉴 2016》，中国统计出版社 2016 年版，第 412、416 页；广西壮族自治区统计局：《广西统计年鉴 2016》，中国统计出版社 2016 年版，第 88、99 页。

表 1-14 数据显示，西南三省区和全国平均水平差异不大，妇女在城镇单位就业人员中所占的比例均未超过 40%，说明妇女的经济参与大多集中在传统农业劳动和其他不够稳定的经济类型中。课题组的实地调研证实了推测存在的可能：

> 小叶（女，傣族，25 岁，西双版纳州勐腊县尚勇镇某村村民）：我们（妇女）在本地找工作么不好找嘛，现在找工作都要看学历，我们只是初中毕业，找不着（到）那些正式工作。不出去打工么只

---

① 宋月萍：《性别平等与包容性增长——第十三届中国女经济学者学术研讨会综述》，《妇女研究论丛》2016 年第 5 期。

能在家做做田里的事,有菜啊水果啊拿出去卖些,赚不了多少钱。我们寨子里面大部分姑娘啊,媳妇啊,都差不多,除非是遇着(到)厂里招工,或者那些大学生考公务员,其他没有什么工作好找,找也是临时性的。

玉某(女,傣族,23岁,德宏州盈江县平原镇某村村民):姑娘找正式工作特别难,只有考公务员啊,事业单位啊,上中学时候看见那些年龄大点的姐姐啊有(靠)读书找到工作的,但是太少啦。我也是福气好,本科刚毕业就考上了事业单位,我们原来高中同学找到正式工作的女生没有几个。

董某(女,景颇族,58岁,德宏州芒市某机关退休干部):妇女找工作特别难,我们这里经济落后,城镇单位主要是国家机关啊,事业单位这些,工厂企业数量不多,工作岗位也少,原先有些国营工厂,像糖厂啊这些(企业)这几年效益也不好,管理跟不上,有些倒闭,有些被收购,原先在里面上班的职工都买断工龄,或者直接下岗了。现在么搞旅游,临时性工作也多,但是么都不稳定,社(会)保(障)这些么更谈不上了。

由于妇女在本地的经济参与渠道相对有限,相当数量的青年女性因此进城务工,部分有条件的中青年妇女跟随外出务工的丈夫迁移,大量年轻女性出现外流,给当地社会的人口结构造成直接影响:

杨某(男,德昂族,38岁,德宏州芒市三台山德昂族乡某村干部):我们这点(里)的小姑娘大部分都是到外面找工作,在本地么找不到什么工作嘛,只能做做家里面这些事,赚不到钱,辛苦一年普通人家全家也只有二三千块钱,她们进城当服务员啊,搞销售啊,一个月就是几千,在昆明啊这些大城市工作么工资更高,人家过年过节都是打着"飞的"(坐飞机)回来,在家玩几天就走了,这些地方根本留不住人。本地小伙子都找不着媳妇,有些条件差的只能托亲戚去缅甸那边找。

值得注意的是,由于城镇单位数量有限,给女性提供的工作岗位较少,在部分市场经济相对发展较快的地区,部分妇女群体的经济参与观

念较为"短视",只考虑短期收益,对自身和家庭的发展缺乏长期规划:

> 刀某(女,傣族,46岁,西双版纳州勐腊县勐腊镇某村妇女主任):我们这里自然条件相对还可以,小姑娘出去的不算多,但是在家么也找不到什么工作,除了做农活,主要是割(橡)胶。割胶么辛苦点,但是收入高,一个晚上就是几百块。现在这些年轻人么哪样赚钱干哪样,正式工作还不一定喜欢,人家拿了钱就可以出去玩,钱花了差不多么又来工作。你喊她去上学,以后找稳定工作她还不愿意,说上学太累,工资也不高。
>
> 依某(女,傣族,22岁,西双版纳州勐腊县尚勇镇某村村民):我们这里只要家里有地,一般不会出去找工作嘛,家里面香蕉、橡胶这些(收入)都差不多了,比出去上班好多了,现在好些人家都把地租给河南、湖南这些地方的外地人种,只收租金就不少。如果自己种么到割胶(的)时候就请工人来割,主要是缅甸人,他们那边太穷了,好些人学了点云南话就借口走亲戚跑过来打短工赚钱,我们本地人好多人都是闲起(着)收钱。

以上调查情况显示,当前西南地区妇女的城镇就业水平不高,就业渠道有限,工作岗位数量偏少,造成大量妇女集中在传统农业和家务劳动领域,妇女获得直接经济收入的方式较少,直接影响妇女的经济发展水平。在部分市场经济相对繁荣的地区,由于缺乏适时的引导与管理,导致部分妇女对经济参与的理解产生偏倚,影响自身的长期发展。

四 政治参与状况

大量人类学研究文献发现,妇女在男权社会中通常处于政治的边缘,她们的政治角色受到忽视,尤其是在她们无法参与到正式的政治和立法机构中的情况下。[①] 以往相关研究也指出,"少数民族地区农村妇女政治参

---

① Sharon W. Tiffany, *Women and Society: An Anthropological Reader*, Montreal: Eden Press Women's Publications, 1979, p. 13.

与度与地方经济发展水平、主体的参政意识和参政经验及社会网络的构建有关"①。

如前文研究所示（见表1-2），当前西南三省区的妇女政治参与水平（居委会、村委会中女性成员的比例）均低于全国平均水平（22.88%），三省区中以西藏妇女参与水平最高（22.48%），广西次之（20.78%），云南最低（18.20%），与"纲要目标"要求的30%相比还有较大差距。西藏和广西均为少数民族自治地方，除去地方经济发展水平这一因素，两省区较高的政治参与水平体现了藏族和壮族妇女较强的主体参政意识、参政经验及其社会网络的构建能力；与之相比，云南民族众多，各民族社会的传统性别制度与性别文化差异较大，妇女的参政意识也各有不同，妇女参政水平亟待提升。

课题组在调查中发现，当前西南地区乡村社会中妇女的政治参与水平与当前的农村基层政治结构之间存在密切关联。村委会是行政村基层社会的主管机构，在村党组织的领导下开展工作，其成员一般包括5—6名常任干部和各自然村（村民小组）的负责人。工作内容涉及农业生产、土地分配、政策宣传与落实、计划生育、卫生与教育等。与计划经济时期相比，村干部的社会角色已经发生了较大变化，他们现在的主要工作是负责落实上级政府的各项政策，并为村民提供各种在生产与生活中所需要的服务与帮助。村委会也在当地社会的人际关系中处于中介地位，村委会的干部就是联络政府与村民之间的重要桥梁。当前村干部的来源主要有三种形式：任命、选举和考试。其中，村党组织负责人由镇党委直接任命。

妇女对政治的认知在不同的民族社会和文化环境中可能存在差异。为了解差异存在的状况，本研究尝试对当前西南地区人口较多的几个民族进行比较。笔者曾经在迪庆藏区德钦县的一个行政村开展过长期调查②，结果发现，村委会书记的人选一般是村里具有权威和地位的男性，其权威超过村主任。2008年时，该村村主任和其他两名副主任由村民选举产生，而另外一名担任团支书的年轻女性则是通过统一的"村官"考试获得职位的。其他各村民小组的组长由各小组自行选举产生，假如不出现意外，

---

① 陆海霞：《论新农村建设中少数民族地区农村妇女的政治参与——基于广西11地市女村官的数据》，《云南行政学院学报》2012年第3期。

② 调查时间：2007—2015年。

这些人担任组长的时间将会很长，远超过前面的那些村干部。该村村委会的五名常住干部中包括了两名女性，除了担任团支书的那位年轻女性之外，还有一名是兼任会计和妇女工作的村副主任，在其他22个村民小组的组长中则没有一个女性成员。在这个由27人组成的村委会干部队伍中，仅有的两名女性成员其中一人负责会计与妇女工作，另外一位到任不足两年的年轻女性负责共青团的工作。这些工作在村委会的工作中并不属于重要领域，虽然会计的工作很重要，但她必须在村领导的安排下按照相关规则进行工作，并没有实际上的决策权威。2015年时，该村村委会的性别结构大体上维持了之前的格局，之前担任团支书的那位年轻女性已经调往其他乡镇工作，而另外一位兼任会计和妇女工作的副主任已经临近退休年龄。这个村落的实例充分说明，藏族妇女的政治参与度不高，妇女们在小组长中缺乏代表的现实充分体现了她们在村落政治中的边缘地位。

在滇西地区，课题组在傣族、景颇族和德昂族聚居的村寨中针对政治参与展开调查①，结果发现，妇女的政治参与度与藏族社会相比更加不容乐观。除村委会中妇女干部的数量较少外，妇女对村落政治活动的关注度也相对较低。

> 咩某（女，傣族，64岁，德宏州芒市风平镇某村村民）：这些书记啊，主任啊么是男子呢事，女子么咋个（怎么）做的了？你说什么别人也不会相信，哪个（村民）也不会想着选个女子来当什么书记啊主任啊。女子么不要去做这些人面前的事，管好自己家才好。
>
> 李某（女，景颇族，47岁，德宏州芒市西山乡某村村民）：我们（妇女）听到（寨子里）通知开会么还是会去，有时候也听不懂，喊投票啊这些（类似）事情么我们看着他们（男子）咋个（怎么）投么就跟起（着），寨子里好些妇女（汉）字晓得呢少，有些事情也搞不懂。有时候忙不过来么开会就不去了，家里有男人去就可以了。
>
> 杨某（女，德昂族，36岁，德宏州芒市三台山乡某村村民）：我们还是关心这些（村寨发展）的事情，但是么人家很不会相信我们嘛，妇女说话么哪个会真的听，最多表面上客气。

---

① 调查时间：2017年2月。

我们认为，妇女对政治的不确定心理不足以解释她们对政治关心不足的深层原因，事实上导致这一现象的根源在于传统社会社会分工与空间区隔所造成的心理差异定式，这种心理与现存的生产方式与根深蒂固的文化传统密不可分，单一的教育等方式并不可能促使这一问题在短期内得到根本性的转变。

尽管评估数据显示的情况不容乐观，但就整体而言，从各省区报告的2015年"两纲"中期评估结果上看，各地的妇女发展事业均取得了显著成绩。在西藏，"十二五"时期的妇女发展取得了一系列成就，在法律政策保障体系建设上，先后出台多项与妇女生存、发展、保护相关的法规政策，成立了法规政策性别平等评估委员会，加强对法规政策的性别平等评估；在经济参与方面，不断扩大妇女就业创业规模、提高就业层次；在政治参与方面，不断扩大妇女参与民主政治建设的覆盖面；在健康发展方面，在13个项目县实施农牧区妇女"两癌"免费检查项目；全区共建立法律援助机构70个，受暴妇女儿童救助（庇护）机构1个，妇女儿童维权合议庭10个，110便民警务站建立"妇女儿童维权服务岗"787个。[1]

在广西，全区保持了对妇女儿童事业投入的持续增长，"十二五"全区安排妇女儿童事业经费达984.4573亿元，对妇女儿童事业投入年均增长率为14.79%，高于人均GDP的年均增长率6.4个百分点。2016年全区高标准、高质量通过国务院妇儿工委"两纲"中期评估，形成的"广西经验"得了国家评估督导组的充分肯定，得到督导组给予的"广西实施'两纲'工作实现了时间过半、任务超半的优异成绩"评价。[2]

在云南，全省妇女儿童发展规划中期评估结果显示，有53项妇女儿童发展目标提前达到国家2020年目标要求，妇女儿童与健康、妇女儿童与法律等领域的一些发展目标超过全国平均水平，进入西部地区前列。妇女的经济参与水平不断提高，2016年全省女性从业人员所占比例达44.96%，新兴产业、新兴行业的女性就业比例逐年增高；政治参与方面，党政部门中女干部和女管理人员的比例和各级人大代表、政协委员占比稳

---

[1] 《西藏自治区第四次妇女儿童工作会议召开》，《中国妇女报》2017年5月12日第A2版。

[2] 《第六次广西妇女儿童工作会议在邕召开 部署"十三五"工作》，人民网 http://gx.people.com.cn/n2/2017/0711/c347802-30456946-3.html。

步提高；在教育发展方面，2016年女生的九年义务教育巩固率达97.37%，普通高校女生比例达到57.78%，女性受教育程度明显提高；在健康发展方面，实行农村妇女住院分娩补助、妇女宫颈癌和乳腺癌定期检查、出生缺陷预防等政策，并全部纳入基本公共卫生服务范围；在妇女合法权益保护方面，先后制定出台多项法规政策，城乡居民基本养老保险女性比例占46.16%，城镇居民参加基本医疗保险女性比例占51.49%，农村最低生活保障女性比例占44.88%。[1]

在社会保障、生存环境保护、社会保障、法律和环境等妇女发展的其他领域，由于缺乏统一的统计口径和评价标准，故无法进行具体的量化评估。因此，对这些领域的调查与评估将通过文献分析、实地调查、个案分析等方法进行研究。

第三节 评估小结

本研究基于全国妇联妇女研究所2015年《中国性别平等与妇女发展综合评估报告》中建构的指标体系，以集中反映西藏、云南、广西三省区妇女的生命健康、教育、经济与政治参与四个领域发展水平的指标数据为准，对西南地区妇女发展状况进行评估。结果发现，三省区的妇女发展综合水平均低于全国平均水平，其中广西水平相对较高，西藏和云南较低，与2010年和2014年的发展水平相比呈现出整体改善和上升的趋势。在生命健康、教育、经济参与和政治参与四个主要发展领域中，三省区妇女的生命健康、教育水平和政治参与的改善幅度较大，经济参与状况不容乐观。值得注意的是，在地方经济发展水平相对落后的西藏，妇女的经济参与水平却位列三省区首位，而地方经济发展水平相对较高的广西，妇女的经济参与水平却位列三省区末位。在妇女参政领域，云南省的情况位列三省区末位。

研究表明，西南地区的妇女发展状况整体有所改善，但仍位列全国后位。这些领域的发展状况均应受到重视，积极采取各项有效措施予以促进和改善。研究结果表明，经济参与和政治参与水平是当前西南地区妇女发

---

[1] 高峰：《推动妇女儿童事业发展为谱写中国梦云南篇章增光添彩》，《中国妇女报》2017年10月14日A3版。

展中亟待提升的领域。

　　反观本次评估的方法与结果,研究发现,指标的性别敏感度问题[1]对妇女发展状况的评估显得至关重要。本次选用的评估指标依照的是国家评估标准,剔除了地方经济社会发展中的本土特征,尤其是去除了传统社会文化对妇女发展的影响,其评估结果是一种"纯量化"的表达方式,存在掩盖数据内部本土化特征的可能。此外,课题组通过查找国家和地方的各类年度统计年鉴数据,其中反映妇女发展所必需的数据存在部分缺失,部分能够反映妇女发展的统计类别也不够齐全,给评估的准确性和研究的科学性造成一定影响。

---

　　[1] 蒋永萍:《完善性别平等与妇女发展监测评估机制的新契机》,《妇女研究论丛》2006年第3期。

第二章　当前西南地区社会稳定维护中的妇女问题（上）

以往研究开展的相关系统性研究发现，影响西南地区社会稳定的主要因素可分为以下几类：在西藏，影响社会稳定发展的主要因素包括经济发展、宗教发展、教育发展和社会文化发展[1]；在云南，地缘环境、民族关系、突出社会问题、民族宗教成为影响地区社会稳定的主要原因，具体因素包括境外局势与区域社会问题、贫困、公共服务供给、群体性事件、毒品、艾滋病、拐卖妇女儿童、赌博、走私贩卖枪支弹药、宗教渗透等[2]。基于对文献的回顾与梳理，本书结合对西南三省区妇女发展状况的评估结果，筛选出毒品、艾滋病、拐卖人口等与妇女群体关系密切的社会稳定发展影响因素，通过对上述影响因素的数据统计、类型分析、案例剖析、特征归纳等方式，详细讨论妇女与当前西南地区主要社会稳定问题之间的关系，分析社会性别对西南地区主要社会稳定问题的影响机制。

第一节　妇女涉毒犯罪问题

毒品是影响当今世界稳定发展的重要灾难。对其概念的认识即曾经历过漫长的时期。结合事实概念与法律概念，我国学者认为，"毒品应为国家管制的麻醉药品与精神药品"[3]，结合形式概念与实质概念，"毒品犯罪是指违反禁毒法规，破坏毒品管制活动，具有严重的社会危害性，依法应受刑罚处罚的行为"[4]。

---

[1] 贾秀兰等：《维护藏区社会和谐发展研究》，民族出版社2014年版。
[2] 鲁刚等：《社会和谐与边疆稳定》，中国社会科学出版社2011年版。
[3] 张洪成：《毒品犯罪争议问题研究》，法律出版社2011年版，第15页。
[4] 同上书，第20页。

历史上，中国曾面临严重的毒品问题，联合国毒品和犯罪事务办公室曾在2008年公布的一份报告中以《国际禁毒百年回顾》为题回顾了鸦片对中国毒害的历史。1909年，各国在中国上海举行"万国禁烟会"，希望通过国际合作的方式解决毒品问题。20世纪80年代以来，毒品问题在全球日益严峻，打击和预防并重成为全球公认的禁毒方针。[1] 面对鸦片对中国社会的严重危害，历代政府屡次开展禁毒活动，但由于旧中国深刻的社会矛盾和统治者的阶级属性，毒品问题屡禁不止。

一 西南地区毒品问题的历史与现状

西南边疆自近代以来即成为毒品危害最为严重的地区之一。据保守估计，"历史上西南地区的吸毒者最多时超过600万人，烟土产量占全国的60%，其中云南西部与缅甸接壤的民族地区已经形成种植、贩卖和吸食鸦片的产业链，成为鸦片泛滥的重灾区"[2]。

进入现代，毒品类型逐渐多样化。在亚洲，"金三角"[3] 地区成为当代世界毒品问题的发源地和中心之一。由于自然条件适宜，生活在这一区域的不少族群曾将种植和贩卖鸦片作为一种主要的生计方式，虽在不同历史时期遭到各国政府的禁止与打压，但在高额经济回报的诱惑下以鸦片为主的毒品经济仍然呈现出旺盛的生命力。2015—2016年，产自"金三角"地区的海洛因、冰毒占到了全国禁毒执法部门缴获的同类毒品的95.2%和87%[4]，庞大的毒品经济规模给中国西南边疆地区的国家安全造成了挑战和威胁[5]。

---

[1] 刘志民：《中国毒品问题的历史回顾及其对当代禁毒的启示》，《中国药物依赖性杂志》2016年第5期。

[2] 秦和平：《西南民族地区的毒品危害及其对策》，四川民族出版社2005年版，第3—163页。

[3] "金三角"（Golden Triangle）指位于东南亚泰国、缅甸和老挝三国边境地区的一个三角形地带，因长期出产鸦片等毒品，是世界上主要的毒品产地而得名。

[4] 《2016年中国毒品形势报告》，中国禁毒网 http：//www.nncc626.com/2017-03/27/c_129519255_2.htm。

[5] 李云鹏：《"金三角"毒品对西南边疆地区国家安全的影响研究——以云南为例》，《云南警官学院学报》2016年第3期。

云南、广西两省区与"金三角"地区毗邻，地处国际贩毒通道①的入口和上游。其中云南早在清季民国时期即已成为鸦片种植和销售的主要地区，所产"云土"（即产自云南的烟土）价格不菲，"1889 年前后全省能有六七千万两之烟土产出。民国时期，鸦片成为地方财政的重要来源之一，在民间久禁不止"②。改革开放以来，云南边境地区的人口流动频率大幅提升③，国际贩毒集团因此将其视为新的贩毒通道大肆进行毒品走私运输。据统计，"2015 年云南省缴获的海洛因、冰毒总量占到了全国总数的近 80% 和 70%，同年登记在册吸毒人员 20.1 万人，居全国第五，有 7 个州市吸毒人员过万人，有 65 个县市区吸毒人员超过 500 人"④。广西同期有吸毒人员 16 万多⑤，成为中国毒品问题的重灾区。

西南地区的毒品问题历史悠久、错综复杂，先后经历了 20 世纪 80 年代的传统毒品（鸦片）时期，20 世纪 90 年代的精制毒品（海洛因）时期和 21 世纪的新型毒品（冰毒）时期，各阶段的毒品问题呈现出不同特点⑥，对国家安全和地方经济发展和社会稳定产生了严重的影响。近年来，云南边境地区已经成为我国受新型毒品危害最严重的地区之一。

二　西南地区妇女涉毒犯罪的产生和主要类型

"新中国的毒品犯罪研究开始于 20 世纪 80 年代中期，形成了明显的应世性、阶段性和地域性特征"⑦，近年来，以妇女涉毒为代表的特殊群

---

① 即国际贩毒组织从"金三角"地区将毒品运往世界各地的主要通道，其路线为云南—广东—香港—澳门—欧美国家。

② 云南省档案馆编：《建国前后的云南社会》，云南人民出版社 2003 年版，第 169—170 页。

③ 李光灿、马光中：《云南边境地区人口流动与毒品犯罪》，《人口与经济》1998 年第 4 期。

④ 《云南：海洛因缴获量全国占比高　登记在册吸毒人数居全国第五》，新华网 http://news.xinhuanet.com/local/2015-06/25/c_1115722958.htm。

⑤ 《广西在册吸毒人员达 16 万多人　禁毒形势严峻》，新浪网 http://gx.sina.com.cn/news/minsheng/2014-11-01/092824226.html。

⑥ 刘婷：《当代云南边疆民族地区毒品犯罪发展轨迹研究》，《云南警官学院学报》2011 年第 4 期。

⑦ 彭凤莲：《成就与问题：毒品犯罪研究学术史述评》，《河北法学》2008 年第 3 期。

体毒品犯罪问题①已成为全球的毒品问题中一个不容忽视的重要领域。从历史的视角上看,"毒品文化从上被概念化的认为是男性的社会问题,妇女在这一领域则被视为典型且未被充分代表的替代角色"②。在我国,由于与社会亚群体接触的机会相对有限,从吸毒人群整体数量上看,女性所占比例一直远远低于男性。据统计,1998年女性占全国在册吸毒人员总数的20%,1999年占16.3%,2003年占16%,2014年占14.4③,但随着社会性别平等进程的推进,女性吸毒数量增长迅速④。改革开放以来,国内外交往活动频繁,境外贩毒集团乘机加紧对我国境内毒品的渗透,吸毒人员逐年增加,毒品犯罪的案件直线上升。⑤

在西南地区,一项专门针对云南吸毒高发地区女性吸毒人群的调查研究发现,吸毒者几乎全部为35岁以下的青壮年女性,其中18—25岁者占41%,18岁以下者接近10%;从受教育程度上看,初中学历者占53.1%,大专以上学历者不到2%;从职业上看,无业、失业和半失业者接近半数,月收入低于2000元者超过60%;在婚姻状况上,未婚者超过60%,离婚者为12.6%;从民族群体上看,汉族超过75%,少数民族中吸毒率较高者为彝族、回族、傣族、拉祜族、傈僳族等⑥。对广西部分地区吸毒人员的调查也发现,吸毒人员离婚率高达31.58%,且女性吸毒者生存质量各维度得分均低于男性⑦。可见,女性吸毒人群呈现出明显的低龄化、

---

① 毒品犯罪是指违反国家和国际有关禁毒法律、法规,破坏毒品管制活动,应该受到刑法处罚的犯罪行为。《中华人民共和国刑法》第6章第7节(共11条27款)专门规定了有关毒品犯罪的罪名和处罚。刑法规定,毒品犯罪包括走私、贩卖、运输、制造毒品罪,非法持有毒品罪,包庇毒品犯罪分子罪等。

② Elaine Garey, *Women Drug Traffickers: Mules, Bosses, and Organized Crime*, Albuauerque: University of New Mexico, 2014.

③ 《1999年中国禁毒年度报告》《2000年中国禁毒年度报告》《2002年中国禁毒年度报告》《2015年中国毒品形势报告》,人民网 http://society.people.com.cn/GB/8217/9373371.html。

④ 《中国在册吸毒人口超300万 女性吸毒人数逐年递增》,新华网 http://news.xinhuanet.com/overseas/2015-11/26/c_128469344.htm。

⑤ 张靖波:《云南边疆女性毒品犯罪状况分析与对策建议》,《法治与社会》2010年第1期。

⑥ 金羽:《云南女性吸毒成因的实证研究——以八州市为例》,硕士学位论文,云南师范大学,2014年。

⑦ 陆贤杰等:《广西不同社区吸毒人员生存质量状况及影响因素》,《公共卫生与预防医学》2014年第1期。

低教育水平、低收入、无固定职业、婚姻状况不稳定等特点，除人口较为集中的城镇外，边境地区的少数民族女性吸毒发生率也相对较高。

20世纪90年代以来，西南地区的毒品犯罪问题日益严重，妇女涉毒犯罪问题剧增。据1997年的研究统计，女性占云南全省在押毒品罪犯的16.8%，占全省在押女犯总数的50.07%。① 2000年以后，妇女涉毒犯罪数量不断增多，有研究对300名云南籍少数民族在押女性罪犯的统计分析发现，涉毒犯罪所占比例高达75%以上，涉毒犯罪妇女主要集中在彝、景颇、傣、瑶等民族群体中②。课题组通过对2010年以来云南边境地区毒品犯罪案件的整理发现，妇女涉毒案件比例居高不下，犯罪手段不断更新，典型犯罪案件有近百例。从犯罪行为的类型上看，当前西南边境地区妇女涉毒犯罪主要集中表现为贩卖和运输毒品两大类别。

（一）贩卖毒品

西南地区妇女贩卖毒品从诱因上看可分为三种主要类型，一种是因吸食毒品导致的贩毒；第二种是为追求高额回报导致的贩毒；第三种是受他人蒙蔽利用导致的贩毒。从犯罪形态上则可大致分为境内贩卖、跨境贩毒等类型。

因吸食毒品而导致的贩毒行为（即"以贩养吸"），是当前女性毒品犯罪的主要类型，尤其是在靠近毒品产地的边境地区。保山市隆阳区29岁的傈僳族妇女胡某长期吸毒，后因无力承担高昂的毒资而走上了贩毒的道路。胡某在本区的经销店内多次向其他吸毒人员贩卖毒品海洛因。2016年5月某日，公安民警将涉嫌吸毒的胡某抓获，当场从其挎包内查获用塑料纸包裹的毒品海洛因2坨，净重4克。这是一起典型的"以贩养吸"案件，涉案妇女因吸毒成瘾，无力支付吸食毒品的高额毒资，此时极易成为毒贩发展的"下线"，沦为毒品销售的"终端"。她们在吸毒人群中发展人际圈，利用同样的"吸毒者"身份取得购买者的信任，一边贩卖，一边吸食，成为长期、隐藏、稳定的毒品销售者。这种类型的毒品贩卖虽然利润不高，但风险相对较低，同时能够支付自己的毒资，成为吸毒女性

---

① 吉龙祥、王玉立、庞涛：《云南边境地区女性毒品犯罪探析》，《云南法学》1997年第4期。

② 杨志梅、雷文斌、沈玲：《云南少数民族妇女犯罪基本特征研究——以300名在押少数民族女性罪犯为例》，《思想战线》（2011年人文社会科学专辑）。

涉毒犯罪的主要诱因。

除"以贩养吸"外，部分地区妇女零星贩卖毒品的现象也较为常见，在吸食毒品人群较为集中的德宏、临沧、西双版纳等地区，部分妇女由此看到了特殊"商机"，将贩卖毒品的犯罪活动巧妙隐藏在其普通的日常生活中。怒江州泸水县傈僳族妇女胡某从 2011 年开始以 10—300 元不等的价格向多名吸毒人员零星贩卖海洛因。2012 年 2 月，公安人员在一名吸毒人员处查获 1 坨用黑色塑料纸包装绿色丝线封口的毒品可疑物。同日在其租住的出租房内将涉嫌贩卖毒品的胡某抓获，从其租住房间的米袋中查获外用乳白色塑料纸包裹、内用黑色塑料纸包装的毒品海洛因 2 坨。经鉴定称量，查获的毒品系海洛因，净重 1.8 克。保山市龙陵县妇女陈某从 2014 年开始贩卖毒品，在自己经营的小卖铺内多次将毒品甲基苯丙胺片剂零星贩卖给他人，总计贩卖毒品甲基苯丙胺 144 克。德宏州盈江县景颇族无业妇女折某长期贩卖毒品。2015 年 8 月，民警当场从其家中的黑色皮包内查获用于贩卖的毒品甲基苯丙胺 15 包，经称量净重 7.4 克；从鞋架上的一只女式运动鞋内查获用于贩卖的毒品甲基苯丙胺一包，经称量净重 9.4 克；从一个外印有"乌龙茶"字样的红色铁盒内查获用于贩卖的毒品甲基苯丙胺 3 包，经称量净重 60 克。西双版纳州勐海县傣族老年妇女玉某和岩某多次向 12 名吸毒人员贩卖毒品甲基苯丙胺片剂。2015 年 2 月，公安局民警在其居住的小木楼内将贩卖毒品的玉某及前来购买毒品的多名吸毒人员查获，并在小木楼二楼灶台旁竹凳的竹筒里查获毒品可疑物 38 粒及现金人民币 949.5 元。2015 年 3 月，岩某在勐海县勐混镇某村委会某寨 24 号家中被抓获。经称量，其家中存放的毒品可疑物重 3.6 克，为甲基苯丙胺。

上述四个案例中的涉案妇女均不是吸毒人员，但她们却利用相对隐蔽的地点开展毒品贩卖，使吸毒购买人员感觉到"安全"和"放心"。有的贩卖毒品的地点为出租房，有的则在自己经营的小卖铺，还有的涉案妇女在自己家中贩卖毒品，她们将毒品藏匿在日常用品中，巧妙掩盖犯罪痕迹；同时，这些妇女还有效利用了自己在村落中人际关系活络、"朴实单纯"的性别身份，如陈某是村里小卖铺的老板娘，胡某、玉某和岩某都是五六十岁的"老阿孃"（老阿姨），这些看似"老实"的妇女将周边广泛存在的吸毒人员聚集在一起，建构成为一个长期稳定的"交换圈"，从中牟取利益，以残害他人的方式增加自己的非法收入。

零星贩卖毒品影响时间长，但贩卖者获得的利润却相对有限。因此，部分受到利益驱使的妇女往往会逐步涉入利润更高的跨境贩毒领域，成为对当地社会稳定更大的危害者。西南地区居住的边民与境外同一族群跨境而居，交往密切。国境线划分后形成的跨境民族虽然分属不同国家，血缘和文化的联系却仍然牢固和密切，经济和文化的双重边缘性使得部分跨境民族群体沦为贩毒活动中的低级参与者，成为犯罪人群中的弱势群体[①]，并形成了复杂的跨境民族毒品问题[②]。20世纪80年代以来，境外贩毒集团对西南地区的毒品渗透日趋严重，受中国毒品消费市场的刺激，国际贩毒集团和贩毒人员向中国毒品渗透不断加剧，通过云南、广西边境地区贩毒活动突出。据统计，"2016年，云南、广西禁毒执法部门缴获'金三角'海洛因6.6吨，占同期国内海洛因缴获总量的75%"[③]。

运输毒品是西南地区女性毒品犯罪的高发案件类型。如前所述，地处中缅边境的德宏州、临沧等州市由于与缅甸相邻，边民往来密切，各种便道分布，除国境关卡外，县内有数条与缅甸相通的便道、小道、山路，熟悉当地地形的边民往往在人员活动较少的凌晨、夜间等时间段步行越境，将随身携带的毒品带入境内。不少妇女受到境外涉毒妇女的诱惑，铤而走险从事运输毒品的犯罪活动。遇到关卡，贩毒者往往采用人毒分离的方法躲避检查，如货物被查获则走私者往往会选择放弃货物逃脱。2014年5月某日凌晨3点，景颇族妇女董某和赵某携带鸦片从缅甸出发，走小路从德宏州盈江县支那乡月亮石附近入境，被在此设伏堵卡的盈江县公安边防大队民警当场抓获，民警从董某身背的黑色背包内查获鸦片6团，净重10920克；从赵某的背包内查获鸦片5团，净重10745克；另一同行男子则乘乱丢弃毒品后逃逸。董、赵二人涉案鸦片总重量达21665克，为近年来跨境走私鸦片中数量较多的典型案件。在其供述中称，她们从缅甸"背大烟"入境是为了帮同行逃逸男子运货，对方承诺在鸦片运入中国境内后付给其高额回报。因贩卖毒品数量巨

---

① 刘婷：《云南边疆民族地区毒品犯罪透视》，《西南政法大学学报》2011年第5期。

② 方天建、何跃：《非传统安全视角下的云南跨界民族毒品问题》，《曲靖师范学院学报》2016年第1期。

③ 《2016年中国毒品形势报告》，中国禁毒网 http://www.nncc626.com/2017-03/27/c_129519255_2.htm。

大，两人均被依法判处死刑。

除作为跨境贩毒的参与者外，近年还出现了一批数额巨大的跨境贩毒案件，涉案妇女在其中已经成为贩毒活动的主要组织者。德宏州盈江县傣族妇女线某从2013年开始从事跨境贩毒活动。当年12月，线某与女毒贩孔某合伙，召集自己的女婿方某和孔某的丈夫冯某一起从事贩毒活动。该团伙先后两次从缅甸籍毒贩手中赊购22块海洛因，分别驾乘两辆车将毒品运到昆明，线某和孔某因此各自获得20万毒资。2014年5月某日，线某和孔某向一直供货的缅甸籍毒贩赊购44块海洛因后乘飞机来到昆明市，毒品则由孔某的丈夫冯某及其弟弟驾驶私家车运至昆明市进行贩卖。当晚两人驾驶的车辆在保山市大保高速公路沙坝路段时被公安人员抓获，当场查获海洛因44块，净重15426克。

线某一案是近年来贩卖海洛因数量较大的妇女贩毒案件之一，涉案毒品海洛因总数量达15426克。同时也是一起利用妇女关系、地缘和亲缘关系从事大规模跨境贩毒的犯罪活动。线某和孔某同为妇女，对毒品犯罪高额利润的共同追求使她们聚集在一起，"姐妹"情分进一步加强了双方的信任，在此基础上，她们将自己的女婿和丈夫卷入其中，让这些"可信任"的人在一起"合作"，以确保犯罪活动的安全和顺畅。第一次的成功增加了她们的信心，获得高额利润的两人更加疯狂地从事跨境贩毒活动，最终两人均被判处死刑。

除从境外将毒品运入境内的沿边地区和云南省会昆明市外，还有的妇女跨境毒品运输线路从境外延伸到境内的内地大中城市，以此获得更加高额的回报。西双版纳州景洪市的哈尼族女高中生亚某在当地妇女玉某和玉议某的介绍下成为一四川籍女子"大姐"的运输通道，曾多次将毒品从缅甸运输到境内。其第一次从缅甸勐拉运输毒品到西安，得到10000元报酬，第二次从缅甸勐拉运输毒品到南京，得到10000元报酬。2015年10月，亚某将687.4克毒品海洛因藏匿于拖鞋夹层内，乘坐出租车从勐海县前往景洪市，打算第三次运输毒品，途中被易武边境检查站执勤人员查获。

此外，随着各国禁毒力度的加强，跨境贩毒风险巨大，境外的武装贩毒集团暴力对抗抓捕的程度不断加剧。贩毒活动的暴力性增强，涉枪贩毒案件不断增多，其中不乏一些妇女犯罪案件。据统计，2016年，全国破获涉枪贩毒案件446起，云南即是涉枪贩毒活动高发地区之一。[①] 红河州瑶族妇女邓某从2015年起从事贩毒活动，先后多次将毒品卖给个旧市贩毒人员李某父子，由儿子李某负责藏匿毒品，父亲李某联系买家后安排赵某将毒品从个旧市运至玉溪市进行贩卖，四人建立起以邓某为核心的贩毒团伙。2015年7月某日，父亲李某让赵某再次将277克毒品送至购买人处，途中被民警查获，当场缴获毒资6万余元。同日，民警在个旧市将父亲李某等贩毒人员抓获，查获毒品甲基苯丙胺片剂570多克，并查获"天雷"10枚。民警同日还在儿子李某驾驶的轿车上查获毒品甲基苯丙胺片剂，净重6.52克，人民币40000元。邓某也于当日在个旧市被抓获，当场查获毒品海洛因净重351克、毒品甲基苯丙胺片剂净重94克和人民币116400元。

还有一些跨境贩毒案件中出现了多个国家毒贩和交易人交织的复杂案情，给毒品缴获和案情侦破带来了较大困难。2013年7月，景洪市傣族妇女玉某向老挝毒贩岩某联系购买毒品，经岩某联系缅甸毒贩确认后，两人携带毒资前往交易地点，与缅甸毒贩进行交易。当日19时30分许，双方正在长城越野车上交易时遇曼栋边防检查站执勤人员公开查缉，当场查获毒资147000元，从路边的橡胶苗地里查获毒贩丢弃的毒品甲基苯丙胺片剂，净重1109.4克。此案中的毒品购买者玉某是中国籍妇女，帮助她联系缅甸毒贩的中间人岩某则是老挝籍，尽管分属三个不同的国家，但相同的族群属性却将三人紧密联系在一起，形成一个跨国的"同族"犯罪团伙，购买者玉某更成为其中的核心人物。

（二）运输毒品

近年来，由于公安边防机关的打击力度加大，毒品从境外偷运入境后，在境内的运输更加困难重重，为了逃避打击，境外毒贩往往利用女性身体作为载体，通过体内藏毒的方式将毒品运至境内再分销至各地。体内藏毒危害巨大，毒品一旦破裂将会给运输者带来致命的后果，但面对高额的回报，仍有不少妇女铤而走险，用自己的生命做赌注。2013年3月，贵州纳雍县妇女杨某在一缅甸妇女处购买了20000元的毒品，将毒品塞入肛门藏匿，打算从德宏畹町乘车到昆明，然后再将毒品带至贵阳，等待专

[①] 《2016年中国毒品形势报告》，中国禁毒网 http://www.nncc626.com/2017-03/27/c_129519255_2.htm。

人接应后按市场价收购这批毒品。在行至德宏畹町边防检查站时被公安人员抓获,后缴获从其体内排出的毒品海洛因201克。2013年7月,一个叫"李哥"的男子让女青年李某带朋友到缅甸帮其带"货",并承诺事成后会给一定的报酬。两人携带毒品入境后在畹町一宾馆内被民警查获,后缴获从李某体内排出的毒品海洛因106克,从其朋友体内排出的毒品海洛因79克。

除境内妇女跨境参与贩毒活动外,不少周边国家的妇女也通过各种方式将毒品运入中国境内,获取非法暴利。2013年3月,越南妇女黎某携带毒品乘坐国际班车由老挝万象前往昆明。班车行至磨憨口岸入境旅检现场接受检查时,勐腊海关执勤人员从黎某携带的黑色塑料行李箱夹层内查获毒品海洛因5块,净重5177克。其供称在越南胡志明市时认识了一个美国黑人男子,该男子给了其300美金,帮其办了护照,买了机票,让其将一个箱子带到中国广州,并承诺到时会再给其1000美金。2014年3月某日,德宏州梁河县公安局禁毒大队侦查民警在公开查缉中发现一辆当地牌照的车辆上有四名不通汉语的缅甸女子形迹可疑。经口头询问,四人均承认腹部藏有"东西"。在当地医院检查后发现,四名妇女每人携带的海洛因均超过了1000克,总重量达5574克。她们四人均为亲友,当中最年长的40岁,最小的只有18岁。

由于乘坐汽车需要通过重重关卡,被查获的可能性极大,因此,只需通过一次安检的飞机成为境外妇女运输毒品的重要通道。不少涉案妇女选择将毒品放入体内或贴身衣物中,企图以此逃避检查。2016年3月某日,缅甸妇女赛某在德宏州瑞丽珠宝街向一男一女两个缅甸人购买手镯时,对方让其帮忙带一些东西到昆明,并承诺事成之后给她7000元人民币的报酬,看到如此高额的回报她答应了。珠宝店的缅甸女子便将两坨"东西"塞进她的肛门,并告诉她一定不能让别人发现。在乘车从瑞丽到芒市的途中,因为过于疼痛,她下车在厕所内排出一坨放在胸衣内。2天后,她在德宏州芒市候机楼被公安机关抓获,民警缴获从其体内排出的毒品海洛因一坨,经称量净重115克。此外还查获其在登机前从胸部拿出来丢弃到机场候机楼执勤室墙角的毒品海洛因一坨,经称量净重115克。

除用高额回报诱惑妇女涉毒外,还有人利用帮忙介绍工作等理由诱惑妇女运输毒品。近年来,从德宏州入境到中国务工的缅甸劳工数量增加迅速,不少跨境民族妇女在同族、亲友等介绍下来到中国,由于语言不通和对中国国情的不了解，对工作机会的渴求使她们成为同乡毒贩利用的对象。22岁的缅甸女子土某在瑞丽认识了一名叫"昂昂"的男子，该男子以介绍工作为由让其带些东西去昆明，并称到时会给其2000元人民币作为回报。2016年3月某日，"昂昂"打电话联系她到瑞丽姐岗路的一出租房内并让其将两坨东西藏到体内，然后其从瑞丽乘车来到芒市机场准备乘坐飞机前往昆明，在机场候机时被公安民警抓获，随后查获从其体内排出的毒品海洛因231克。

以上案例充分展现了当前西南地区妇女毒品犯罪类型的多样性和复杂性。课题组对2010年以来云南边境地区发生的100起妇女毒品犯罪案件分析发现，跨境毒品犯罪所占比例近1/3，且发案数量呈增加趋势，查获的涉案毒品数量从数十克到上万克不等，涉案妇女年龄从未成年人到老年人均有出现，充分体现了当前妇女跨境贩毒问题的严峻性。

三　西南地区妇女涉毒犯罪的特点

若以犯罪现象的五个要素①为划分标准，西南地区的妇女涉毒犯罪主要呈现出以下特征。

（一）时间跨度不长

2000年以来，中缅边境逐渐成为云南边境地区毒品犯罪最为严重的地区。据统计，2012—2017年（截至7月），全国共查处和审判有女性参与的中缅跨境贩毒案件1397起，其中云南省查处审判1171起，各年度案件分布见下表：

表2-1　　中缅跨境女性毒品犯罪案件审判数量（2012—2017年）

年份	2012	2013	2014	2015	2016	2017
案件数量（起）	1	15	495	433	161	25

资料来源：最高人民法院中国裁判文书网，http://wenshu.court.gov.cn/。

如表2-1所示，从2012年以来中缅边境地区妇女涉毒案件开始出现，至2013年增加至15件，2014年激增至495件，2015年为433件，2016年减少至161件，2017年上半年仅为25件。从上述案件的时间分布可

---

① 犯罪类型"五要素"即时间、空间、犯罪行为、犯罪人、被害对象。参见徐绫泽、周亮《犯罪类型学研究》，《中国人民公安大学学报》（社会科学版）2007年第6期。

见，中缅跨境妇女涉毒案件主要集中在 2014、2015 两年，2016 年以来得到有效控制，数量大幅减少。

中越边境的跨境贩毒案件数量虽然远少于中缅边境，但有妇女参与的案件数量亦有发生。据统计，2010—2017 年（截至 7 月），全国共查处和审判有女性参与的中越边境跨境贩毒案件 150 起，其中云南省查处审判 23 起，广西壮族自治区查处 75 起。[①]

（二）空间分布集中

在地区分布上，省会昆明地处交通枢纽，是毒品从境外运输到境内之后的重要中转站，贩毒案件最为集中。在部分地区，西双版纳、德宏、临沧等州市发案率较高。1997 年的一项研究曾对云南女性毒贩的籍贯进行调查和统计，发现中缅边境德宏州籍的女毒贩所占比例高达 48.2%，原籍为大理、保山、红河的比例分别占 10.1%、7.6%、8.4%[②]。2012—2017 年（截至 7 月份）的统计数据显示，昆明仍为案件最为集中的区域，西双版纳和德宏仍为案件高发地区，案件地区分布及审判次数见表 2-2。

表 2-2 中缅交界地区女性毒品犯罪案件审判地区分布（2012—2017 年）

地区	审判案件数量（起）	备注
云南全省	1171	
昆明	760	省会、交通枢纽
曲靖	11	
玉溪	25	交通干线
保山	24	边境地区
丽江	1	
普洱	25	边境地区
临沧	38	边境地区
楚雄	10	
红河	4	边境地区
文山	1	边境地区
大理	12	交通干线

---

① 资料来源：最高人民法院中国裁判文书网，http://wenshu.court.gov.cn/。
② 吉龙祥、王玉立、庞涛：《云南边境地区女性毒品犯罪探析》，《云南法学》1997 年第 4 期。

续表

地区	审判案件数量（起）	备注
西双版纳	57	边境地区
德宏	48	边境地区
怒江	5	边境地区

资料来源：最高人民法院"中国裁判文书网"，http：//wenshu.court.gov.cn/。

从表2-2的统计数据可以看出，西双版纳、德宏、临沧三州市是中缅边境女性毒品犯罪案件的高发地区。中越边境的涉毒案件主要集中在广西。在云南，除省会昆明外，与越南接壤的红河、文山发案率较高。

表2-3　中越跨境女性毒品犯罪案件审判地区分布（2012—2017年）

地区	案件数量（起）	备注
云南全省	23	
昆明	9	省会、交通枢纽
曲靖	1	
红河	5	边境地区
文山	6	边境地区
西双版纳	1	边境地区
铁路法院	1	

资料来源：最高人民法院"中国裁判文书网"，http：//wenshu.court.gov.cn/。

（三）犯罪行为多样

从国际上看，有学者对妇女涉毒行为高发的美国、墨西哥、哥伦比亚、阿根廷、委内瑞拉、智利等国的研究发现，其犯罪类型主要包括"驮运者（mules）、偷运者（smugglers）、非法制造贩卖者（bootleggers）、毒贩（peddlers）、成瘾者（addicts）、爱好者（lovers）、臭名昭著的女人（motorious women）、白粉婆（white ladies）等"[①]，类型多样，手段繁多。与之对比，当前西南地区女性涉毒犯罪主要包括贩卖、运输、容留他人吸食毒品、涉毒性交易等（详见后文性交易部分），涉毒犯罪的类型少于美洲，但也呈现出多样化趋势。

---

① Elaine Garey, *Women Drug Traffickers: Mules, Bosses, and Organized Crime*, Albuauerque: University of New Mexico, 2014.

(四) 犯罪人群特殊

由于中国执法部门的打击力度较大，查处严格，犯罪团伙的反侦察能力也在不断提高。在参与境内贩毒活动的妇女中，享有社会关照的特殊妇女群体①所占比重较大。《2016年中国毒品形势报告》也指出，当前境内外贩毒组织利用特殊人群从事贩毒活动，其中缅甸等国较为突出。同年，全国共抓获本国籍涉毒特殊人员4576名、外国籍涉毒特殊人员782名。②在云南中缅边境地区，怀孕妇女和处于哺乳期的"两怀"妇女的涉案率较高。临沧市近年来查获了多起"两怀"妇女参与的贩毒案件，其中2010年66起，涉案毒品87.5千克，"两怀"妇女占涉案嫌疑人总数的80%以上；2011年77起，涉案毒品84.2千克，怀孕妇女所占比例超过90%，其余为正在哺乳婴儿者③。

犯罪团伙往往以高额回报为诱饵，教唆孕妇和哺乳期妇女通过随身携带、体内藏毒等方式将毒品运往内地城市分销，获取巨额利润。不少妇女因此成为运输毒品的运输工具，成为为他人牟利的工具，承担巨大风险，掩护了真正的犯罪团伙。特殊群体妇女涉毒，既是犯罪群体对其弱势群体和社会关照权益的充分利用，也是其自身对逃避法律制裁的侥幸心理诱使。由于国家法律的关怀条款④，"两怀"妇女毒品犯罪案件往往体现出如下特征：

一是"合理"抗拒抓捕。体内藏毒是较为常见的运输毒品方式，由于生理结构的特殊性，女性发生率显著高于男性。对公安机关来说，对体内藏毒案件的侦破已经不是难题，但涉案女性抗拒抓捕的方式却往往让缉毒人员颇为棘手。保山市曾发生一起典型案例，多名涉嫌体内藏毒的怀孕

---

① 指残疾人妇女、怀孕妇女、哺乳期妇女、未成年少女、老年妇女以及生理上患有严重疾病和性疾病的妇女等特殊妇女群体。

② 《2016年中国毒品形势报告》，具体内容为"利用特殊人群贩毒屡禁不止，贩毒活动的区域性特点突出。境内外贩毒集团组织、雇用、操控怀孕和哺乳期妇女、急性传染病人、失去生活自理能力的重病伤残人、艾滋病携带者等特殊人群从事贩毒活动，国内四川、贵州等地以及缅甸等国特殊人群贩毒突出，区域性、家族化、流动性特点明显，反复性强，打击处理难度大"。中国禁毒网http://www.nncc626.com/2017-03/27/c_129519255_2.htm。

③ 赵涓娟：《云南特殊女性群体贩毒犯罪的调查与分析》，硕士学位论文，西南政法大学，2012年。

④ 《中华人民共和国看守所条例》第10条规定了看守所收押人犯时，应当进行人身检查，怀孕或者哺乳自己不满一周岁的婴儿的妇女不予收押。

妇女乘坐客车通过边境检查站时脱去衣物赤身裸体地躺在车上，直接抗拒检查，使其体内运输的毒品无法及时拦截①。

二是"合理"逃脱制裁。按照相关法律规定，"两怀"涉毒妇女无法立即收押，只能按照刑事诉讼法的相关规定采取取保候审或监视居住，不少涉案妇女在办理了相关诉讼措施手续后便直接逃逸，直接逃脱法律的制裁。2011年7月，四川省昭觉县彝族妇女黑某携带毒品从景洪市乘坐客车前往普洱市景东县途中被缉毒人员查获，当场从其座位下方一个红色塑料袋内查获毒品海洛因27坨，净重175.9克。经检查，民警发现其怀孕并且体内藏有异物，遂将黑某则带至医院，收缴从其体内排出的毒品海洛因30坨，净重139克，共计查获毒品海洛因57坨，净重314.9克。因黑某则系孕妇，景洪市公安局依法决定对其取保候审，在取保候审期间，经依法传唤其多次，但一直未能到案，后经网上布控追逃，四川省昭觉县公安局民警于2015年11月在黑某家中将其抓获并移交景洪市公安局。2011年11月，镇康县妇女李某体内藏匿毒品海洛因342克，乘坐卧铺客车从保山市前往昆明市途中被公安民警查获，后在医院从其阴道内取出海洛因1坨，净重342克。因李某当时属怀孕妇女，被公安机关决定监视居住，但其在此期间脱离监管，后于2016年3月某日被抓获。

三是"合理"重复涉案。由于"两怀"妇女能够有效逃脱法律制裁，重复涉案现象较为明显。三次冒名进行跨境贩毒活动的怀孕妇女李某也是此类"合理"重复涉案妇女的典型。李某，女，国籍不明。2013年7—12月间，李某分别冒名陈润、姚巧会、吴香以体内藏毒的方式三次携毒品从缅甸国入境至云南省龙陵县，共运输毒品海洛因1443克，均因其怀孕不能直接批捕，在监视居住期间去向不明。2014年8月某日，李某从芒市租车将携带毒品的妇女张某和杨某送至龙陵县象达乡，准备次日将二人送至保山市。当日14时10分许，途经龙陵县镇安高速公路延长线时，被边境检查站执勤人员查获，当场从张某体内查获海洛因225.2克，从杨某体内查获海洛因228.6克，并抓获李某。

四是"合理"利用儿童。"两怀"妇女往往利用身份的特殊性，将携带的婴儿和其他未成年人作为运输毒品的工具。2004年9月某日，德宏

---

① 张靖波：《云南边疆女性毒品犯罪状况分析与对策建议》，《法治与社会》2010年第1期。

边防支队执勤官兵在一辆客车上例行检查时发现一名小男孩神情异常,经询问后得知其在上车前受人安排吞服了大量小颗粒,后在医院排出了 26 粒共 106 克海洛因。[①] 2010 年 10 月,大理州南涧县公安局禁毒大队民警在例行检查时发现两名贩毒人员利用小女孩体内藏毒将毒品贩运至四川,该女孩年仅 11 岁。同年 1 月,大理州宾川县公安局禁毒大队民警在收费站附近抓获一名哺乳期妇女的犯罪嫌疑人,同时抓获运毒的 4 名未成年儿童,查获海洛因可疑物 7285 克。[②]

体内藏毒严重危害运输者的生命安全,尤其是怀孕期妇女。吞食毒品可能导致毒品在体内泄漏,1 克海洛因即可致人死亡。德宏州 2006 年抓获孕妇、哺乳期妇女 486 名,这些妇女多采用体内藏毒的方式运输毒品,其中有 67 人在公安机关羁押场所排毒期间生育。2007 年 10 月,澜沧县公安边防大队抓获的四川凉山籍彝族妇女阿某,在被抓获的第二天就产下婴儿,并从体内排出海洛因 100 克。因对怀孕妇女利用药物排毒又有可能导致腹中胎儿早产或者流产,多采取自然排毒的方式排毒,自然排毒时间长,侦办机关也面临着很高的风险。[③] 案件侦查机关不仅要对其看管,还要保障其产后母子的健康及安全。

除"两怀"妇女外,在参与跨境贩毒的妇女中,由于历史原因还有不少身份不明的无国籍者,他们利用自身身份的模糊性,大肆走私毒品入境,妄图逃避法律的制裁。2014 年 10 月某日,国籍不明,妇女杨某正准备从其租用的房屋内将毒品运至交易地点时被公安民警抓获,当场从该出租房内查获毒品甲基苯丙胺片剂 7 块和 1 条,共计净重 3970 克。涉案妇女均利用自身身份的模糊性,使用伪造证件、冒名顶替等方式频繁偷越国境,将毒品从境外运至国内。

2016 年 5 月某日,国籍不明,妇女苏某乘坐其丈夫驾驶的摩托车携带毒品途经芒市芒海至中山公路时被芒海边境检查站检查员抓获,当场从其携带的蓝色纸箱内查获毒品海洛因 159 克。据其供述,此前当地人杨某

---

① 《特殊人群带毒愈演愈烈 中国边境缉毒面临严峻考验》,新浪网 http://news.sina.com.cn/s/2005-06-24/11216259724s.shtml。

② 《特殊人群贩毒的背后》,《云南日报》2010 年 3 月 10 日,具体内容参见 http://yndaily.yunnan.cn/html/2010-03/01/content_ 121370.htm。

③ 樊建东:《当前云南毒品犯罪案件的特点难点及对策初探》,硕士学位论文,西南政法大学,2010 年。

让其将一个蓝色的箱子送到他家田地,并承诺会给她 2000 元,带一小段路就给她 2000 元钱,她就知道是毒品。但她无知地认为自己没有中国国籍就可以逃脱法律的制裁,帮一个小忙就可以得到高额回报,没想到将自己和家人推向了犯罪的深渊。

(五)犯罪人即受害人

"犯罪人即受害人"是女性涉毒犯罪的重要特征之一。由于女性吸毒和制毒的发生率远低于男性,因吸毒而导致的涉毒犯罪率也低于男性。从以往发生案件的数据统计上看,女性因受到他人利用而发生涉毒犯罪行为的比重较大。由于长期处于社会边缘和弱势群体,大部分妇女对毒品的认识不深,很容易成为犯罪分子诱惑和利用的对象。在涉毒犯罪的妇女中,不少人因法律意识淡薄,受到人情、高额利润等诱因的引诱,不惜以身犯险,她们既是贩毒案件的犯罪人,同时也是受他人操控的受害者。

如前文个案中的彝族孕妇黑某供述,她在老家时碰到一个老板,老板让她从景洪帮带毒品到四川攀枝花,承诺给她 4000 元人民币,她同意后,跟随一个四川攀枝花的一男一女坐车到达景洪,转车去到打洛后又去到小勐拉,那个男子去拿毒品回来便叫她和另一个女子吞食毒品,吞食了一些后,剩下的毒品就放在红色塑料袋里。后三个人坐车到达景洪,该男子帮其买了景洪至景东的车票,行驶至一个检查站时,就被武警抓获了。

此外,境外毒贩也将容易逃脱法律制裁的妇女群体作为重点发展的运输对象,通过操控境内犯罪团伙物色合适的妇女,使其成为毒品的运输通道。2014 年 9 月初,吴某等毒贩受一名缅甸籍女子的安排,欲从云南省澜沧县雪林乡驾驶摩托车送携带毒品的怀孕妇女至景谷县。同月 5 日 14 时许,吴某驾驶摩托车在前探路,赵某驾驶摩托车载携带有毒品甲基苯丙胺片剂 7285 克的李某,罗某驾驶的摩托车载携带有毒品甲基苯丙胺片剂 5584 克的鲁某尾随其后。17 时 30 分许,途经澜沧县安康乡南栅村路段时被民警查获,共查获毒品甲基苯丙胺片剂 12869 克。

还有的境外毒贩利用妇女之间交往的便利和信任,以高额回报为诱饵,将被害妇女拉入贩毒的深渊。2011 年 12 月某日 8 时许,在缅甸老街一家小旅馆里一缅甸妇女将藏有毒品的胸罩给云南省镇康县妇女刘某戴上,还用线将 5 条白色避孕套包装的海洛因缝在她所穿裤子的裤腰上,要她送到昆明,承诺事后给其人民币 5000 元的报酬,先给她 1000 元作路费。当日 22 时许,刘某携毒品从保山汽车客运站乘坐客运汽车欲前往昆明市,途经大保高速公路板桥服务区时被抓获，民警当场从其所穿胸罩内及裤子腰带部位查获毒品海洛因 11 条，净重 704 克。次日，因检查出刘某系怀孕妇女，公安机关对其监视居住，后其脱逃，2016 年 1 月某日 23 时 40 分许，刘某在镇康县南伞镇某宾馆 205 房间被抓获。

此外，还有一些身份不明的妇女，由于生活拮据，受教育程度度低，无法分辨事实，在利益诱惑下轻易成为犯罪分子利用的对象。2013 年 11 月某日 21 时许，木康边境检查站执勤人员依法对一辆由瑞丽开往昆明的卧铺客车进行检查，经盘问，乘坐该车的国籍不明妇女钦某有重大涉毒嫌疑，于是民警对其作进一步检查。当日 23 时 30 分，钦某在木康边境检查站排毒室从体内排出外用避孕套包裹的毒品可疑物 3 坨，经称量检验，毒品可疑物为海洛因，净重 290 克。据钦某后来供述称，以前她在瑞丽卖槟榔，一个叫南咪咪的缅甸女人平时比较关心她，会买东西给她，自己做胆囊手术时，南咪咪还借给她 100 万缅币的医药费，自己从缅甸做完手术来到瑞丽遇到南咪咪，跟南咪咪说身体不好，不想卖槟榔了，南咪咪就让她帮忙带一些玉石去昆明，南咪咪说如果帮她将这些玉石带到昆明，之前她借给自己的医药费不用还，她还另外再给自己一些钱，并给她找点事情做，自己听了也就同意了。2013 年 11 月某日，南咪咪提着一些玉石首饰来到钦某的出租房，同时拿出 3 坨东西，说是比较值钱的玉石，要放在体内带走，然后南咪咪将这 3 坨东西塞进她的肛门和阴道，肛门塞了 2 坨，阴道塞了 1 坨。之后南咪咪帮她买好车票，并拿给她一本伪造的就业证，让其带着东西到昆明，结果在木康检查站被查获。

2014 年 8 月某日，毒贩"阿宝"电话联系国籍不明的景颇族妇女孔某，叫其带点鸦片做药，孔某在缅甸向一名缅甸男子赊账购买 1200 元人民币的鸦片。某日孔某将鸦片放在自己随身携带的背篓里，从缅甸出发走路到芒海车站，乘坐客车准备回芒市西山乡，当客车行驶至遮放芒海公路时，在此开展缉毒检查的东山边防派出所民警当场从被告人孔某携带的背篓内的一个黑色塑料袋内查获外用强生牌爽身粉盒子包装、内用牛皮纸包装的毒品鸦片可疑物 2 坨（后经称量，净重 110 克）和爽身粉盒子包装内用牛皮纸包装的毒品鸦片可疑物 2 坨（后经称量，净重 110 克），共计 220 克。

综上，当前妇女涉毒犯罪问题是西南地区的毒品问题的延续与发展。

妇女涉毒从吸毒向贩毒等毒品犯罪行为转变,犯罪动机复杂,犯罪行为多样,犯罪人群特殊,并呈现出犯罪人和受害人身份交织的特征,社会危害巨大。

第二节　妇女感染和传播艾滋病问题

艾滋病,全称"获得性免疫缺陷综合征",英文简称"AIDS",是由人类免疫缺陷病毒(HIV)引发的一种免疫系统疾病,由于病毒的感染,人体免疫系统中最重要的 CD4T 淋巴细胞被大量破坏,人体因此逐渐丧失免疫功能,各种疾病的感染率大大提高,最终导致较高的死亡率。艾滋病的产生是对人类身体控制的一次极大挑战。尽管现代医学技术的发展已经成功减轻了身体作为一种自然形态的"被动"状态,极大地降低了身体受到的各类限制,但艾滋病的产生与传播却成为人类医学界至今未能攻克的难题,人类对自身的控制能力也因此受到质疑。艾滋病的存在与延续不仅表明了这种能力的有限性,同时也有力证明了我们的身体仍然处在遭受各种危险威胁的状态之中。

一　艾滋病在中国和西南地区的传播

艾滋病被世界主要国家(尤其是美国)关注始于 20 世纪 80 年代。1985 年,美国演员洛克·赫德森被公开报道感染艾滋病,几周后洛克去世,艾滋病正式成为全美关注的焦点。1991 年,NBA 球员约翰逊公开自己患有艾滋病的事实,并成为一个公开抵抗艾滋病的"英雄式"人物。

在中国,自 1985 年首次发现艾滋病感染者以来,感染者数量增加迅速,覆盖地区不断扩大。截至 2015 年年底,报告现存活 15 岁及以上的 HIV 感染者 57.1 万,报告病例数超过 1 万的省份达到了 15 个。[①]

表 2-4　中国 15 岁以上艾滋病感染者性别分布(2011—2015 年)

年份	2011	2012	2013	2014	2015
感染者总数(万人)	27.03	24.02	26.30	29.60	36.64

---

① 王丽艳、秦倩倩、丁正伟、蔡畅、郭巍、李东民、李培龙、葛琳、陈方方、崔岩:《中国艾滋病全国疫情数据分析》,《中国艾滋病性病》2017 年第 4 期。

续表

年份	2011	2012	2013	2014	2015
女性感染者占比（%）	27.8	26.3	25	22.7	21.7
新增感染者总数（万人）	—	-3.01	2.28	3.30	7.04
新增病例女性占比（%）	—	-1.5	-1.3	-2.3	-1

资料来源：根据《2011年全国艾滋病性病疫情情况及主要防治工作进展》，《中国艾滋病性病》2012年第2期；《2012年12月全国艾滋病性病疫情及主要防治工作进展》，《中国艾滋病性病》2013年第2期；《2013年12月全国艾滋病性病疫情及主要防治工作进展》，《中国艾滋病性病》2014年第2期；《2014年12月全国艾滋病性病疫情及主要防治工作进展》，《中国艾滋病性病》2015年第2期；《2015年11月全国艾滋病性病疫情及主要防治工作进展》，《中国艾滋病性病》2016年第1期中的相关数据整理形成。

据统计（见表2-4），从2011—2015年，全国艾滋病感染者从27.03万人增加至36.64万人，其中2014—2015年增幅最大，净增7.04万人。同期女性感染者数量呈现持续下降趋势，从2011年的27.8万人减少至2015年的21.7万人。在新增感染者方面，2012年比2011年减少3.01万人，但2013年之后一直呈直线上升趋势，2014—2015年增幅最大。

在15岁以上艾滋病人群体中（见表2-5），病人数量从2011年的17.44万人增至2015年的24.10万人，其中2014—2015年净增3.63万人，为最大增幅。女性病人所占比例自2011年以来一直呈下降趋势，从29.4%减少至20.8%。

表2-5　中国15岁以上艾滋病病人性别分布统计（2011—2015年）

年份	2011	2012	2013	2014	2015
艾滋病病人总数（万人）	17.44	14.56	17.38	20.47	24.10
女性艾滋病病人占比（%）	29.4	25.6	23.8	21.7	20.8
新增艾滋病病人总数（万人）	—	-2.88	2.82	3.09	3.64
新增病例艾滋病病人占比（%）	—	-3.8	-1.8	-2.1	-0.9

资料来源：根据《2011年全国艾滋病性病疫情情况及主要防治工作进展》，《中国艾滋病性病》2012年第2期；《2012年12月全国艾滋病性病疫情及主要防治工作进展》，《中国艾滋病性病》2013年第2期；《2013年12月全国艾滋病性病疫情及主要防治工作进展》，《中国艾滋病性病》2014年第2期；《2014年12月全国艾滋病性病疫情及主要防治工作进展》，《中国艾滋病性病》2015年第2期；《2015年11月全国艾滋病性病疫情及主要防治工作进展》，《中国艾滋病性病》2016年第1期中的相关数据整理形成。

表 2-6　中国艾滋病病人传播途径比例分布统计（2011—2015 年）

年份	2011	2012	2013	2014	2015
异性间性传播（%）	62.7	68.0	69.4	66.4	66.25
注射毒品传播（%）	16.0	9.3	7.2	5.6	4.0
同性间性传播（%）	10.5	19.1	21.4	25.8	28.25
既往采血传播（%）	3.5	0.6	0.05	0.02	0.02
输血及使用血制品传播（%）	2.6	0.7	0.1	0.06	0.02
性接触加注射毒品传播（%）	1.2	0.7	0.5	0.4	0.3
母婴传播（%）	1.1	1.0	0.9	0.7	0.6
传播途径不详（%）	2.5	0.6	0.4	1.0	0.5

资料来源：同上表。

在传播途径方面（见表 2-6），异性间性传播为最主要传播途径，自 2011 年以来所占比重一直保持在 60% 以上；其次为同性间性传播，五年来上升趋势明显，从 2011 年的 10.5% 上升至 2015 年的 28.25%；最后为注射毒品传播，五年来所占比重持续下降，从 2011 年的 16.0% 降至 2015 年的 4.0%。可见，异性间传播和同性间传播已经成为我国艾滋病病人传播的主要途径。

在地区分布上（见表 2-7），西南地区中的云南和广西已经成为中国艾滋病传播的主要区域，其中云南更是防控工作开展的重点地区。

表 2-7　中国艾滋病传播主要地区分布统计表（2015 年）

	1	2	3	4	5	累计占全国百分比
异性性传播	云南	广西	四川	广东	新疆	39%
注射吸毒传播	四川	云南	新疆	广西	广东	84.9%
新增 15 岁以上感染者	四川	云南	广东	广西	重庆	—

资料来源：根据王丽艳、秦倩倩、丁正伟、蔡畅、郭巍、李东民、李培龙、葛琳、陈方方、崔岩：《中国艾滋病全国疫情数据分析》，《中国艾滋病性病》2017 年第 4 期中的相关数据整理形成。

事实上，云南省从 20 世纪开始就是中国艾滋病流行最为严重的地区。自 1989 年在云南首次发现艾滋病感染者后，之后逐渐成为全国艾滋病的重灾区。至2006年年底云南省累计报告感染者48591人[1]。截至2016年10月，在云南全省16个州市中共累计报告现存活艾滋病病毒感染者和病人93437例，新报告艾滋病病毒感染者和病人9723例，较上年同期下降了0.5%[2]。

从2011年以来的数据看（见表2-8），云南省感染者总数在2012年和2015年出现增加，其余年份均呈减少趋势，其中2014—2015年增加幅度较大，净增37371人，占全国同期增幅的一半以上；病人总数除2013年出现减少外，其余年份均呈增加趋势，其中2012年增幅最大，净增5886人，同期全国减少病人28756人，在全国增幅最大的2014—2015年，全省净增3760人，占全国增幅的10%；新增女性感染者数量一致保持在35%左右。此外，老年人感染者数量持续增加，边境外籍人员感染者和病人数逐年增多。

表2-8　　云南省15岁以上艾滋病感染者和病人性别分布统计

年份	2011	2012	2013	2014	2015	2016
感染者总数（人）	67869	73397	56763	50263	87634	56258
病人总数（人）	25698	31584	26285	29652	33412	37179
新增感染者女性占比（%）	—	36.4	—	35.6	33.6	33.0

资料来源：云南省防艾局。

从地区分布上看，滇西的德宏州是艾滋病疫情较为严峻的地区。1989年云南省首批发现的感染者即来自德宏州瑞丽、陇川、盈江等县市。到2003年，德宏州成为艾滋病高度流行区。到2010年，除德宏州外，红河、临沧、文山和大理四个州市的艾滋病感染者和病人总数约占全省的39.4%，上年新发感染者和病人总数占全省的44.2%。到2016年，"德宏傣族景颇族自治州整体疫情出现下降，昆明市、大理白族自治州、临沧市、文山壮族苗族自治州、红河哈尼族彝族自治州、楚雄彝族自治州、保山市、玉溪市、昭通市等州市疫情平稳"[3]。

从传播途径上看（见表2-9），性传播所占比重上升迅速，从2011年

---

[1]　《春城晚报》，云南新闻，2007年3月5日。
[2]　资料来源：云南省防艾局。
[3]　同上。

的45%激增至2016年的92.6%；同期注射毒品传播比重大幅下降，从37.3%下降至6.3%；母婴传播从1.1%下降至0.8%。值得注意的是，传播途径不详所占比重从15.8%减少至0.3%，传播途径渠道得到有效控制。

表2-9　云南省新报告艾滋病感染者和病人传播途径分布

	2011	2012	2013	2014	2015	2016
性传播（%）	45.8	82.0	86.1	89.5	91.4	92.6
注射毒品传播（%）	37.3	16.5	12.5	9.3	7.3	6.3
母婴传播（%）	1.1	1.2	—	0.9	1.0	0.8
传播途径不详（%）	15.8	0.3	—	0.3	0.3	0.3

资料来源：云南省防艾局。

二　艾滋病在西南地区的主要传播途径

与联合国卫生组织公布的艾滋病全球发展趋势和中国官方公布的国内疫情发展趋势一致，在以云南为主要流行地区的西南地区，女性感染者的比例出现上升的趋势，在感染者群体中的所占比重一直居高不下。据相关文献显示，艾滋病的主要传播形式包括"与患有艾滋病者性交，与感染者共用皮下注射器，输入含有病毒的血液或其他血液制品，婴儿在出生时或通过哺乳从受感染的母亲那里被传染"[1]。如前文所示，除输入含有病毒的血液及其制品外，性传播、注射毒品和母婴传播是当前云南地区艾滋病的主要传播渠道，其中性传播和母婴传播与妇女群体高度相关。广西的相关研究也发现，女性性工作者已经成为艾滋病从高危人群向普通人群传播的重要渠道[2]。

（一）性传播

在美国，有多个无安全措施的性伙伴、共用静脉注射针头、嫖妓等被列为感染艾滋病的高危行为。其中妓女因为有多个性伙伴，并且这些人通

---

[1] ［美］查尔斯·扎斯特罗：《社会问题：事件与解决方案》第5版，范燕宁等译，罗玲、陈玉娜校，中国人民大学出版社2010年版，第428页。

[2] 林玫、陈怡、唐振柱：《女性性工作者艾滋病流行现状与防控对策》，《中国热带医学》2013年第6期。

常都是静脉注射药品使用者，因此她们属于高危人群。① 在西南地区，性传播渠道在云南艾滋病感染者和病人中的比重上升迅速，截至2016年所占比重已达92.6%。除以男同性恋为主的同性传播外，以卖淫女为主要群体的异性传播也是艾滋病传播的重要渠道。在某些疫情较为严重的地区，由于性关系的开放和性交易的泛滥，导致艾滋病在嫖客和卖淫女（包括暗娼）之间快速传播，同时影响到嫖客的妻子（包括怀孕者），从而导致母婴传播的发生。1994年，首次在卖淫女中发现艾滋病感染者。截至2016年，90%以上艾滋病感染者和病人的感染渠道均为性传播。

德宏州是云南省最早发现艾滋病的地区，也是吸食毒品较为泛滥的地区之一。由于注射吸毒感染艾滋病的个案屡见不鲜，感染者通过性方式传播给配偶的情况较为普遍。课题组在调查中发现了不少的类似个案，下文中的妇女陈某即是在不知情的情况下被丈夫传播感染的艾滋病，是艾滋病婚内性关系传播的典型个案；吸毒女孩小张则是通过共用针管注射吸毒和性行为双重途径感染的艾滋病，这种情况在吸毒人群中较为常见。德宏州盈江县妇女陈某与丈夫杨某结婚后，发现丈夫一直隐瞒自己的艾滋病病史，陈某知道后想提出离婚，但丈夫一直纠缠不放，强迫其与之共同生活，陈某无奈只好顺从，此外丈夫还有吸毒的恶习，让陈某痛苦不堪。杨某因吸毒于2014年9月被公安机关强制隔离戒毒二年。② 家住德宏州梁河县九保乡的女孩小张家庭经济条件优越，由于父母亲常年在外经商，因此将她交给其爷爷奶奶照顾。初二时，小张认识了校外的一批社会青年，并与其中的一名男青年谈恋爱，在一次朋友聚会中喝了其他人投放过海洛因的饮料后染上毒瘾。几个月后，小张受男朋友影响开始尝试注射吸毒。家人发现后对她进行严加看管，甚至禁足家中，仍未能彻底切断她与毒友之间的联系。家人无奈前后两次将她送进强制戒毒所，但回家不久之后她又开始了复吸。2015年，年仅16岁的小张因过量注射毒品死亡，法医尸检时发现她早已染上艾滋病。③

吸食毒品被视为一种"自我毁灭"身体的行为，同时还对吸食者存

---

① ［美］查尔斯·扎斯特罗：《社会问题：事件与解决方案》第5版，范燕宁等译，罗玲、陈玉娜校，中国人民大学出版社2010年版，第429页。
② 资料来源：梁河县强制戒毒所，调查时间为2017年2月。
③ 同上。

在的社会结构产生了深远影响。很多家长为了控制子女的吸毒行为往往会及时切断其与"不良群体"（甚至是所有社会网络）之间的联系，并停止为其提供经济来源，很多吸食者还会被父母送往戒毒机构。毫无疑问，这一行为已经"造成年轻的吸食者和他们父母之间的紧张和冲突"，同时"由于难以忍受家人的批评和羞辱，一些染有毒瘾的年轻人索性离家出走，和状况相同的同龄人住在一起。穷困潦倒之下，一些人转而通过抢劫来满足其对毒品逐步上升的需求。还有一些人则寻找一些隐秘的地点，背着父母继续吸食海洛因"①。

经过多年的疫情控制，德宏州的感染者人数已经大幅下降，红河州则成为当前云南省艾滋病疫情最为严重的地区之一。2006年红河州感染者报告数超过了德宏州，位列云南省第一，且在此之后的五年间每年的报告数量均在1700例以上，全州所辖13个县市均有报告②，病人数量增长迅速。据统计，性传播是艾滋病在当地快速传播的主要途径。"锡都"个旧市原为红河州州府所在地，为全国最大的产锡基地，工业生产较为发达。史料记载，抗战时期，由于外省难民大量涌入云南，部分妇女迫于生计沦为妓女。随着北方的工厂大量南迁入滇和美国盟军进驻云南，导致妓女数量倍增。除省城昆明外，红河州的个旧、蒙自等地均活跃着大批妓女。③20世纪90年代，因采矿业的迅速发展，个旧市流动人口数量剧增，部分人群收入提高，因此滋生出数量庞大的吸毒人群和卖淫人群，艾滋病在当地开始迅速传播。2000年后，个旧已经成为中国西南有名的"嫖城"，性交易业对当地社会的影响逐步加大，涉及人群中的毒品和艾滋病问题也日渐严峻。2004年，个旧市先后两次对相关人群开展大规模的艾滋病筛查。同时，多个国内外的非政府组织（NGO）进入个旧，帮助了解当地的艾滋病传播情况，协助政府开展疾控相关工作。2008后，艾滋病在个旧市大规模爆发，据不完全统计，至2015年，全市登记在册的吸毒者中艾滋病感染者比例高达70%以上，当地感染艾滋病的女性性工作者已经超过

---

① ［美］张鹂：《城市里的陌生人：中国流动人口的空间、权利和社会网络的重构》，袁长庚译，江苏人民出版社2013年版，第157—158页。

② 丁国伟：《云南开远女性性工作者的艾滋病性病流行率及其传播的危险因素研究》，博士学位论文，中国疾病预防控制中心，2013年，第14页。

③ 云南省档案馆编：《建国前后的云南社会》，云南人民出版社2009年版，第179页。

400人。

云南省个旧市中心的"银波赤"一带集中了大量的娱乐场所和女性性工作者,"工人村"一带则是流动性女性性工作者集中的地方。在个旧的女性性工作者群体中,艾滋病感染者非常普遍。当地的NGO组织工作人员告诉笔者,近年来因性传播感染艾滋病的女性为数众多。48岁的本地妇女C在23岁时受他人引诱开始吸食海洛因,被单位开除后失去收入来源的她成为"银波赤"当中的一员。对于自己是何时感染艾滋病的已经很难说清,但可以明确的是艾滋病已经通过她的身体在"客人"中间悄悄地扩散开来。2017年1月,C已经出现浑身溃烂等症状,为了筹集毒资和简单治疗的费用,她仍然在继续"工作",平均每月可以有几百元的收入。在被问及客人是否介意自己身体的情况时,她说很多客人也是感染者,当然也有一些不了解真相的人。谈到未来,C表示等待的只有死亡。[1]

张鹂曾于90年代中期在北京的浙江籍流动人口社区中的研究发现,"与毒品问题相伴随的往往是与身体暴力形式相结合的抢劫和勒索。"[2] 但这些案件中的妇女往往都是受害者。我们的研究则展示了毒品问题的另一类结果,即当妇女沉迷于毒品无法自拔时,面对抢劫等暴力犯罪的高风险,她们往往更容易利用自己的身体属性"相对容易"地赚取毒资,从"吸毒女"转变为"娼妓"。个旧妇女C的经历在当地女性性工作者中非常普遍,在这个群体中,毒品、性交易和艾滋病三者密切地交织在一起,形成了复杂的感染与传播网络。这部分妇女或因"以淫养吸"涉入性交易,在此过程中被嫖客感染艾滋病,然后将艾滋病传染给其他"客人";或因从事性交易被引诱吸毒且感染和传播艾滋病,如此循环,成为一个难以解决的社会问题与疾控"顽疾"。同时,除本土的感染与传播者外,由于性交易的泛滥,很多内地各省区的卖淫女也开始流入西南地区,她们被感染之后也成为一个重要的传播群体。

(二) 血液传播

注射性吸毒是云南艾滋病血液传播的主要形式。1989年在滇西地区

---

[1] 调查时间:2017年1月。
[2] [美] 张鹂:《城市里的陌生人:中国流动人口的空间、权利和社会网络的重构》,袁长庚译,江苏人民出版社2013年版,第163页。

发现的第一批感染者全部为男性吸毒人员，而后逐步扩散到女性群体中。共用针管是艾滋病通过血液传播的主要原因，在吸毒人群中屡见不鲜。下面的这个案例在吸毒人群中屡见不鲜，生动反映了曾经拥有正常生活的女性是如何一步步陷入毒品的深渊不可自拔的。

德宏州梁河县妇女杨某出身干部家庭，初中时因早恋认识了吸毒的男友，从此染上毒瘾。为了躲避家人，杨某每次吸毒均会到离家较远的地方，由于吸食量不大，家人一直没有发现。初中毕业后，杨某进入本地的一家医药公司担任销售工作，并与本地的一名工厂职工组建了家庭，生下了一个女儿，但她一直在瞒着家人吸食海洛因。杨某吸食毒品的事情在很偶然的情况下被其弟弟发现，为了隐瞒真相，杨某将弟弟也拉入了毒品的深渊。事发后杨某随即被单位开除，女儿也跟着丈夫离开了家。29岁时，杨某开始尝试注射吸毒，高额的支出迫使她开始偷拿父母的钱财，姐弟两人吸毒的事情彻底暴露。姐弟两人前后三次进入强制戒毒所，均未能戒断。40岁时，杨某被查出感染艾滋病，虽然经过治疗，但还是于两年之后死亡。①

（三）母婴传播

孕妇感染率是评估艾滋病普通人群感染率的一个重要指标。当这一指标超过1%，即意味着艾滋病病毒在普通人群中扩散。随着艾滋病女性感染者数量的增多和感染者年轻化的发展趋势，艾滋病病毒经育龄妇女传播给胎儿的可能性显著增大②，母婴传播成为儿童感染艾滋病的主要渠道。医学研究显示，艾滋病母婴传播的途径有三类：胎盘感染、产道感染和母乳喂养感染。据世界卫生组织的研究估计，在不采取干扰措施的情况下，艾滋病经母婴传播的感染率为20%—45%。

云南省是全国艾滋病传播的重灾区之一，据2006年的统计数据显示，全省129个县中，已发现有33个孕妇感染病例③，开展母婴传播阻断成为保护艾滋病高度流行区妇女儿童健康的重要工作。通过实施HAART（高效抗反转录病毒治疗）不仅有效降低了艾滋病母婴传播危险，同时也

---

① 调查时间：2017年2月。
② 李燕：《艾滋病母婴传播预防进展》，《昆明医科大学学报》2012年第11期。
③ 《云南艾滋感染者预过8万 开始向普通人群扩散》，腾讯新闻 https://news.qq.com/a/20060215/001398.htm。

为艾滋病感染妇女未来的抗病毒治疗提供前期条件，在云南部分艾滋病高度流行地区取得了较好的成效①。下面的两个案例反映了感染艾滋病的妇女如何在专业人员的帮助下有效阻断病毒的传播，并完成了自己结婚生子的心愿。

在艾滋病高度流行区德宏州瑞丽市，25岁的艾滋病感染妇女刘某与其丈夫自由恋爱结婚，尽管婚前即已得知刘某患有艾滋病，但其丈夫仍坚持与她结婚。婚后两人在医生的指导下采取了安全隔离措施，有效保护了其丈夫的健康安全。两人经过商量，决定在医生的指导下通过母婴阻断的治疗方式生育一个孩子，通过干预和治疗，这对夫妻的孩子于2016年10月平安降生，经过检测，孩子未被感染艾滋病，刘某的丈夫也一直未受到感染。② 同住瑞丽市的27岁妇女李某和其丈夫张某均为艾滋病感染者，两人结婚后一直想要生育自己的孩子。尽管双方感染艾滋病的患者不被建议生育孩子，但两人还是在医生的帮助下通过母婴阻断治疗的方法成功生育了一个健康的男孩，一家三口均在当地医疗机构的检测和帮助下得到了有效的治疗。③

在西双版纳州勐海县，2005—2009年的孕产妇HIV抗体平均阳性检出率高出全省平均检出率0.03个百分点，母婴传播的形势十分严峻。通过将预防母婴传播纳入日常妇幼保健工作内容，为感染孕妇提供健康咨询和抗体检测，并为其提供治疗药物，鼓励人工喂养等措施，在40例检测的感染孕妇中，95%的患者在孕前和孕期内确认了抗体，母婴传播阻断取得了较好的效果。④ 在德宏州芒市，从2006—2011年间共发现158例艾滋病感染孕产妇，其中104例孕产妇采用了HAART方案，其所生105名活产儿中仅有一名感染HIV，经母婴传播的艾滋病感染率为1.0%，达到国际先进水平。⑤ 保山市的实践经验也证明，通过实施HAART方案、选择

---

① 卓龙冉：《云南省德宏州艾滋病流行特征与Spectrum/EPP模型应用研究》，硕士学位论文，复旦大学，2013年。

② 调查时间：2017年7月。

③ 调查时间：2017年2月。

④ 贾丽琴：《西双版纳州勐海县预防艾滋病母婴传播服务现状与思考》，《中外医疗》2010年第36期。

⑤ 蒋成芹、周曾全：《云南省芒市采用高效抗反转录病毒治疗方案预防艾滋病母婴传播项目成果分析》，《中国妇幼卫生杂志》2011年第3期。

性剖宫产、母乳替代喂养等方法，能够使艾滋病的母婴传播发生率降到2%以下，实施预防母婴传播综合干预措施对降低母婴传播有较大作用。① 随着母婴阻断在云南全省的广泛推行，艾滋病感染人群对母婴阻断治疗的了解进一步加强，母婴阻断的治疗成功率不断提高。

三 艾滋孤儿

（一）艾滋孤儿的数量和分布

"艾滋孤儿"指因父母一方或双方感染艾滋病死亡的15岁以下的儿童②，在艾滋病人群体中较为常见。至2004年，全球的艾滋孤儿已达1500万人③，2010年达到2500万人④。在我国，20世纪80年代末到90年代初，由于大量非法血液采集与贩卖现象的存在，河南农村地区出现了我国第一批较为集中的艾滋孤儿群体⑤，1994年艾滋病在我国进入扩散期后，至2010年，全国的艾滋孤儿已经达到15万—25万人⑥。目前，我国艾滋孤儿的具体数量仅能通过估算进行了解，有研究通过四种不同方式对2013年全国艾滋孤儿的总数进行估计，尽管结果相差较大，但艾滋孤儿的数量已近全国孤儿总数的一半。⑦ 从地区分布上看，艾滋孤儿主要分布在当前艾滋病传播较为严重的云南、广西、四川等西南省区，还包括20世纪90年代因血液管理混乱导致艾滋病大量传播的河南、安徽等北方地区。

（二）艾滋孤儿的生存困境

由于父母一方或双方吸食毒品，艾滋孤儿及其家庭需要面对严重的经济压力，生存困境成为其需要面对的首要问题。由于基本生存不能得到保

---

① 马强：《云南省保山市关于预防艾滋病母婴传播干预措施效果分析》，《卫生软科学》2010年第3期。

② UNAIDS, UNICEF. 关怀艾滋病孤儿. UNAIDS, 2004。

③ UNAIDS, WHO. AIDS epidemic update 2004. UNAIDS, 2004, 12.

④ UNICEF. 2005年世界儿童状况［R］. UNICEF, 2005。

⑤ 申华伟：《"艾滋孤儿"在省城》，《中州统战》2002年第5期。

⑥ 《橙爱天地间300万救助艾滋孤儿》，新浪网 http://news.sina.com.cn/c/2006-03-30/15518570816s.shtml。

⑦ 刘继同：《中国孤儿、受艾滋病影响儿童和脆弱儿童生存与服务状况研究》（上），《青少年犯罪问题》2010年第4期。

障，不少未成年人沦为无家可归者，甚至是罪犯。① 不少调查发现，艾滋孤儿在饮食、自立、心理适应等方面均存在突出的问题。②

一是生理发展障碍。有研究者对云南地区艾滋孤儿生存状态的调查发现，"农村艾滋孤儿的发生率远高于城镇；家庭贫困现象较为普遍，半数以上的家庭年收入在 1000 元以下；50% 以上的孤儿由老人抚养，营养不良现象突出；辍学现象明显，女孩辍学率高于男孩，双亲去世者辍学率高于单亲者。由于生存危机的存在，老人去世后极易沦为流浪儿童、童妓、乞丐，甚至是犯罪的潜在人群，同时也面临着死亡的威胁；心理压力巨大，社会援助较少，超过 90% 的孩子认为自己的生活在父母去世后变得不好，有 70.4% 的儿童承受着巨大痛苦，有 63.3% 的儿童在父母去世后产生了较大情绪变化，58.9% 的儿童或多或少失去了原有伙伴，感觉很孤单，42.7% 的儿童因害怕或思念亲人而难以入睡或常做噩梦。可见，大多数艾滋孤儿生活质量不高，伴有严重心理障碍与心理疾病"③。

二是心理发展障碍。许文青等人对五个项目县 251 名艾滋孤儿的研究发现，"艾滋孤儿的境况让其长期处于负面情绪中，一些艾滋孤儿还会出现行为问题"④。杨生勇指出："艾滋孤儿问题的关怀项目可能会转化成对艾滋孤儿的过度关注，使艾滋孤儿出现定位偏差，不能正确认识自己的境况，导致自我迷失。"⑤

三是社会发展障碍。程玲、向德平分析梳理了艾滋孤儿的社会支持系统，包括"家庭、学校、社区、社会、政府，分析了各支持主体的重要性及存在的问题，并提出相应的对策建议"⑥。同时，艾滋孤儿还要承受

---

① 许文青、何景琳：《AIDS 孤儿的现状及对策》，《中国艾滋病性病》2004 年第 2 期。
② 高晓晖、方为民：《艾滋病高发区艾滋孤儿生活技能现状》，《中国妇幼保健》2010 年第 9 期。
③ 晏月平：《云南省沿边地区艾滋孤儿生存状况及应对策略》，《昆明理工大学学报》2012 年第 4 期。
④ 许文青、王云生等：《项目县 6—14 岁艾滋病致孤儿童社会心理问题浅析》，《中国艾滋病性病》2006 年第 3 期。
⑤ 杨生勇：《我国艾滋孤儿面临的问题及对策》，《中国社会导刊》2007 年第 16 期。
⑥ 程玲、向德平：《艾滋孤儿社会支持现状及社会支持系统建构》，《中南民族大学学报》（人文社会科学版）2012 年第 3 期。

巨大的社会压力和污名化歧视，对其身心发展造成巨大威胁。

德宏州是云南省艾滋病的高发地区之一。课题组2017年2月在芒市西山乡景颇族村寨中对当地的艾滋孤儿进行走访，了解当地艾滋孤儿的生活状况。吸毒曾经是西山乡较为突出的社会问题，在2010年以前，寨子里吸毒的人数较多，且均为男性。很多村民表示，丈夫吸毒是导致很多家庭生活状况变坏的重要原因，"因为（丈夫）只吃四号（海洛因）跑掉的媳妇不是一两个"，同时因丈夫注射毒品感染艾滋病造成严重的家庭内部感染，5个孩子不幸沦为艾滋孤儿。11岁的女孩小果，父母双亡，其出生之前父亲即为吸毒人员，后传染给母亲。5年前，母亲离开了她，3年前，强制戒毒多年的父亲也去世了。现在的她跟随年迈的爷爷奶奶生活。父母在世时享受每月200元的低保补助，父母去世后享受每月1000多元的补贴。16岁男孩小文，父亲因常年酗酒、吸毒患上肝腹水，9年前去世。母亲经人介绍改嫁到福建，他由叔叔负责照顾。2016年母亲返回家乡将他带往福建一起生活。17岁男孩小勒，父亲已经吸毒五六年后于2017年1月去世，心灰意冷的母亲经人介绍改嫁到江苏，小勒随爷爷奶奶一起生活。

通过调研，我们发现，小果的情况反映了当地艾滋孤儿的普遍生活状况，年幼的孤儿与年老的祖辈相依为命，男性劳动力吸毒后，其家庭经济状况迅速衰落，她的爷爷奶奶表示，现在国家每月发放的补贴已经基本能够满足孩子的基本生活需要，但他们对自己过世之后孩子的生活仍然非常担心。失去父母的小果经常郁郁寡欢，每当谈起自己的父母总是伤心落泪。尽管当地政府和学校老师尽力为她提供帮助与关爱，但来自同学的异样眼光仍然让她倍感压力。小勒的情况在当地亦不少见，由于生活条件的制约，妇女外流已经成为当地的主要社会问题，不少失去丈夫的妇女为了过上更好的生活往往选择放弃年幼的孩子改嫁再婚。与他们相比，小文无疑是非常幸运的。多年前改嫁离家的母亲还能返回将其接走，带往经济条件较好的地区生活，只可惜这样的情况并不多见。西山乡的情况充分展示了当前西南地区艾滋孤儿的生活状况，也从另外一个方面显示了妇女感染和传播艾滋病问题所造成的严重后果，艾滋病的传播不仅对感染者是毁灭性的，同时对其家庭和未成年人造成的影响极其严重，且难以消除。

以上分析显示，当前西南地区妇女感染和传播艾滋病形势严峻，性传播已成为当地艾滋病的主要传播渠道，妇女则是其中的重要传播媒介，因妇女感染艾滋病导致的母婴传播和艾滋孤儿问题亟待关注和解决。相关研究文献显示，与男性相比，感染 HIV 病毒的妇女更容易陷入贫困和社会的边缘化[1]，同时，很多感染 HIV 病毒的妇女还是未成年人的母亲[2]，这些因素都共同造成了她们接受阻断治疗的难度。可见，艾滋病给社会造成的危害不是单纯的，而是与贫困、毒品犯罪性交易等社会问题相互影响的，"因而具有相当鲜明的社会选择倾向，其危害也不仅仅指向个体生命，而是危及社会和谐运行的机制与可持续发展的前景"[3]。

第三节　拐卖拐骗妇女与儿童问题

人类社会女性的商品化起源于父权制确立后的女奴买卖，几千年来盛行不衰，并派生出了多种形式。在历代有据可查的法律规定中，均对"略卖人""略人"罪处以重刑。新中国成立后，拐卖人口现象曾经一度销声匿迹。但至 20 世纪 70 年代以后，拐卖妇女儿童现象不仅死灰复燃，且迅速蔓延。2009 年以后，全国公安机关开展专项行动，据统计，"至 2012 年全国共侦破拐卖妇女案件 23341 起，破获拐卖儿童案件 13231 起，打掉拐卖犯罪团伙 9092 个，刑事拘留犯罪嫌疑人 56108 人，解救被拐妇女 45702 人、儿童 35662 人"[4]。

在国际上，联合国于 2000 年通过了《联合国打击跨国有组织犯罪公约关于预防、禁止和惩治贩运人口特别是妇女儿童行为的补充议定书》，并于 2003 年正式生效。截至 2014 年，加入或批准这一议定书的国家数量已达 159 个。我国与 2010 年正式批准议定书，参与国际打击人口贩运犯罪活动。从受害人数量上看，中国是世界上贩卖人口犯罪最为严重的国家

---

[1] Roberts, K. Johnston&Mann, T. *Barriers to antiretroviral medication adherence in HIV-infected women*, Aids Care, 2010 (12), pp. 377–386.

[2] Mutumba, Massy, Musiime, Victor, Tsai, Alexander C. Disclosure of HIV Status to Perinatally Infected Adolescents in Urban Uganda: A Qualitative Study on Timing, Process, and Outcomes. Journal of the Association of Nurses in AIDS Care, 2015 (26), pp. 472–484.

[3] 潘绥铭、黄盈盈、李楯：《中国艾滋病"问题"解析》，《中国社会科学》2006 年第 1 期。

[4] 《全国公安机关破获拐卖儿童案件 13231 起》，法制网 http://www.legaldaily.com.cn/index/content/2012-03/29/content_ 3473984.htm? node=20908。

之一,打击人口贩卖问题形势非常严峻。

一 西南地区拐骗拐卖妇女儿童的现状与主要类型

据统计,"2013年至2016年全国法院共审结拐卖妇女、儿童犯罪案件3713件,审结猥亵儿童犯罪案件10782件"[①]。其中"2015年全国法院审结拐卖妇女、儿童犯罪案件853件,判处犯罪分子1362人,相对于2010年审结1919件、判处3631人,下降幅度分别达55.55%、62.49%"[②]。从流入地和流出地的视角看,"云南、广西为最主要的两个省(区)"[③],当前,云桂两省区既是西南地区人口拐卖犯罪的高发地区,既是拐出地区,又是拐入地区,并且已经成为中国内地妇女赴泰国、柬埔寨从事色情行业的"中转站",也是东南亚妇女进入内地,并转至香港、澳门的一条"通道"。[④]值得注意的是,以往人口拐卖发生率较低的西藏近年来也出现了一批拐卖妇女儿童的案件。

从整体上看,妇女是近年来云南地区被跨国拐卖的主要对象,在案件总数中所占比例超过70%,在地区分布上,"中缅边境占83%,中越边境占15%,中老边境占2%"[⑤]。可见,中缅交界地区已经成为当前妇女跨国拐卖犯罪最为集中的地区,其中又以德宏州和保山市较为突出。从拐卖目的上看,非法收养、劳动剥削、性侵犯等皆有分布;从被拐妇女年龄上看,低龄化趋势较为明显。

据统计,2010—2017年(截至7月),全国共查处和审判有女性参与的中缅跨境妇女拐卖案件60起,其中安徽省18起,河南省24起,云南省6起,其余省区有零星分布。云南省各年度案件分布、地区分布及审判次数见表2-10。

---

① 徐隽:《四年审结拐卖妇女儿童犯罪案件三千余件》,《人民日报》2017年6月2日11版。
② 人民网 http://legal.people.com.cn/n1/2016/0308/c42510-28181379.html。
③ 王金玲主编:《跨地域拐卖或拐骗——华东五省流入地个案研究》,社会科学文献出版社2007年版,第1页。
④ 刘凌、李光懿:《论反跨国拐卖妇女儿童犯罪的法律冲突及其完善——以大湄公河次区域云南边境一线为例》,《武汉公安干部学院学报》2015年第1期。
⑤ 杨志芳:《大湄公河次区域云南边境一线跨国拐卖妇女儿童犯罪特点研究》,《云南大学学报》(法学版)2016年第2期。

表 2-10　中缅交界地区妇女拐卖案件审判地区分布（2010—2017 年）

地区	案件数量	备注
云南全省	6	
昆明	4	省会、交通枢纽
铁路	1	
德宏	1	边境地区

由于跨境通婚和非法买卖婚姻的存在，中越交界地区一直是妇女拐卖高发地区。据统计，2010—2017 年（截至 7 月），全国共查处和审判有女性参与的妇女拐卖案件 170 起，其中安徽省 44 起，广西壮族自治区 22 起，云南省 34 起，各年度案件数量和地区分布见表 2-11。

表 2-11　中越交界地区妇女拐卖案件审判地区分布（2010—2017 年）

地区	案件数量	备注
云南全省	34	
昆明	1	省会、交通枢纽
铁路	3	
红河	12	边境地区
文山	18	边境地区

从以往案例所示情况看，当前被拐卖妇女儿童犯罪手段多样，从被害人角度主要可分为以下三种类型。

（一）被父母或亲属直接贩卖

从犯罪行为实现程度上看，贩卖婴儿和儿童是一种相对较为容易达成的人口拐卖行为。因此此类案件多发生于婴儿和未成年人中，主要犯罪目的是非法收养，兼有不同程度和类型的劳动剥削和性侵害等。被害人流出的地区多为人口生育率较高的经济欠发达地区，流入地多为"重男轻女"和"子嗣观念"影响较深的北方农村地区。

文山州是云南省人口贩卖问题的高发地区，也是全国未成年人拐卖犯罪最为集中的地区之一[①]。在 2009 年公安部首次公开通缉的重大拐卖

---

① 《贩婴案：为什么总有文山？》，《中国新闻周刊》2017 年 2 月第 793 期，中国新闻周刊网 http://news.inewsweek.cn/news/cover/507.html。

人口案件10名A级通缉犯中，文山籍犯罪嫌疑人多达3人①。在文山州的贩卖婴儿案件中，以亲生亲卖最为典型。犯罪者在生下孩子后不久便将孩子作为商品进行出售。此时被贩卖者因年龄较小，无法对亲生父母和家庭留下明显的记忆，融入购买者家庭和地区相对容易，因此是买卖交易进行的"黄金时间"。被售出的婴儿根据父母的家庭背景、文化程度和自身性别等条件进行定价，售价从一万元到七八万元不等。以下三个案例均为发生在文山州的亲生父母贩卖子女案，集中反映了此类犯罪活动的主要特点。2011年年底，文山州广南县王某某、吴某某夫妻以18000元的价格将自己出生仅10多天的儿子卖给本县34岁的苗族农民王某为子。2012年9月某日，广南县妇女熊某在本县卫生院生下一男婴，孩子满月后，熊某便将该男婴带到福建省长汀县，经人介绍以68000元的价格卖给卢某某，获得赃款32000元。2014年1月某日凌晨，云南省丘北县的陈某与其妻郑某某因感情不和准备离婚，在河南省郑州市火车站通过中间人多次讨价还价，将亲生女儿陈某某以人民币39000元的价格卖给河南省华西县农民张某某。

　　前文个案中的部分婴儿直接被贩卖在本县，可见当地不仅是婴儿的流出地，同时也存在一定数量的购买人群，有的购买者之间还是亲友关系。在这样的"人情"关系网掩盖下，犯罪活动在悄然无声地发生，给公安机关的侦破工作带来较大困难。前文中的熊某一案为非常典型的"以子谋利"案，犯罪者故意将孩子带到远离出生地的经济发达地区，通过专业的犯罪团伙进行议价，从中牟取高额利润。后经查，熊某为贩卖婴儿的惯犯，曾多次将自己亲生的孩子和从其他人手中收买的婴儿贩卖到福建。在她眼中，亲生的孩子已经成为"一本万利"的赚钱机器，完全丧失了身为人母的道德准则；而陈某夫妻贩卖女儿则是一起"见财起意"案，因夫妻打算离婚，双方均不愿意继续抚养女儿，在其他犯罪人的游说下，已经成为"累赘"的孩子因此沦为两人牟利的工具。从作案动机上看，父母亲属贩卖子女属个人自愿行为，他们在警方的侦破过程中往往会掩饰种种破案线索，致使很多寻找到的孩子无法回到父母身边。从民族群体上

---

① 《公安部公布10名重大在逃通缉犯资料》，新浪网 http://news.sina.com.cn/c/p/2009-04-30/024717716720.shtml。三名文山籍嫌疑人为吴正莲，女，苗族；张维祝，女，苗族；宴朝相，男，汉族。

看，文山的贩卖人口案件多发生在苗族人群中，在公安部 2009 公开通缉的三名文山籍重大拐卖儿童、妇女在逃通缉犯中，二人为苗族，且均为妇女。

如果说亲生父母贩卖子女是"惨绝人寰"的人间悲剧，那么以下这些贩卖亲属的犯罪者就无须背负如此沉重的伦理负担。当他们看到自己年幼的亲属远离父母关照时，利用其牟利的念头便随之产生。2014 年 8 月某日，云南省南涧县 67 岁的妇女孔某某以 1000 元人民币的价格将自己的孙子饶某某卖给老年妇女人贩李某和熊某。两名人贩子后来将饶某某转手以 19600 元人民币卖给陈某甲非法收养。因担心行为败露，次日凌晨李某和熊某等人驾车将孔某某载至外地遗弃。2014 年 1 月某日，广南县的李某伙伙同在车站认识的一个不知名的男子，对奶奶谎称带 4 岁的孙子王某去看儿子，最终将其以 28000 元的价格卖给一个陌生女子，然后失去联系。以上两个个案反映的是亲属中的隔代贩卖情况。犯罪者看到父母不在身边的年幼亲属，便将其作为自己牟利的工具进行贩卖。文山州的案例充分展现了由于贫困导致的"买子"问题，同时，在其他因毒品、艾滋病和各类犯罪导致的地区，也有不少父母和亲属将未成年人当作商品出售获利。

(二) 被欺骗拐带后贩卖

除儿童和未成年人外，能够被用于多种用途的年轻女性成为被拐卖的主要对象。此类案件多发生在有一定信任关系和社会关系的人群中。如同乡和买卖关系等。前文提到的文山州，不仅是贩卖婴儿案件高发的地区，早在 20 世纪 90 年代就成为贩卖妇女案件最为集中的地区之一。[①] 2013 年 6 月某日，国籍不明的苗族妇女陆某在文山州富宁县遇到从越南来中国准备去木央镇探亲的吴某某和罗某某，陆某就以同路做伴为由将两人骗到陈某家，次日，伙同陈某将两人强行带到富宁县城，准备卖给他人，后两人趁机逃脱，并在一名苗族男子的帮助下回到吴某某女婿方某某家。2013 年 6 月某日，文山州麻栗坡县的两名青年男子陆某和余某在马关县都龙镇找越南籍卖淫妇女团某、罗某嫖娼，而后将二人带到富宁县城一宾馆看守。后又联系二名富宁县的壮族女人贩陆某和潘某，将团某以 22000 元的

[①] 参见袁娥、杨镇宇《当前我国边疆民族地区拐卖妇女犯罪活动分析研究：以文山壮族苗族自治州为例》，《妇女研究论丛》2001 年第 2 期。

价格卖给富宁县的黄某某为妻。2013年7月某日，黄某某带团某外出看病，团某趁机逃跑并报警。

陆某一案反映了当前高发的直接拐卖案件。不少农村妇女因很少出门，对外界事物较为陌生，急需寻找可以信任的"同乡"和"同路人"，因此极易落入人贩子的圈套。而陆某嫖娼拐卖妇女一案则是典型的因社会关系发生的拐卖案件。两名被拐越南妇女原是打算在中国牟利的暗娼，却落入了实则为人贩子的"顾客"之手，遭到贩卖。

值得注意的是，除拐卖案件高发的滇桂两省区外，在拐卖案件发生率较低的西藏，近年来也出现了一些妇女被拐卖的案例。贡嘎县邻近拐卖人口案件高发省区甘肃，妇女被拐案件偶有发生。2011年6月，贡嘎县一藏族男子在山南地区贡嘎县某茶馆内结识被害人米某某，遂以带其去打工为由，将米某某拐骗至甘肃省古浪县后以16000元的价格卖给张某为妻。同月，该藏族男子和另一犯罪人又将被害人巴某以相同理由拐骗至甘肃省古浪县，以16000元的价格卖给景某某为妻。2014年7月某日，贡嘎县藏族妇女梅某和德某以介绍被害人江某到那曲饭店当服务员为由，将其骗至甘肃省张掖市民乐县卖给一名叫柏某的甘肃籍男子为妻。事后柏某给了梅某好处费1000元人民币，给了德某好处费11500元人民币。所幸被害人江某于2015年2月被公安机关解救。

从上述案例不难看出，西藏发生的妇女拐卖案与甘肃部分地区较为严重的人口性别失衡有关。犯罪人以介绍工作为借口，轻易就能将被害人诱骗拐卖，贩卖给他人为妻。包括甘肃在内的我国北方部分省区由于性别比长期居高不下，男性找对象成为难题，因此滋生出一群专门为其寻觅"妻子"的职业拐卖中间人。

保山市腾冲县妇女孟某多次介绍他人售卖妇女。2013年9月中秋节前后，孟某带领杨某某等人从湖南道县到达云南盈江县，经孟某与另外三名从事拐卖活动的妇女杨某卖、杨某波、寸某某联系，由寸某某介绍并带领杨某某等人到戚某、达某某夫妇家中，经商议，杨某某以36600元人民币的价格收买住在戚某家中的缅甸籍妇女铃某。杨某某给付的36600元中，戚某、达某某夫妇得款26600元，孟某得款2600元，寸某某得款3000元，杨某波、杨某卖各得款2200元。2013年11月某日，欧阳某某通过被告人蒋某某、孟某介绍，准备到云南买一名妇女为其生儿子。三人从湖南省到达云南省盈江县,由孟某与被告人杨某波、杨某卖、寸某某联系,再由寸某某介绍并带领欧阳某某等人来到被告人戚某、达某某夫妇家中,经商议,欧阳某某以 36600 元人民币的价格收买住在戚某家中的缅甸籍妇女玛某沙。欧阳某某给付的 36600 元中,戚某、达某某夫妇得款 18600 元,孟某得款 5900 元,蒋某某得款 5500 元,寸某某得款 2000 元,杨某波、杨某卖各得款 2300 元。

2015 年 6 月,张某某请人贩刘某帮忙物色越南女子做老婆,后刘某从一名越南男子的口中得知有一越南女子愿意嫁到中国,张某某便打了 9000 元钱给刘某,刘某拿了 8200 元给那名越南男子后便将那名越南女子带到广南县曙光乡高速路出口处交给张某某,张某某拿了 8500 元介绍费给刘某。事后,刘某又将该越南女子从广南带到富宁县城准备介绍给他人从中赚取介绍费时在富宁县城被公安机关查获。

中间人贩卖也是跨国拐卖的主要形式。随着国家对拐卖妇女打击力度的加大,不少"人贩子"盯上了公安机关侦破难度较大的"跨国"形式拐卖。其中既包括将中国籍妇女拐出至境外的情况,同时也有将外籍和不明国籍妇女拐卖入境的情况。跨境拐卖已经成为当前西南地区跨国人口"被动"流动的主要原因。从被拐妇女流出地区分布上看,2009—2017 年的统计数据显示,中国籍妇女占 60.5%,外国籍妇女占 39.5%;在外国籍妇女国籍分布中,越南最多,占 62.5%,缅甸占 18.4%,老挝籍仅出现 1 例。[①]

如前所述,中缅交界地区是近年来边境人口贩卖最为集中的地区。近年来,中缅双方口岸人员往来密切,不少缅甸妇女为改善经济条件,寻求个人发展产生到中国务工的需求。一些不法分子也盯住了这一"商机",将此类妇女作为拐卖的主要对象,以介绍工作为借口将其拐骗到境内再进行远距离的贩卖。由于边远地区的妇女交际圈有限,生活环境相对隔离,对其他妇女的信任超过男性。因此,女性犯罪者的数量逐渐增多,妇女拐卖妇女成为近年来值得关注的犯罪现象。根据被拐卖妇女条件的不同,她们被以 10000—60000 元不等的价格贩卖到河南、山东等性别比较高的北方农村给一些在当地难以找到妻子的中国男子,华东地区也成为云南和广

---

① 温丙存:《被拐卖妇女的类型分析》,《山西师范大学学报》(社会科学版)2017 年第 4 期。

西妇女儿童被拐骗贩卖的主要流入地。① 有研究对云南籍妇女流入较多的安徽省进行调查研究后发现，流入妇女普遍存在"年龄小、受教育程度低、流出家庭经济困难、婚姻形式存在较多欺骗成分"② 等特点。

2009年6月，德宏州瑞丽市妇女杨某和一名被称为"大妈"的女子以打工为名将景颇族妇女麻某甲带至河南省平顶山市鲁山县一户人家，二人以找不到工作为由违背麻某甲意愿以28000元人民币将其卖与梁某某为妻。河南省平顶山市鲁山县妇女阿六在中间人介绍下，多次以介绍工作为名从德宏州拐卖缅甸妇女到当地。2011年2月以36000元人民币的价格将温某某卖与薛某为妻，2011年9月将也某甲以30000元人民币的价格卖与王某为妻，2014年8月以60000元人民币的价格将贴某卖与辛某某为妻。德宏州傣族妇女南某多次以介绍工作的名义将缅甸妇女拐卖至山东省临沂市费县，在到达当地后又以工作不好找为由将这些妇女卖给当地男子为妻。2011年将麻某以17000元人民币卖与王某为妻，2012年3月将南某以30000元人民币卖与魏某为妻，2013年11月将南某乙以30000元人民币的价格卖与瞿某为妻。

在上述三起典型案例中，被害者均是被拐卖者以介绍工作为由带入境内，然后再以工作不好找为由将其卖给他人为妻。这些介绍者多半与被害人有地缘、亲缘等联系，她们利用自己妇女的身份，轻易取得被害人的信任，抓住被害人语言不通，胆小怕事的心理，将其贩卖至远离家乡的北方偏远地区，使其难以逃脱。

（三）被直接控制人身自由后贩卖

据课题组的统计，在被拐卖的外籍妇女中，越南妇女所占比例相对较高。通过分析以下典型案例，从中能够看出越南妇女拐卖案件的一些特点，控制人身自由即是其中较为突出者之一。

2014年，警方破获了以云南红河州蒙自籍苗族妇女陶某为首的特大拐卖越南妇女犯罪团伙。据统计，陶某先后以介绍媳妇为名接受买家"订单"，直接拐卖越南妇女8人；其团伙其他成员先后拐卖越南妇女

---

① 王金玲：《华东五省云南/广西籍未成年被拐卖/骗妇女/儿童流入地个案研究》，《浙江学刊》2005年第4期。

② 王金玲主编：《跨地域拐卖或拐骗——华东五省流入地个案研究》，社会科学文献出版社2007年版，第237—239页。

11人、儿童3人。从表2-12可见，从2014年3月到2015年1月的10个月间，陶某及其同伙疯狂作案，2014年的3月到6月平均每月拐卖1名越南妇女，2015年1月一次性拐卖越南妇女达3人之多。陶某的作案方式是从直接拐卖人手中买进被拐带至中国境内的越南妇女，然后再寻找购买人加价售出从中牟利，不参与跨国拐带过程，只是作为中间人转手，既降低了自己的作案风险，同时能够将利益最大化。在被其拐卖的8名越南妇女中，售价最低者为36600元，最高者达66000元，且贩卖价格在逐年上升。根据记录在案的两次买入与卖出记录显示，其"转手"的利润均在万元以上。被陶某直接拐卖的8名妇女大致情况见表2-12。

表2-12　　陶某拐卖越南妇女案情况统计（2014—2015年）

	拐卖时间	被拐妇女	买进价格（元）	卖出价格（元）
1	2014年3月	陶某1	—	41000
2	2014年4月	陶某2	—	36600
3	2014年5月	古某	26000	39600
4	2014年6月	李某	30600	41600
5	2014年8月	航某	—	52600
6	2015年1月	黄某	—	63000
7	2015年1月	张某	—	63000
8	2015年1月	吴某	—	66000

公安部门的后期审讯发现，这些妇女大多是在越南境内受到人脉关系广泛的同乡伙同族人的欺瞒，谎称可以将其介绍到中国找工作、找对象，改善自身生活。她们起初跟随的是自认为可以信赖的"自己人"，实则已经落入了跨国人贩的圈套，随即被"自己人"控制人身自由，来到中国后随即被转手贩卖给中间人，成为他人获利的工具，而后达成的婚姻均是违背自身意愿的"买卖婚姻"。这些妇女的初衷其实并不复杂，她们都希望通过改变生活空间的方式来转变自己所扮演的社会角色，以此实现更为理想的身体实践活动，也就是"过上更好的生活"。由于角色的转变需要大量的社会资本，而妇女群体自身的身体资本就因此成为不法之徒利用的对象。毫无疑问，她们年轻健康的身体（可能还包括漂亮的容貌）很容易成为吸引购买者的条件，如果双方无法达成顺利的交易，强制性的贩卖

可能随之发生。

近年来,随着中国经济发展水平的不断提高,农村的婚姻支付成本不断上涨,相对"廉价"的越南媳妇成为不少未婚男性的首选对象,与前文所述的国内"婚姻型"拐卖妇女类似,收纳被拐卖妇女已经成为部分地区男性的"生存策略"①,这种生存需求在一定程度上助长了边境地区妇女拐卖犯罪的发生。此外,以嫖娼名义被人贩子控制后贩卖的妇女拐卖案件也时有发生。

2013年年底,红河州马关县、河口县发生了一系列以嫖娼为名义拐卖越南妇女的案件。以杨某为首的20人犯罪团伙在近五个月的时间内多次拐卖和奸淫越南妇女。2013年11月,该团伙将1名越南妇女控制自由后企图贩卖,在拘禁期间多人对其实施强奸,后该妇女乘看守人不备逃脱;2013年1月20日,使用暴力手段将3名越南妇女控制自由后企图贩卖,后因运输车辆翻车受害人乘机逃脱;1月25日,使用暴力手段将一名越南妇女强行带至文山州富宁县以15000元的价格卖给人贩子,该妇女后来被以19000元的价格卖给当地居民梁某为妻,后被解救;1月27日,将3名越南妇女带到富宁县卖给人贩团伙,其中两人分别被以22000元、20000元的价格卖给当地男子为妻,另外一人一直被限制自由直至2天后逃脱;2月3日,在河口县使用暴力手段将3名越南妇女带至富宁县卖给人贩团伙,其中一人被以25000元的价格卖给他人为妻,其余二人被解救;2月14日,将一名越南妇女哄骗后限制自由,后带至富宁县以10000元的价格卖给当地一男子为妻,后被解救;2月19日,使用暴力手段将2名越南妇女带至文山市贩卖给人贩团伙,后两人分别被以32060元、24000元人民币卖给当地男子为妻,后被解救;2月22日,将2名越南妇女带至富宁县卖给人贩团伙,一人被以24000元的价格卖给当地男子为妻,另一人被以45000元的价格卖给安徽省宣城市一男子为妻,后被解救;3月1日,将1名越南妇女控制自由后带至富宁县贩卖,后其逃脱;2013年3月3日,又将1名越南妇女带至富宁县贩卖给他人为妻,后被警方解救。

杨某犯罪团伙之所以能够在短时间内频频得手,与其选择的贩卖群体

---

① 王金玲:《收买/收纳被拐卖妇女成婚:一种生存策略》,《云南民族大学学报》(哲学社会科学版)2016年第4期。

密切相关。中越边境地区有大量的越南卖淫妇女，身份的特殊性和逃避法律监管的心理导致她们轻信此类"顾客"，放松警惕心理，成为此类犯罪团伙谋取暴利的主要对象。还有的犯罪人以国家有关部门工作人员实施检查的名义对被害人进行人身控制，然后对其实施贩卖。2014年6月某日晚，文山州麻栗坡县男子侯某在得知杨某家住有4名越南籍妇女后，便邀约几名男女同伙共谋，意图拐卖4名越南籍妇女。次日凌晨1时许，侯某等四人行至麻栗坡县铁厂乡坪子村委会内口村，其中三人身着迷彩服进入杨某家中，冒充边防站工作人员以需要遣返为由将4名越南籍妇女带走，途中四人担心其中两人年纪较大，不便出卖，强行将其赶下车，然后用刀划伤其余二人，使其难以逃脱。后将她们拘禁，联系买家，被害人在同日下午利用吃饭的时机逃脱。

此外，不少妇女在拐卖期间不仅被限制人身自由，无法正常生活，还有人遭到拐卖者的奸淫，这是对她们身心的又一次伤害。2013年12月某日，龙某某、普某某以嫖娼为名把越南妇女李某和龙某带至事先开好的宾馆房间，并在房间对其奸淫。后两人强行将被害人带至另一宾馆藏匿准备贩卖，但均未达成交易，其间对被害人多次实施奸淫。2014年年底，越南籍妇女马某及女儿杨某被中国籍女子等人拐卖至中国境内。2015年3月，母女二人被以26000元的价格贩卖给人贩子李某，在对二人看守期间，马某多次遭到李某的奸淫。同月，李某又买入一名越南籍被拐带妇女吴某，并多次对其实施奸淫。2015年4月马某、吴某逃出后向公安机关报案被解救。李某一案是较为典型的拐卖妇女人身自由期间发生的强奸犯罪行为。在限制被拐妇女人身自由期间，犯罪者认为被拐妇女是自己的"货物"，可以任由自己处理，加上被拐者多为年轻女性，奸淫行为多有发生。前文中的龙某和普某则是以嫖娼名义将越南妇女控制起来，伺机贩卖，其间实施奸淫犯罪。近年来，中越边境的越南暗娼数量增加较快，导致的拐卖犯罪也因此产生，本文将在后文性交易部分进一步讨论。

被拐骗、贩卖的妇女除默默忍受犯罪人实施的辱骂、殴打和奸淫行为外，有的妇女在被拐卖期间持续反抗，甚至因自卫导致犯罪。2015年3月某日，被告人罗某伙同李某到河口县某木材加工厂附近，从越南人手中将被害人樊某带到自己租住的屋内看守，准备将其贩卖给他人，当日9时许，看守过程中李某意图对樊某实施奸淫，在反抗过程中樊某用刀将李某当场刺死。

同时，随着公安机关打击力度的增强和防拐意识在边境地区人群中的传播，传统的欺瞒和哄骗方式已经难以获得大部分妇女的信任，犯罪分子因此不惜使用抢劫、绑架等暴力手段实施犯罪。2006—2007 年，中越两国犯罪分子结成的犯罪团伙先后三次在越南河江省多地使用暴力手段抢劫男童、拐卖妇女，先后共计杀死 4 人，重伤 1 人，拐卖 4 名男童和 2 名妇女。近年来，类似的暴力拐卖贩子案件仍有发生。2014 年 12 月某日，文山州广南县村民马某邀约其他人前往当地一工地，以出卖为目的绑架外籍女性务工人员。当天晚上，马某等为驱散工地务工人员，遂向工棚中投掷石子。后其同伙李某手持火药枪同其他六名罪犯，趁乱进入工棚和工棚旁一山洞中，将四名外籍被害人劫持至富宁县一山洞等处进行非法拘禁。

值得注意的是，除被拐卖入境的外籍妇女外，还有不少中国籍妇女被拐卖到境外的娱乐场所提供性服务，并因此成为艾滋病毒携带者。早在 1993 年，泰国警方在曼谷就曾经抓获过 35 名中国云南籍的卖淫妇女，她们均来自云南边境的思茅（今普洱）和西双版纳。[①] 其中西双版纳靠近泰国，两地居民均属傣泰族群，语言风俗相近，一些妇女因此被拐卖至泰国成为卖淫女，不少人因此成为艾滋病病毒携带者。[②] 1994 年，思茅地区孟连县一名 20 岁的拉祜族妇女死于艾滋病并发症，感染的原因正是由于其 15 岁时曾经被拐卖至缅甸大其力从事性交易长达 4 个月。[③]

二 西南地区拐卖妇女儿童犯罪的特点

课题组在对拐卖妇女现象高发的云南德宏、文山等地开展实地调查后发现，从犯罪特征方面看，除以往研究发现的"犯罪团伙化、专业化，拐卖手段和途径多样化，拐骗场所集中，大空间跨区域作案，部分受骗妇

[①] Vorasakdi Mahatdh anobol, *Chinese Women in the Thai Sex Trade*, Bangkok: Institute of Asian Studies. Chulalongorn University, 1998, p. 26. 转引自朱和双、李金莲《发展与问题：泰国性产业中的中国妇女》，《青年研究》2003 年第 4 期。

[②] Chris Beyrer (1998) War in the Blood: Sex, Politics and AIDS in Southeast Asia, Bangkok: White Lotus: 107.

[③] 邓利国：《思茅地区首例艾滋病相关综合征报道》，《云南卫生防疫》1995 年第 1 期，转引自朱和双、李金莲《发展与问题：泰国性产业中的中国妇女》，《青年研究》2003 年第 4 期。

女加入犯罪团伙,犯罪行为具有复合性"① 等特点外,近年来西南地区的拐卖妇女儿童犯罪还呈现出以下特征。

(一) 女性涉案者数量增加迅速

在前文列出的典型案例中,女性犯罪者所占比例可见一斑。在公安部从 2009 年先后公布的三批 10 名重大拐卖儿童、妇女犯罪在逃人员中,云南籍嫌疑人占 6 人,其中女性 4 人②,户籍均在西南地区。实施犯罪行为者从年轻人到老年人均有分布,且大部分犯罪者与被害者一样均来自边远贫困地区,甚至与被害人之间存在亲友关系,她们普遍受教育程度较低,多为文盲和少数民族。这些女性犯罪人与被害人同为妇女,相同的性别和类似的生活处境使得被害人极易对其产生信任感,大大提高了犯罪行为的成功率。在第一次犯罪获利后,这些女性犯罪人迅速连续作案,妄图从中获取更大的利润,将贩卖妇女作为改善自己生活条件的有效途径。如前文个案中的河南妇女阿六、云南傣族妇女南某、苗族妇女陶某等均是此类犯罪行为的代表。女性犯罪者数量的增加是一个不容忽视的重要趋势,集中体现了女性群体在面对犯罪问题时产生的异动心理,值得重视。

(二) 男女合谋团伙趋势明显

随着各国打击人口贩卖犯罪力度的不断加大,个人实施的拐卖犯罪成功率越来越低,犯罪人员因此不断聚集、勾结,尝试将原先松散的犯罪渠道构建成更加严密的犯罪网络,通过增加犯罪成员的数量、明确人员分工等方式提高团伙的作案效率,以获取更大的利益。在拐骗、运输、中转、卖出等环节均安排最容易获取被害人信任的专人负责实施。其中,女性犯罪者由于更容易获得被害人的信任,遂成为犯罪团伙必不可少的重要成员,男女合谋团伙的发展趋势日益明显。如前文案例中所述的职业中间人孟某、陶某等人均是在男女合谋团伙的"分工合作"中屡屡得手,将多名妇女拐卖后获利。

(三) 跨境勾结趋势明显

跨境勾结可以有效扩大犯罪网络覆盖范围,因此成为规避公安缉查风险的有效方式。从前面列举的案例中不难看出,绝大部分被拐卖的外籍妇

---

① 鲁刚等:《社会和谐与边疆稳定》,中国社会科学出版社 2011 年版,第 279—283 页。
② 4 名女性嫌疑人为第一批的李二妞,傣族,德宏州瑞丽市人;吴正莲,苗族,文山州广南县人;张维祝,文山州广南县人。第三批的陈小东,汉族,临沧市镇康县人。

女均是被中外犯罪分子合作勾结形成的团伙拐骗贩卖的。外籍妇女出于对同乡的信任，很容易被诱骗，而外籍人贩在将其拐入中国境内后立即将其转卖给中国人贩，切断其逃生途径，以便犯罪行为的顺利实施。值得注意的是，中国籍人贩在其中扮演了"购买人"一方的角色，他们往往了解购买人群的实际需求，或直接根据购买人的意向联系境外的"供货方"物色适合的对象，然后实施有针对性的诱骗和贩卖活动。"缅甸媳妇"和"越南新娘"现象即是此类犯罪的集中代表，其中不乏一些婚姻欺诈行为，使得被拐人和购买人均成为被害者。跨境勾结犯罪的增加凸显了中国境内广泛存在的性别比例失衡、婚姻成本增加等社会问题，同时也反映出周边妇女流出国家经济社会发展与中国之间存在的较大差距，成为短期之内较难解决的边境社会难题。

（四）少数民族犯罪者数量居高不下

中缅、中越交界地区的云南、广西两省区均为少数民族聚居区，交通闭塞、经济发展落后的社会现实容易使得这一区域和周边两国成为主要的人口流出地。同时，广泛分布的跨境民族使得被拐妇女在族群内部实现了跨国流动，有效麻痹了被害人的心理，掩盖了犯罪行为的实施。犯罪人往往选择与自己同一民族的被害人下手，如前文所列的南某、孟某、陶某等女犯，多以本族妇女为主要拐卖对象，然后再将其转卖至中国境内的同一跨境族群中，降低被害人的防范心理，给犯罪行为的实施创造更多的时间和空间。

综上，拐卖拐骗妇女儿童问题是当前西南地区人口流动中的重要社会问题，其中包含着深刻的经济贫困、性别歧视、性别比例失衡、妇女经济参与受限、地区经济发展差异等社会原因，同时对当今社会的司法体系提出挑战。女性涉案者数量的增加体现出妇女在社会性别结构中的博弈和对自身权益的强烈需求，同时也对解决和根治拐卖拐骗妇女儿童问题提出了更高的要求。

第三章　当前西南地区社会稳定维护中的妇女问题（下）

前一章讨论的毒品犯罪、艾滋病感染与传播和拐卖人口犯罪，是当前西南地区妇女作为被动群体所产生的主要社会稳定问题；本章讨论的性交易、妇女影响社会治安和刑事犯罪、跨国婚姻和宗教信仰等问题，则是妇女作为行为实施主动群体所产生的社会稳定问题。与前文所述的被动行为相比，主动行为的实施比被动行为具有更强的主体动机，其社会存在形式更为隐蔽，影响持续时间更长，影响范围更广，对妇女群体影响社会稳定主动行为的分析能够深入了解妇女群体的社会行为，同时为更加全面地认识妇女群体对社会稳定的影响机制提供丰富的视角。

第一节　妇女从事性交易问题

性交易包括男女两性群体的"卖淫"和"嫖娼"两类行为。妇女的卖淫是"世界上最古老的职业"，此类通过身体的性功能进行的经济交换活动古已有之，但在不同历史时期和社会背景中显现出差异巨大的文化内涵，包括了多样的、出卖性的行为。对卖淫的非法性认识产生于视卖淫为一个社会问题，"因为人们用性去换取金钱而不是表达爱或者生育，同时还威胁了单偶制的价值观。同时，卖淫还在一定程度上为性传播疾病的传播提供了便利，纵容了卖淫者和其帮凶绑架勒索嫖客，并且发展了有组织犯罪"[①]。

[①] ［美］查尔斯·扎斯特罗：《社会问题：事件与解决方案》第5版，范燕宁等译，罗玲、陈玉娜校，中国人民大学出版社2010年版，第188页。

一 妇女性交易产生的社会根源与发展历程

在我国，不少历史时期曾视其为合法的社会经济活动，不仅肯定其对社会稳定问题（如调节性别比例失衡、满足生理需要、控制性传播疾病）发挥的积极作用，还将其作为一种增加国家税收的重要渠道。因政府承认其存在的合法性，施行各类相关且严格的管理措施对其进行管控，性交易因此成为一种正常的社会行业长期存在。此外，也有部分朝代（如秦、宋、清初、太平天国等）对性交易施行禁止政策，通过严惩对其进行管制，但卖淫嫖娼问题从未真正消失。[1] 潘绥铭曾对关于娼妓存在原因的研究进行过归纳，总结出十大类29种理论解释[2]。从世界范围内看，性产业在部分国家和地区（如美国、德国、荷兰等）得到了政府认可，隶属服务业进行社会管理。

新中国成立后，性交易在我国被视为一种社会不能容忍的丑恶现象，国家明令禁止性交易活动，加上社会对个人的控制较为严格，娼妓行业就此消失。改革开放后，娼妓行业转入地下，性交易死灰复燃。公安部门的统计数据显示，从1984—1991年全国共查处卖淫嫖娼人员86万余人。[3] 从地域分布上看，20世纪90年代初的性交易活动主要集中在广东、福建等沿海发达地区的大城市，而后逐步向内地中小城市和农村蔓延，交易场所集中在宾馆、饭店、夜总会等娱乐场所。随着公安机关打击力度的加大，性交易提供者逐步呈现出专业化和团伙化趋势，蔓延趋势日趋严峻。据调查，当今中国的性工作者由高到低大致可分为二奶（包妹）、"陪聊""在家女"、住店"小姐"、三陪"小姐"、按摩"小姐"、发廊妹（洗头妹）、站街女、工棚女等九种类型，并形成了专属的运行系统和市场。[4] 从社会危害上看，处于非法状态的性交易活动不仅对社会风气和治安产生不良影响，同时增加了毒品、艾滋病的传播渠道，甚至引发一系列的刑事犯罪，成为影响社会稳定的重要因素。

---

[1] 王晓东：《论论我国历史上对性交易的法律管制》，《政法论丛》2013年第6期。
[2] 潘绥铭：《近百年来关于娼妓的研究》，《湖南科技学院学报》2005年第3期。
[3] 徐沪：《中国卖淫嫖娼的现状与对策》，《社会学研究》1993年第3期。
[4] 潘绥铭、黄盈盈：《性社会学》，中国人民大学出版社2011年版，第4页。

二 西南地区妇女从事性交易的现状与类型

西南地区娼妓业的出现晚于内地,由于战争和开埠通商导致的人口迁移,性交易至晚清时期才在云南出现,但规模远小于内地,且沦为娼妓者多为迫于生计的城镇和农村妇女。滇越铁路通车后,随着商贸业的发展,娼妓业也随着兴盛起来。[1] 20世纪80年代以后,由于社会经济发展和人员流动的频繁,西南地区的性交易问题逐步出现,初期的卖淫女群体主要来自内陆地区,而后逐渐有周边国家的外籍卖淫女流入边境地区从事性交易活动。目前,西南地区的性交易活动主要有以下几种类型。

(一)涉毒性交易

国外学者的研究发现,"女性涉毒是一类异常行为的体现,具体包括抑制(对身体机能和内部需求的自我控制),再现,自我呈现和对行为和内部驱动力的规则"[2]。可见,涉毒对女性的个人异化行为会产生直接影响。因吸食毒品导致的性交易活动(即"以淫养吸")是女性毒品犯罪的主要类型之一。有调查显示,吸毒女发生非婚性行为的比例超过50%,不少吸毒女性通过提供有偿性服务筹集毒资。同时存在性传播和血液传播两种主要的艾滋病传染途径,对普通人群亦存在较大威胁。[3]还有研究发现,80%的女性吸毒者因需要支付高昂的毒资而产生"以淫养吸"的卖淫行为[4]。

妇女涉毒性交易在吸毒人群集中分布的地区较为常见。如前文所述,红河为云南省吸毒人群和艾滋病感染者最为集中的地区,涉毒性交易在当地的女性吸毒人群中非常普遍。开远市是云南省吸毒人员最为集中的地区之一,20世纪八九十年代即出现了一批"以淫养吸"的吸毒女,集中分布在市区人民北路等地的美容美发店中。涉毒性交易产生的最初需求是筹集吸毒所需的毒资,而提供性服务的人群则是长期吸食毒品的妇女。因此,通过注射吸毒感染的艾滋病非常容易通过性渠道发生进一步的传播。

---

[1] 云南省档案馆编:《建国前后的云南社会》,云南人民出版社2009年版,第177页。

[2] Elizabeth Ettorre, *Revisioning women and drug use: gender, power and the body*, Basingstoke: Palgrave Macmillan, 2007.

[3] 郑灵巧:《武汉一项调查提示——吸毒女经性和血传病染病危险并存》,《中华疾病控制杂志》2012年第8期。

[4] 王祎:《浙江省女性吸毒人员调查分析》,《中国人民公安大学学报》2008年第6期。

有研究发现，吸毒女性性工作者的 HIV 感染率极高[①]，是一个潜在的艾滋病病源群体。在美国，涉毒性交易的案例也有报道。在佛罗里达州，一名 15 岁的女孩为换取毒品而与一名 58 岁的男子发生了性关系[②]；在得克萨斯州，一个 15 岁的女孩为了毒品而与一个 31 岁的男人保持了长期的性关系[③]，这两个案例中的男子后来都被发现感染了艾滋病毒。案例显示，很多"以淫养吸"妇女在了解到自己已经感染艾滋病后，或因生计所迫，或心怀报复社会的心理仍然继续从事性工作，致使艾滋病的传播处于失控状态。

（二）介绍、组织、容留妇女卖淫

在性交易活动集中分布的地区，介绍、组织和容留卖淫成为一种收益较高的经营活动，从业者通常为娱乐场所的经营者，熟悉当地情况，人脉活络，其经营者自身不从事性交易活动，而是从其控制的经营场所发生的性交易中提成获取利润。此类犯罪活动风险低，但收益却较高，如未被公安机关查封的话经营活动通常能持续较长时间。

自 2014 年 9 月起，景洪市傣族妇女娜某在其经营的足疗馆内介绍并提供场所让多名卖淫女进行卖淫活动，同时为卖淫女提供吃住，通过统一记账形式按次数向嫖客收取 100 元或 150 元人民币嫖资，娜某从中抽取 30 元或 50 元人民币以支付足疗馆生活开支。在此期间，娜某通过抽取嫖资非法获利约 8000 元人民币。娜某一案为非常典型的介绍、组织、容留卖淫案。案件发生地西双版纳州州府景洪市，因性交易活动长期存在且经营场所数量较多而被当地居民称为"淫城"。在当地的宾馆、饭店、美容美发店、足疗店等经营场所中往往都隐藏着一定数量的卖淫女，她们统一吃住，对外以服务员、技师等身份进行伪装，实际上长期从事性交易活动。

值得注意的是，在以往发生率相对较低的西藏，性交易活动也在悄

[①] 丁国伟：《云南开远女性性工作者的艾滋病性病流行率及其传播的危险因素研究》，博士学位论文，中国疾病预防控制中心，2013 年，第 15 页。

[②] Shammas, B. (2014), HIV-positive man had sex with teen in exchange for drugs, deputies say. Sun Sentinel, January 27, http://www.sun-sentinel.com/news/79072391-157.html.

[③] Emily, J., & Rajwani, N. (2014). Dallas prosecutors: Man knowingly transmitted HIV to 15-year-old. The Dallas Morning News, June 17, https://www.dallasnews.com/news/crime/2014/06/17/dallas-prosecutors-man-knowingly-transmitted-hiv-to-15-yearold.

悄蔓延。随着外来人口的大量涌入，性交易市场正在西藏部分地区逐渐形成，不少经营者在酒吧、茶馆、会所等服务性场所隐藏卖淫女从事性交易活动。2011年2月，藏族商人仁某在日喀则市经营养生会所，因其本身是文盲不善管理，遂雇用从四川来当地务工的高中毕业生邹某负责日常经营管理。二人在会所内组织十几名卖淫女以498元、598元、698元不等的价格为客人提供性服务，以工号代替真实身份，以"技师"掩盖卖淫女称谓，制定规章制度，规定统一收费标准，并给卖淫女提供食宿，进行统一管理。2014—2015年，普某和达某夫妇在山南地区乃东县某菜市场经营的酒吧内为服务员次某、索某提供酒吧包间作为卖淫场所，卖淫所得款由二人与服务员平分。2014年8月，四某、斯某夫妇为牟取非法利益，先后招聘曲某、郭某、卓某等人在二人经营的茶馆内当服务员，提供吃住，月薪2000元，但要求服务员对客人提供性服务，嫖资上交老板，卖淫女可以得到部分提成，拒绝者会遭到毒打。

西藏地区的容留卖淫活动发生时间相对较短，因此除具有其他边境地区性交易活动常见的特征外，还呈现出一些区域性特点。从以上三个案例可见，西藏的性交易行业尚处于发展初期，经营者对行业的了解还不够深入，管理也相对粗放，甚至还有使用简单暴力手段强迫提供性交易的现象。

此外，课题组对性交易犯罪高发的红河、西双版纳等地调查发现，当前西南地区的性交易中有为数不少的卖淫女来自境外，据统计，2012—2017年（截至7月），全国共查处和审判有女性参与组织的中越边境妇女卖淫案件303起，其中广东省64起，广西壮族自治区102起，云南省46起[1]。

文山州砚山县妇女杨某伙同另一男子自2014年2月开始在蒙某家的旅馆房间内多次组织、容留、介绍越南籍女子农某、卢某、盘某、凤某及中国籍女子杨某从事卖淫活动，并从中获取非法利益。同为文山州文山市的妇女应某以12000—15000元人民币不等的价钱为红河州河口县另一老板以月租的形式，将江氏某某、陆氏某、沙氏某、何氏某四名越南籍女子租到文山市自己经营的按摩店内，以每次50元人民币至350元人民币不

---

[1] 资料来源：最高人民法院"中国裁判文书网"，http://wenshu.court.gov.cn/。

等的价钱,多次组织四名越南籍女子在其按摩店内实施卖淫,卖淫所得款项全部由应某收取。2014年4月,普洱市镇沅县妇女谢某让红河州河口县妇女苏某帮助其招募越南卖淫女。谢某随后将苏某招募到的卖淫女安排到勐腊县其经营的宾馆内从事卖淫活动。2014年7月某日谢某在介绍另外的越南卖淫女从事性交易时被公安人员抓获。2014年1月,越南妇女阮某利用河口县某商场铺面长期容留多名越南籍妇女在其店内从事卖淫活动。

通过对以上案例的分析,不难看出,在介绍、组织和容留卖淫的犯罪活动中,均有部分处于核心地位的妇女,她们类似古代娼妓行业中的"老鸨"。此外,在边境地区卖淫嫖娼活动的组织者中,不乏一些外籍妇女,她们利用同乡身份进行掩盖,长期从事性交易组织活动。这些妇女或为卖淫场所的直接经营者,或为经营者雇用的专业管理人员,她们利用自身的妇女身份,拉近与卖淫女之间的心理距离,获取对方的信任与依赖,帮助经营者掩盖犯罪事实,对卖淫活动的开展发挥了重要作用。

(三) 暴力强迫妇女卖淫

与拐卖妇女犯罪动机相似,性交易的商业利益被某些犯罪团伙看中后,部分卖淫女落入其圈套,被强迫从事卖淫活动,成为"性奴"。此类现象原来大量存在于境外周边国家,如泰国、缅甸、柬埔寨等,近年来,类似案件在国内陆续出现,成为性犯罪活动的极端类型,且受害人大部分为外籍妇女。2013年9月某日廖某等三名男子经预谋后,来到河口县某商场一"按摩店"内,以人民币2600元让越南籍卖淫女阮某、黄某陪三人"玩"一天为由,采用暴力、威胁手段将二人强行带至昭通市巧家县,强迫其在另一同伙开设的"美发美容店"内从事卖淫活动。

三 西南地区妇女从事性交易的特点

从整体上看,上述各类性交易活动均呈现出较为明显的团伙化特点。为提高经营利润,降低被公安机关查获的风险,很多经营者雇用拥有行业经验的主管和中间人对"生意"进行管理,逐渐产生出一批在性交易活动中发挥重要作用的"专业管理人"。从团伙性质上看,单一的卖淫团伙、涉毒和带有暴力性质的复合型团伙均有出现。除与全国大部分地区的性交易犯罪呈现出的类似特征外,当前西南边境地区的性交易活动还呈现出以下特点。

(一)普遍性

与全国的发展状况类似,当前西南地区的性交易活动分布呈现普遍性特征。20世纪90年代以后第一批出现此类活动的地方主要集中在昆明、南宁等大中城市外,而后逐渐向边远地区的县城和乡镇扩散。在云南,除个旧、开远、景洪等性交易活动较为集中的地区外,其余各地均有分布,可见性交易犯罪的普遍性,涉及妇女群体数量可见一斑。西南地区经济社会发展长期落后,妇女参与经济活动的机会相对较少,活动范围受到限制,因此性交易的盈利属性成为导致此类犯罪活动普遍出现的主要原因。

(二)(半)公开性

从经营场所上看,除以往常见的宾馆饭店、美容美发等服务场所外,旅游行业的相关场所也成为性交易活动频繁出现的地方。很多游客甚至把西南地区的性交易活动视为当地民族风情旅游的组成部分,妇女的身体因此成为以"性"体验为目的的商品。①"猎奇""艳遇"成为一种独特的旅游体验。不少不明事理的少数民族妇女被包装以"导游""伴游""歌舞表演"的名义"变相"参与性交易活动。很多旅游场所的广告上甚至公开出现类似信息,甚至明码标价,使性交易活动呈现出(半)公开性特点。与民族风情和旅游活动交织在一起的性交易活动是犯罪团伙对消费群体"猎奇"心理和部分妇女希望增加收入需求的巧妙利用,将部分少数民族传统文化中性文化的"开放"特征变相改造为犯罪活动。

(三)复合性

西南地区的性交易活动与其他地区相比具有较为突出的复合性,即性交易与毒品、艾滋病、人口拐卖等社会问题相互交织,形成环环相扣的利益链条和犯罪网络。如前文案例分析可见,涉毒性交易数量居高不下,艾滋病传播和感染率大幅提高,同时,部分性交易从业妇女为拐卖或被暴力胁迫从事犯罪活动,这些问题的叠加复合加大了性交易犯罪在当地的控制和解决难度。

---

① 李晓莉:《身体与性:西南边疆少数民族妇女的商品化问题》,《齐鲁学刊》2006年第5期。

(四) 群体性

1990年前后西南地区的卖淫女群体主要来自本地，随着社会经济的发展和人员流动的频繁逐渐出现从四川、贵州及北方各省区流入西南的卖淫女，近年来则以越南为主的外籍卖淫女的大量涌入为主要群体特征。在广西和云南地区，越南籍卖淫女已经成为女性性交易者的主要组成群体。外籍卖淫女的大量出现增加了性交易犯罪活动的管控难度，同时也提高了艾滋病和相关疾病的传播感染率，对地区社会安全和人口健康形成威胁。

性交易是妇女通过自身身体直接影响社会稳定的主要犯罪行为，在这个过程中，妇女的身体成为买卖的商品。涉毒性交易行为的大量出现体现出妇女涉毒问题的复杂性，介绍、组织、容留妇女卖淫及暴力强迫妇女卖淫则体现出妇女身体自身的商品属性在成为他人敛财和犯罪工具后可能产生的严重后果。当前西南地区性交易问题的普遍性、（半）公开性、复合性和群体性等特征共同显示了这一社会问题的严重性。同时也对有效引导、管理和根治这一社会问题提供更多的思考空间。

第二节　妇女影响社会治安和刑事犯罪问题

妇女犯罪现象在人类社会发展进程中广泛存在，由于传统社会中妇女的活动空间受到限制，导致犯罪的数量和频率远低于男性，妇女犯罪问题因此未能得到足够的关注与重视。但由于男权社会的性别霸权，社会对妇女的惩罚却是极其严厉的。[1] 至清末民初，妇女犯罪数量和类型均有增加，对犯罪妇女的惩处有所宽松。[2] 随着社会的发展与变迁，妇女获得了更大的发展空间，其角色与地位也产生巨变，妇女犯罪问题日渐严重，但直至2000年前后，对妇女犯罪问题的研究在中国仍然数量稀少，位处边缘。[3]

---

[1] 参见杨晓辉《清朝中期妇女犯罪问题研究》，博士学位论文，中国政法大学，2008年；杨柳青《纲常下的犯罪：朝鲜王朝妇女犯罪问题研究》，硕士学位论文，南京大学，2015年。

[2] 参见艾晶《清末民初女性犯罪研究（1901—1919年）》，博士学位论文，四川大学，2007年。

[3] 王金玲：《妇女与本土——近二十年来中国大陆的妇女犯罪研究》，《浙江学刊》2002年第6期。

一 妇女犯罪的社会根源

从犯罪行为发生的社会空间来看,与农村相比,城市无疑是犯罪行为的高发区域。由于农村社会的人员流动性较低,相互熟知的社会状态使得犯罪行为很难被隐藏,而城市的繁杂则给犯罪创造了更多的空间与机会。有统计数据显示,"大城市的暴力犯罪是郊区的4倍,是农村的6倍。财产犯罪在大城市也更为猖獗"[1]。随着地区社会经济的发展,乡村社会的城市化进程也在迅速推进,由此产生的犯罪行为也逐渐增加。

从全国范围内看,在犯罪数量上,尽管妇女犯罪在社会犯罪总量中所占比例较小,但犯罪率却一直呈上升趋势[2];从犯罪结构上看,性犯罪和财产犯罪不断增多;从年龄结构上看,妇女犯罪有明显的年轻化趋势[3];从犯罪本质上看,除存在与男性犯罪共同的心理动机外,妇女犯罪还具有独特的社会性别内涵。如犯罪现象的隐蔽性,犯罪人往往曾经遭受类似的犯罪行为危害等。从地区分布上看,云南省的女性犯罪现象较为突出。从犯罪类型上看,偷盗、诈骗等已经成为仅次于毒品犯罪的主要类型。[4]

二 西南地区妇女犯罪的主要类型与特征

有关部门的统计数据显示,从2013—2016年,云南与周边国家交界的部分地区妇女涉嫌的盗窃案和抢劫案发案率较高,各地区案件数量如表3-1所示。

表3-1 云南部分地区妇女抢劫、盗窃案件涉案人数(2013—2016年)

	德宏	版纳	红河	保山	临沧	普洱
抢劫案涉案妇女(人)	2	4	20	5	9	18
盗窃案涉案妇女(人)	141	36	650	182	150	77

资料来源:云南省公安厅。

---

[1] [美]查尔斯·扎斯特罗:《社会问题:事件与解决方案》第5版,范燕宁等译,罗玲、陈玉娜校,中国人民大学出版社2010年版,第563页。
[2] 佟新:《女性违法犯罪解析》,重庆出版社1996年版,第10—32页。
[3] 康树华等:《女性犯罪论》,兰州大学出版社1988年版,第17页。
[4] 杨志梅、雷文斌、沈玲:《云南少数民族妇女犯罪基本特征研究——以300名在押少数民族女性罪犯为例》,《思想战线》(2011年人文社会科学专辑)。

（一）偷盗

偷盗财物是妇女犯罪的主要类型。在 20 世纪 90 年代中期已经成为仅次于重婚罪的第二大妇女犯罪类型。因对社会危害相对较小，很多人未将其视为一种严重的危害社会安全的行为。近年来，妇女盗窃罪发案率在全国大幅度上升，在西南地区已经成为妇女犯罪的主要类型。

2013 年 9 月某天中午，两名傣族妇女在德宏州盈江县平原镇一小卖部以买东西为由，盗走店内的 10 条软真香烟（价值共计约 1950 元）和 4 条紫云烟，总涉案价值超过 2000 元人民币。2013 年 4 月某天，两名年轻女孩在西双版纳州腊勐一服装店内以试衣服为由顺手将店主装有千余元现金的钱夹偷走。2013 年 8 月某日，一名傣族女子在瑞丽市一服装市场内行窃时被控制，民警当场从其挎包中查获店主被盗的玉石手镯两支，总价值 26000 元，另有玉石挂件价值 300 元，手机价值 3680 元。

以上三起案例是当前西南地区较为常见的妇女"顺手牵羊"型偷盗案件，涉案妇女通常选择商店等经营场所下手，以"顾客"身份掩盖犯罪目的，以自己的妇女身份降低被害人的警惕性，往往能够成功得手。除经营场所的盗窃案外，发生在村寨中的家庭财务被盗案也时有发生，其中以耕牛较多。此类案件多为蓄谋已久的团伙作案，为掩人耳目，不少涉案人通过男女合谋的形式潜入村寨，找寻合适的作案对象后将耕牛藏匿后盗走。由于耕牛价值较高，又是当地村民重要的农业劳动力，便于盗窃者销赃，给被盗者造成巨大的损失。

2015 年 1 月某日，一对傣族青年男女在瑞丽市某村将一头放养的黄牛用细水管和电线套住头并固定在附近的一个树桩上，企图藏匿后偷走。后被村民察觉后报警控制。经审讯，青年男子岩某 20 岁，女子为其女朋友吞某，只有 17 岁。两人为本地另一村寨居民，以找朋友玩为由潜入作案。因二人年纪尚轻，村民并未将他们与盗贼联系到一起。

此外，由于性交易的广泛存在，在嫖娼过程中遭窃的案件也时有发生。下面两起案例即为较为典型的性交易盗窃案。因性交易的违法性，作案者抓住被害人不敢轻易报案的心理，寻找合适的时机盗窃财物。2015 年 4 月某日，岩某与朋友在临沧市耿马县孟定镇某 KTV 娱乐时，卖淫女罕某假装与其发生亲密行为，顺势将其脖子上的价值近 40000 元的金项链盗走，被害人直到离开 KTV 才发觉。2015 年 11 月某日，张某在西双版纳州景洪市一宾馆内被一按摩女趁其不备将装有近 5000 元现金的钱包偷走，后该女子以接电话为由开门逃逸。

（二）走私

走私活动在西南地区长期存在，不法分子了解到部分商品在境内外存在较大的差价，遂通过各种方式将其在境外低价购买的商品物资偷运入境牟取暴利，同时将国家明令禁止的珍稀物品偷运出境获取利润。近年来，西南地区查获的主要走私入境商品除毒品外，主要有大米、冻品、白糖、牛肉等食品物资，偷运出境的商品种类主要为化肥、农药等。走私活动中既有组织严密的团伙犯罪，也有边民随身携带的零星式犯罪，妇女参与的案件主要是后者。

2013年1月某日，临沧市永德县公安局在本县公路上公开查缉时，从女司机罗某驾驶的微型车上发现一名可疑男子，民警当场从该男子携带的挎包中查获军用手枪3支、子弹6发。2014年11月某日，瑞丽市森林公安局接到举报，在本市一物流公司仓库内发现珍稀植物檀香紫檀（俗称小叶紫檀）制品疑似物163根，经查，负责管理仓库的女青年李某为走私者。2013年7月某日，西双版纳州勐海县公安局民警从一妇女王某乘坐的出租车内查获疑似大象皮、麂子肉和干巴等物品。经讯问，这些疑似大象皮、麂子肉和干巴是王某在缅甸小勐拉农贸市场购买的，之后从缅甸小勐拉经小路进入中国打洛，之后打算高价贩卖。

上述四例妇女参与的走私案件虽然不是数量巨大的团伙作案，但涉案物品价值较大，涵盖枪支、弹药、珍稀动植物等种类，体现出犯罪分子对妇女身份的巧妙利用。

（三）抢劫

据公安部门的统计，妇女涉嫌的抢劫案发案率远低于盗窃案，但社会危害却并不亚于盗窃案。以下案例分别代表了目前边境地区常见的拦路抢劫、持刀抢劫、入户抢劫、色情抢劫和校园暴力抢劫等妇女主要涉及的抢劫案件类型，体现出当前西南地区妇女抢劫案件的多样性和复杂性。

2013年11月某日，红河州泸西县女青年周某下夜班回家途中被三女一男拦路抢劫，当场被抢走一女式挎包，包内有现金100余元，还有本人身份证及银行卡等物品。2013年4月某日中午，普洱市思茅区一男子在其经营的鱼塘边遭到一男一女持刀抢劫，当场被抢走价值7000多元的钱江摩托车一辆，两人得手后随即驾车逃逸。2015年10月某日，保山市隆阳区经营玛瑙生意的店主洪某遭到一男一女的抢劫，当天早上店铺刚刚开门，一名男子驾驶面包车停在他的店门口，车上走下一名青年女子，该女子径直走入店中，趁其不备将桌上装有大量玛瑙制品的提包拿走后上车逃逸，包内被抢玛瑙制品价值高达 10 万余元。2015 年 9 月某日，到昆明出差的文山州马关县一男青年邓某通过陌陌社交平台认识了一名自称是西双版纳傣族的青年女子，两人相约见面后在一宾馆发生了性关系。次日凌晨，该女子以找朋友玩为由离开宾馆，2 个小时后女子与另一持刀男子回到宾馆，男子称邓某玩弄了该女子的感情，要求赔偿 20000 元方可了事，被逼无奈的邓某只好通过支付宝向其提供的银行账号转账 20000 元，两人得手后迅速离开。

近年来，全国各地均出现程度不同的校园霸凌和暴力事件，涉案者不乏女生。2015 年 5 月某日，两男两女在临沧市临翔区一中学门口以"拔毛"的方式抢劫学生，经查，涉案的两名女生还未满 16 岁。2015 年 4 月，普洱市连续发生了多起以 17 岁女青年孙某为首的犯罪团伙殴打、威胁他人抢劫财物的案件。经查，孙某先后三次伙同刘某、彭某、黎某等几名年纪均不超过 18 岁的年轻女性在建材市场、理发店等地用木棍、U 形锁等工具对被害人实施踢打，先后抢走人民币数千元和多个手机。

不管是偷盗、走私还是抢劫，此类行为产生的首要目的都是以最快的速度积累财富。对于长期不能参与社会公共活动，获得有偿报酬工作机会的妇女群体而言，缺乏个人可控的资产是其长期居于从属地位的首要原因。这种铤而走险的身体实践活动，实际上反映了妇女群体对于急于改变自身社会地位的一种冒险性行为。尽管存在较大的风险，"快速致富"的吸引力还是促使她们不断去尝试。同时，涉入此类行为的妇女还呈现出典型的角色性特征。从以上各类抢劫案例不难看出，妇女在不同类型的抢劫案中均扮演了特定的角色。如拦路抢劫案，被害人看到拦路者为女性，往往会降低警惕性，拖延逃离的时间；持刀抢劫案中的施暴者为男女合谋，在其亮出凶器之前也容易麻痹被害人的防备心理，女性在上述两类案件中均扮演麻痹和协同作案的角色；入户抢劫案的女子更是将自己装扮成购物者，使被害人完全消除了警觉性，直接扮演了抢夺者的角色；色情抢劫则充分体现了涉案妇女对被害人心理的掌控，她们往往选择出差在外的外地人下手，了解其希望寻求刺激，同时不敢报警和花钱了事的心理，伙同其他男性团伙成员对被害人进行威胁和敲诈；校园霸凌和暴力抢劫案则体现了当前妇女暴力犯罪的低龄化趋势,因社会固有的性别认识,女生涉及暴力犯罪具有较强的隐蔽性,很多家长和老师在得知真相后都不敢相信这些外表看似"乖巧""漂亮"的女生居然做出手段残忍的暴力犯罪事件,因此,低龄女性和未成年女性涉案现象不仅为校园安全敲响了警钟,同时也对整个社会的妇女教育和社会安全产生了深远影响。

(四) 暴力犯罪

暴力犯罪在女性犯罪中所占比例不高。大部分妇女攻击性行为的首要动机一般是自我防卫,但随着行为的实施进程和双方的相互影响,这种因防卫意识而产生的行为往往演变为被害妇女难以控制的严重后果,甚至导致攻击对象的死亡。此外,还有一些妇女可能在遭受暴力袭击后产生强烈的逆反报复心理,直接实施以杀死攻击对象为目的的暴力行为。

2013年12月某日晚上,红河州蒙自市的卖淫女李某将嫖客卢某带至其朋友李某经营的茶室内进行性交易,后双方因嫖资发生争执,在此过程中,卖淫女李某拿出随身携带的跳刀朝卢某的左胸部刺了一刀后逃离现场,致卢某当场死亡。李某离开现场后,将自己用刀捅伤卢某一事通过电话告诉了茶室老板李某,并要求李某将被害人卢某送往医院救治。李某到现场后发现卢某已经死亡,遂邀约华某到茶室,使用华某平时使用的垃圾车将卢某的尸体拉到一桥下丢弃。在美国,相关统计数据显示,官方报告估计43%—57%的被监禁者妇女曾经遭受过身体或性虐待[1],还有更深入的研究表明妇女遭受身体和性虐待的发生率高达66%—94%[2],将近3/4的被监禁妇女都曾经遭受过暴力伤害[3]。

可见,"以暴制暴"是妇女遭遇暴力犯罪袭击时所采取的一种极端反抗行为,被害妇女往往在"防卫"心理的引导下实施下意识的防范行为,使用随手可得的各类工具(包括凶器)对犯罪者实施攻击性行为。

---

[1] American Correctional Association, *The female offender: What does the future hold?* Washington, DC: St. Mary's Press, 1990.

[2] Browne, A., Miller, B., & Maguin, E, *Prevalence and severity of lifetime physical and sexual victimization among incarcerated women.*, International Journal of Law and Psychiatry, 1990, pp. 22, 301-322.

[3] Green, B. L., Miranda, J., Daroowalla, A., & Siddique, J, *Traumatic histories and stressful life events of incarcerated parents II: Gender and ethnic differences in substance abuse and service needs.*, The Prison Journal, pp. 90, 494-515.

（五）群体性事件

对群体性事件的认识学界还未达成一致。公安部 2000 年 4 月 5 日下发的《公安机关处理群体性治安事件的规定》中使用了"群体性治安事件"这一表达方式。并做出了如下解释，"本规定所称的群体性治安事件，是指聚众共同实施的违反国家法律、法规、规章，扰乱社会秩序，危害公共安全，侵犯公民人身安全和财产安全的行为"。群体性事件发生的原因较为复杂，但其根源多为社会变革、行政权力滥用、社会保障不健全、贫富差距等，同时受到民众民主意识增强和法制观念淡薄的双重文化影响。对底层社会民众而言，多采用"以身抗争"和"以法抗争"两种逻辑发起事件，要求权益。

当前，西南地区正处在经济社会快速发展和急剧变革的时期，各种矛盾复杂丛生，因土地租用、征地补偿、回迁安置等问题引发的群体性事件时有发生。课题组通过对近年来发生的多起严重群体性事件分析后发现，妇女在此类事件中往往被"安排"扮演"防火墙"的角色，助长了事件的严重化趋势，其背后的社会和文化根源正是事件参与者和处置者对妇女"身体"的不同认知和理解。

2015 年 6 月，德宏州芒市某村发生了一起严重的群体性事件。事件起因为村民对当地建设的度假酒店租用土地面积问题产生意见。在部分村民的组织下，300 余名村民按照通知陆续来到现场查看。事件发生当日下午，芒市政府工作人员到当地向全体村民做解释说明，后在部分村民的煽动下，大量村民积极响应上山堵路。次日，在组织者的提议下，安排村里的景颇族老年妇女咩某某负责组织在场妇女组成人墙对道路进行封堵，事件进一步升级。其间，村民扣留路过的入住客户 2 人，双方因发生肢体冲突导致村民受伤，村民强行从酒店公司获得 5 万元"赔偿款"后才放走客户。两天后，度假酒店因被村民堵路被迫对外停止营业。事件发生 4 天后的一个上午，芒市人民政府组织工作人员分组陆续进村入户做工作，当来到咩某某家时被冲进院内的村民扣留，并以老妇人被惊吓为由，要"洗寨子""要赔钱"！其他 22 名工作人员也被扣留在村中长达 10 个小时，并被迫按照村民的要求签名按手印后才得以离开遮晏村。此次群体性事件因情节严重，社会危害程度极大，主要组织者均被判处 1—5 年不等的有期徒刑。

上述事件是一起当前农村社会发展中常见的土地租用纠纷事件，同时也是一起典型的"以身抗争"的群体性事件。在这一事件中，不明真相的村民在某些煽动者的蛊惑下集体参与对抗国家政府工作的行动，造成了严重的社会影响。其中，以咩某某①为典型的中老年妇女群体则在其中扮演了"人墙"角色。事件组织者让妇女组成人墙，是对妇女"特殊群体"身份的巧妙利用，企图通过妇女群体的参与扩大事件的社会影响，增加政府工作的难度。咩某某是在当地有影响的老年妇女，在妇女群体中具有较强的号召性，由其带头号召妇女进行阻拦，能够对其他男性村民的对抗性活动起到强有力的支持作用。此后，组织者再次选择在工作人员进入咩某某家时将其一行人扣留，并以老妇人受惊为由要求"洗寨子"②"赔钱"，同样是对传统民间习惯法的一次巧妙利用。值得注意的是，这一事件并非个案，在全国各地的土地纠纷、劳动纠纷中时有发生，妇女的身体成为事件群体进行反抗的工具。

在西藏，因争夺草场导致的群体性事件时有发生，妇女在其中也扮演了重要的角色。下文展现的巴林塘草场事件即是一起典型的以妇女为主要实施者的群体性暴力事件。因劳动分工传统所致，妇女是西藏农牧业的主要劳动力群体，因此争夺草场的双方村落的群殴也在妇女中展开。争斗者认为，妇女打架影响面不会太大，双方受伤程度也低于男性斗殴，但事实上造成的后果也是极其严重的。

2012年4月某日上午，在西藏自治区当雄县巴林塘草场两个村的村民因草场归属问题，发生以群殴为主要行为的群体性事件。群殴开始于双方妇女的肢体冲突，在打架过程中一名妇女受伤，主要打人者是另一个村的两名妇女。受伤的妇女被送至拉萨，在西藏自治区人民医院住院治疗，共计花费各项费用近4万元。

当前西南地区妇女影响社会治安和刑事犯罪问题的犯罪数量呈增加趋势，主要集中在盗窃和抢劫两类案件中，其中因性交易导致的盗抢案件数量不少，暴力犯罪和群体性事件所占数量相对较少，但产生的社会危害极大。然而，由于受到传统思维模式的制约，在讨论犯罪行为的实施主体

---

① 在景颇语中，"咩"意为母亲，当妇女嫁人生子之后，便会放弃之前的名字，以第一个孩子之母的身份自居，外人对其的称呼也随之变化为"咩某某"。

② 为景颇族传统的非正式社会规则，主要针对违反男女关系道德伦理者，违反者必须带上足够的礼品到整个寨子挨家挨户地赔礼道歉，请求原谅。

时，西方学者往往关注难民、移民、有色人种、弱势群体等社会边缘人群[1]，中国学者则经常将那些缺乏稳定住所、流动性较强的群体视为犯罪产生的高发人群[2]。不管是中国还是西方，男性通常被视为犯罪行为实施的主要对象，妇女则往往成为被忽略者。由此造成女性犯罪问题的隐蔽性和持续性。

第三节　跨境婚姻问题

跨国婚姻是当今世界常见的一种婚姻形态，因缔结婚姻的男女双方国籍不同而产生。以婚姻双方的国籍和族群为基础，跨国婚姻可分为不同国籍同一族群婚和不同国籍不同族群婚两大类型；以婚配妇女流向为标准，则可分为我国妇女外嫁和外籍妇女嫁入两类流向。抛开婚姻的感情本质属性，从历史的视角看，跨国婚姻是现代民族国家概念形成的直接产物，也是人类在不同的区域社会经济发展前提下做出的婚姻选择。跨国婚姻既存在于两国或多国地区接壤的边境地区，也存在于跨越大洲、大洋的非边境地区。中国南方与大陆东南亚的跨国民族地区即是一个成熟的"和平共居"文化模式存在地区[3]，为跨国婚姻的产生和延续提供了重要前提，这一区域与本研究所展开的地区部分重叠。

一　边疆地区跨国通婚问题的产生

跨国婚姻的产生原因复杂，但其中包含着一个重要逻辑，即人口迁移的"推拉"理论，以西南边境地区为例，历史上的跨国（境）婚姻大多

---

[1] 如 Castles, Stephen, and Godula Kosack, Immigrant Wookers and Class Structure in Western Europe. New York: Oxford University Press, 1985; Malkki, Liisa. 1995. Purtiy and Exile: Violence, Memory, and National Cosmology Among Hutu Refugees in Tanzania. Chicago: University of Chicago, 1995, Press; Santiago-Irizarry, Vilma. 1996. "Culture as Cure." Cultural Anthropology 11 (1): 3–24. 等。

[2] 如方建中《流动人口犯罪实证研究》，《求索》2003 年第 6 期；史晋川、吴兴杰《流动人口、收入差距与犯罪》，《山东大学学报》（哲学社会科学版）2010 年第 2 期等；并见屈佳《流动人口犯罪研究述评》，《中国刑警学院学报》2018 年第 1 期。

[3] 周建新：《大陆东南亚跨国民族"和平跨国"文化模式分析》，《社会科学战线》2008 年第 8 期。

源于一方的社会和文化"推力"和另一方的"拉力"所形成,也可以从婚姻双方的不同发展需求来进行分析。常见的跨国通婚主要由以下两种原因导致产生:

1. 族内通婚:国家边境划分形成的跨国婚姻

族内婚是人类婚姻发展史上最重要的一种通婚方式。在交通和信息不发达的社会中,排除血缘禁忌的族内婚被作为缔结婚姻的首选方式。在西南边境地区数量众多的跨境民族中,同一民族不同支系的通婚现象曾经非常普遍。随着民族意识的崛起和国家边界的明确,此类曾经"习以为常"的婚姻形态在"不知不觉"中成为外人眼中别样的"跨国婚姻"。

2. 人口流动:性别比例和婚姻成本导致的跨国婚姻

此外,除传统原因外,跨国婚姻多产生于人口性别比例的失衡和婚姻支付能力的低下。我国人口结构中呈现的性别失衡问题在西南边境地区也有集中体现。自20世纪80年代计划生育政策实施以来,人口增长率持续下降,同时在某些需要男性劳动力和受到传统"重男轻女"观念影响的地区造成了生育行为上的性别选择问题,男多女少的现象进一步凸显。女性数量的稀缺极大地扩展了妇女对婚配对象的选择空间,加上改革开放以后人口流动的频繁,部分边境民族地区出现了严重的妇女外流问题,迫使部分无法在本地选择婚配对象的男性不得不从相邻国家选择配偶。此类现象在中缅、中越和中老交界地区均大量存在。需要指出的是,在国内妇女外流和婚姻成本上升共同导致的婚配"危机"问题中,上文所述的跨境族内通婚随即成为部分群体的"明智之选"。

从现代法律层面上看,由于跨国婚姻的缔结双方国籍不同,对婚姻关系的法律认识本就淡薄的边民社会对跨国婚姻关系进行登记的比例一直不高,对事实化跨国婚姻的认可一方面来自同一族群内部的信任,同时也是对国际婚姻关系认定复杂工作的一种回避。由于默认与回避,这类未经法律认定的婚姻关系转而变成了跨国非法婚姻,对边境社会的安定造成了双重威胁。

二 西南地区跨境婚姻的分布与主要类型

从地区分布上看,西南地区的跨国婚姻主要集中在云南和广西,其中以云南最为典型。云南边境八个州市,均有大量的跨国婚姻家庭分布,与跨境民族集中分布的区域基本一致。以往调查研究结果显示,云南边境地区的跨国婚姻在 20 世纪 80 年代以前属民族互动交往现象，20 世纪 90 年代后逐渐转变为境外女性的大量流入。从数量上看，2009 年云南边境地区的跨国婚姻牵涉人数估计约为 2.5 万人①；其中在保山市四个边境乡镇共有外籍跨国婚姻者 496 人，其中妇女 485 人，男性 11 人②，以妇女嫁入为主要形态。据统计，"到 2012 年 5 月，云南与越南、缅甸、老挝三国边民通婚人数约有 67542 人，其中入境通婚外籍边民 33771 人；已办理合法登记手续的有 8531 对，多数为非婚同居形成的事实婚姻。通婚边民共生育子女 22838 人；所生育子女已落户 17475 人，未落户 5363 人"③。在地区分布上，中缅边境和中越边境的跨国婚姻形态存在着较大差异④。据此，课题组在两类地区跨国婚姻分布较为集中的德宏州和红河州⑤开展田野调查，发现当前云南边境地区的跨国婚姻主要有以下几种类型。

1. 族内通婚

族内通婚是边境地区最为普遍的一类跨国婚姻类型，在傣族、景颇族、傈僳族等跨境民族中较为常见。⑥ 缔结婚姻的双方均为当地的跨境民族，在语言、生活习惯等方面具有明显的交往优势，因此给婚姻关系的建立带来了相对优越的前提条件。从缔结方式上看，族内通婚的发生通常有自由婚、包办婚和中介婚三种形式。

妇女玛是缅甸孟古人，2012 年离异之后经人介绍来到德宏州芒市芒海镇的一家早点店打工，在这里认识了现在的丈夫苟貌艾。苟貌艾一家原籍缅甸曼德勒，三代以前来到中国经营玉石生意，此后定居在芒市。玛经人介绍认识苟貌艾后通过自己在缅甸的关系帮助苟貌艾介绍生意，在交往

---

① 张金鹏、保跃平：《跨境民族乡村社会安全问题和转变维稳方式研究》，中国社会科学出版社 2015 年版，第 130—131 页。

② 杨文英、张吟梅：《中缅跨国婚姻与边疆社会稳定》，云南大学出版社 2013 年版，第 43 页。

③ 《昆明日报》2013 年 1 月 20 日。

④ 王晓艳：《从民族内婚到跨国婚姻：中缅边境少数民族通婚圈的变迁》，《思想战线》2014 年第 6 期。

⑤ 调查时间：2017 年 1—2 月。

⑥ 参见：《景颇族简史》编写组、《景颇族简史》修订本编写组《景颇族简史》，民族出版社 2008 年版，第 81—82 页；彭迪《傣族婚姻家庭习惯法刍议》，《中南民族学院学报》（哲学社会科学版）1994 年第 5 期；《傈僳族简史》编写组、《傈僳族简史》修订本编写组《傈僳族简史》，民族出版社 2008 年版，第 81—82、186 页。

过程中两人产生了感情，结为夫妻。苟貌艾在此之前已经有一个儿子，但妻子不幸因病去世，和玛结婚后又生育了一个儿子，现在一家人生活得非常幸福。玛在村里的人缘很好，大家都亲切地称呼她为"玛对对"，意即"玛姐姐"。由于家庭条件比较好，夫妻俩还把玛的父母从缅甸接到芒市一起生活，他们家经常在当地的奘房搞佛事活动、做善事，是村里人眼中过得"清静"①的好家庭。

玛和苟貌艾夫妻的案例是非常典型的同族跨国通婚，同时他们又有着"自由恋爱"的认识过程，离婚和丧偶的经历使双方都非常珍惜这次婚姻机会，男方家庭经济状况相对较好，为婚姻的缔结和家庭的稳定提供了必要的物质条件。除了男女双方曾经有过婚史之外，这桩婚姻可谓是当地人眼中最为"理想"的跨国婚姻类型。

2. 族际通婚

从缔结方式上看，族际通婚的发生也通常有自由婚、包办婚和中介婚三种形式。调查发现，边民的跨国婚姻大多发生在同一族群内部，族际通婚的比例不高，但"近10年来有所增加，且女性的比例高于男性"②同时存在着明显的"婚嫁等级"意识。除少量的自由恋爱外，数量相对较少的族际跨国婚姻往往发生在个人条件和经济条件明显不对等的婚姻双方中。随着中国国力的强大和边民经济条件的改善，不少在境内难以寻找配偶的边民男子往往通过此类方式解决组建家庭的"难题"。

缅族姑娘阿秋2017年年初经人介绍与芒市汉族男青年李某相识，半年后正式结婚。李某家是本地人，在当地经营一家商店，家庭条件不错，但李某为先天性智力障碍，在当地无法找到合适的结婚对象，家人几经考虑之后决定托人到边境对面的缅甸寻找合适的姑娘。阿秋的家庭在缅甸生活条件不好，虽然自己是缅族，主观上不愿意同汉族人通婚，但考虑到中国的生活更舒适，可以减轻家里的负担，还可以改善家人的生活，她同意了这门婚事。课题组到访时两人尚处新婚状态，阿秋和婆家人的相处也还算和谐。

缅甸妇女迪是2015年缅北内战时逃入中国境内的流民之一，当时芒市

---

① 当地人将家庭生活和睦平安、无病无灾称为"过得清静"。
② 王晓艳：《从民族内婚到跨国婚姻：中缅边境少数民族通婚圈的变迁》，《思想战线》2014年第6期。

五岔路乡集中了不少缅甸流民。缅甸形势稳定之后，其他流民陆续返乡，只剩下迪孤身一人一直逗留在村里的客堂不愿离开。村里的领导多次找她谈话劝她离开，但她均以无家可归为由一直滞留在当地。无奈之下，2016年下半年由村主任做主，以嫁给当地一名年老的五保户为条件让她留下来。这个五保户家里非常贫困，年纪偏大，劳动力很弱，但为了能够留在中国生活，迪只好选择同其结婚。2017年年初迪生下了一个女孩，家里的生活更艰苦了，在苦熬半年之后，她丢下女儿离开了家，再也没有回来。

从婚姻缔结的前提下看，阿秋和李某的婚姻是典型的不对等婚姻，阿秋年轻漂亮，李某却是残障人士，假如不是考虑到李家相对较好的生活条件，现实生活中的这两人是绝对走不到一起的。"推拉理论"在此类婚姻类型中得到了强有力的验证。正如当地村民所说："中国姑娘么哪个愿意嫁给白痴，但是条件差的缅甸人就不一样了，他们么得（可以）来中国在着（生活）就高兴了。"相比阿秋，迪的婚姻完全是为了生存而做出的无奈之选。没有感情基础的双方出于各自的基本需要，在没有充分物质资源的基础上选择建立了一个极其脆弱的"家庭"，在现实的生活压力下，看不到希望的迪选择了出走，不到一岁的女儿成为这场功利性婚姻最大的牺牲品。

3. 买卖婚姻

从地区分布看，买卖型的跨国婚姻主要存在于中越边境地区，有发生在同一族群内部的，也存在于族际之间。本研究前文所述的"拐卖妇女问题"部分中曾对中越边境地区大量买卖"越南新娘"的现象展开过讨论。从本质上看，"越南新娘"现象集中体现了滇桂两省区边境地区性别比例的严重失调问题，同时直接反映了高额的婚姻支付成本与当地落后的社会经济发展水平之间的失衡现象。调查数据显示，西南地区非法跨国通婚现象最为集中的中越边境的 W 自治州。"截至 2011 年年底，该州非法通婚毗邻国妇女人数达 3283 人。其中，越南籍 3251 人，缅甸籍 22 人，老挝籍 10 人，非法通婚所生子女共 2866 人。有的边境地区一个乡镇就有近 600 个越南新娘。"[1]

云南省文山州与越南接壤，跨境族群内部通婚并不少见，婚姻支付成

---

[1] 陈德顺、普春梅：《境外流动人口对云南边境地区社会治理的影响与对策》，《社会学评论》2014 年第 4 期。

本比上述通过"中介"进行的"直接购买"要低廉很多。同时，同族通婚没有语言和习俗隔阂，生活适应相对较快，但并不能弥补此类"购买婚姻"背后潜在的危机。如有调查者在文山州麻栗坡县访问的瑶族村民老D一家，43岁的老D因四年前丧偶，家庭条件较差，无法在当地找到再婚的对象。无奈之下经人介绍花了3000元钱从越南娶回同族的妻子N。全家人仅依靠打零工和少量的季节性收入度日，生活非常困难。在另外一户人家，因父亲早逝导致家中劳动力匮乏，经济条件较差，无奈之下的两兄弟都先后娶了越南媳妇，哥哥2007年前结婚的花费是2000元，弟弟2011年结婚花了5000元。两个越南媳妇嫁过来后都在积极适应生活，还希望能够外出打工赚钱。但由于没有合法身份，外出的机会几近渺茫。同时，家人也对儿媳的想法极其反对，他们都担心越南媳妇们外出后一走了之，造成家庭人财两空的可怕后果。①

红河州河口县与越南老街省一河相隔，课题组在当地发现了不少买卖婚姻的个案。大部分的类似家庭与上述个案有相似之处，即购买越南媳妇的家庭多为男子因伤残或家庭经济困难导致在当地无法找到对象，从而通过各种途径"购买"越南媳妇。"买"来的越南媳妇大多来自更加贫困的越南农村家庭，为了减轻家庭的经济压力，同时也为改变自己的生活条件而选择"有偿"嫁到中国。这些越南媳妇大多渴望通过自身的努力适应在中国的生活，逐渐融入中国社会，改变自己和后代的命运。但在有些家庭中，美好的愿望往往在残酷的现实面前变得难以实现，甚至造成超出当事人想象的严重后果。

河口县瑶山男子韦某因到广东打工不幸遭遇工伤事故，造成左腿残疾，右手仅剩下两个手指，返乡多年一直未能找到对象。2009年年初，36岁的韦某经村里的朋友介绍，认识了一个专门从事介绍"越南新娘"的经纪人赵某，答应帮其从越南物色一个合适的媳妇。不久，赵某传来消息，称其在越南老街省的一个村子找到了一个愿意嫁给韦某的19岁越南姑娘阮某。经商议，韦某答应付给赵某"中介费"32000元，其中一半在韦某到越南阮某家中见面后付给，另外一半在阮某正式嫁到韦某家中后付清。2009年3月，韦某在赵某的带领下来到越南阮某家中，当天给女方

---

① 吴振南：《中越边境跨国婚姻人口流动的经济和生态因素分析——以麻栗坡县A瑶族村为例》，《西南民族大学学报》2012年第1期。

父母支付了20000元现金作为彩礼,正式确立了买卖关系。两天后,由于没有办理任何证件,阮某由赵某带领乘船偷渡进入中国后送到韦某家中。由于语言不通,从见面到确立关系的所有环节都是由赵某代为交流的。阮某和韦某没有举行婚礼,家里只是请亲朋好友吃了顿饭算是通知此事。婚后,韦某家不允许阮某外出,只让其在家料理家务,希望其能尽快生育后代。六个月后,语言不通的阮某在其家人不注意的情况下出逃,至今下落不明。阮某出逃后,韦某找到中介赵某讨要说法,要求退钱,赵某遂到越南阮某家中寻找,家人称其没有回家,不知去向。赵某无奈只好退还韦某中介费20000元,阮某之事不了了之。①

由于阮某的出逃给韦某家造成了直接损失32000元,这在当地是一笔巨大的开支。同时,他家前后的遭遇给当地不少打算购买"越南新娘"的家庭敲响了警钟,不少人因为担心出现类似的情况而打消了此类念头。有村民向调查组介绍说,类似的情况在河口县其他乡镇也曾经出现过,不少像赵某那样从事"越南新娘"中介服务的经纪人与被购买的越南妇女相互勾结,待其嫁到中国男方家中生活一段时间之后就悄悄逃跑或躲藏起来,造成出逃的假象,事成之后双方合伙骗钱分钱,甚至还有"一女多卖"的现象出现。

25岁的河口县瑶山乡男青年蒋某从小患有智力障碍,一直无法找到合适的对象。家人通过边境婚姻"经纪人"花了9000多元的"中介费"找到了一个越南媳妇。父母亲戚在经济人的带领下来到越南女方家,与20岁的女青年黄某确定关系后当场支付给女方父母30000元的彩礼费。三个月后,黄某由经纪人带到蒋家。二年后,黄某已经逐渐适应了当地的生活,不仅将家务料理得井井有条,学会了汉语,能够和家人进行简单的交流,蒋家人也逐渐放下了对她的戒备,允许她在村里自由外出,村里人都觉得蒋家"买来"的这个越南媳妇很不错。然而,就在家人打算让两人尽快生育,到医院进行婚前检查的时候,却发现黄某患有艾滋病,蒋某也已经被其传染。由于当地人"谈艾色变",为躲避村民的指指点点,蒋某只好随黄某到越南娘家生活至今。原来,黄某因家境贫寒,在嫁给蒋某前曾从事性交易,早已患有艾滋病,后来打算过上安稳的家庭生活,遂通

---

① 调查时间:2017年8月。

过中介嫁给了蒋某，却让蒋某也成了感染者。①

从婚姻稳定的视角看，与前面两种跨国婚姻类型相比，买卖婚姻产生的完全是基于性别需求的经济关系。由于缺少婚姻和家庭关系必要的感情基础，建立在此类婚姻关系上的家庭关系也比前两者显得脆弱。跨国婚姻的稳定性在很大程度上取决于婚姻双方的生活体验，尤其是外来一方的家庭感受。当前跨国婚姻婚配的流入方以妇女为主，与本研究关注的重点群体相符。

4. 欺诈婚姻

婚姻欺诈是跨国婚姻中的一种特殊类型，犯罪团伙利用买卖婚姻关系中购买方急切的心理和对当地社会文化不熟悉的状况，将外籍妇女作为诱饵建立虚假婚姻契约，诈骗受害人钱财。

2014年5月，被害人彭某某在其表哥张某某陪同下，来到云南省陇川县欲寻找结婚对象。两名傣族妇女小乙和恩某遂以22岁的缅甸籍傣族已婚妇女玛某为诱饵，安排彭某与其相亲。为确保此次相亲能够成功，小乙和恩某又找到当地景颇族妇女祁某假扮玛某的母亲，并出示其亲生女儿的身份证，彭某未经仔细辨认便信以为真，当天下午便支付86000元的彩礼钱给祁某，四人随即进行了分赃。次日，彭某带着玛某返家准备结婚。10天后，玛某使用祁某女儿的身份证购买火车票打算逃离时被彭某家人发现，彭某报案后涉案几人连续落网，涉案者均以诈骗罪被判处有期徒刑二年至三年。

三 西南地区跨境婚姻的主要特点

在上述主要类型中，除去婚姻缔结的要件和男女双方建立感情的过程等因素外，后两类家庭不够稳定的主要原因也与妇女的"不舒适"感密切相关，周边人群带有"异样"的眼光和男方家庭"购买者"的强势心态都往往造成嫁入此类家庭妇女们的心理压力，同时也为此类婚姻存在的不和谐因素和破裂可能埋下了种子。综合前文所述的各类跨国婚姻形态，可见其反映出当前西南边境地区跨国婚姻问题的以下共同特征：

---

① 调查时间：2017年8月。

1. 存在分布广泛

跨国婚姻始于边民族内通婚，广泛存在于西南各地。西南地区在历史上长期实行羁縻统治，边境意识的形成是相对晚近的事。加上"山水相连"的自然地理环境，使得跨国婚姻成为边民社会中的一种"常态化"婚姻形态。如"越南在中国未放弃宗主权以前，虽有疆域之分，然究属一家，实无明确界线，双方人民混居杂处，婚嫁相通，往来听其自便"①。在国家边境意识形成之后，广泛分布的跨国婚姻才从边民之间的"族内往来"变成了敏感的"国际问题"。

2. 等级意识明显

西南地区的跨国婚姻存在明显的民族等级意识，在流入我国的婚配群体中民族等级意识仍然得以延续。如景颇族倾向汉族和傣族，傣族倾向汉族，傈僳族倾向汉族、景颇族和傣族。② 上文案例中的玛某向调查组成员介绍说，缅甸的族群等级认知③在中国的跨国婚姻选择中仍然存在，除了像她和丈夫这样的特殊案例外，很少有缅族女子会选择嫁到中国。在课题组随机调查的 45 位嫁到德宏州的"缅甸媳妇"中，缅族妇女仅有 9 位。大部分为掸族（傣族）、崩龙（德昂族）、山头（景颇族）等少数民族，此外还有少数汉族。不难看出，民族等级观念的形成除受传统的血缘和民族关系影响外，还集中反映了不同民族社会之间经济发展水平的差距。这一现象也部分地解释了大部分族际通婚存在的功利化倾向，以及此类婚姻不稳定的主要原因。

3. 通婚范围扩大

受交通条件所限，传统边民社会的跨国通婚圈半径有限。随着交通工具的普及和信息传播渠道的进步，西南地区的跨国通婚范围正在逐渐呈现出向内地扩展的趋势。这种趋势的出现在很大程度上是买卖婚姻（包括拐卖婚姻）市场扩大的结果。结合本研究"拐卖妇女问题"讨论的部分内容，不难看出，当前西南地区跨国婚姻妇女的流动范围已经从国境线两

---

① 黄铮、萧德浩：《中越边界历史资料选编》，社会科学文献出版社 1993 年版，第 1056 页。

② 王晓艳：《从民族内婚到跨国婚姻：中缅边境少数民族通婚圈的变迁》，《思想战线》2014 年第 6 期。

③ 即将国内的族群按照等级大致分为缅族、少数民族和身份未界定者（如汉人）三个等级，跨国通婚大多发生在同族群内部，缅族对这一认知的认可尤为强烈。

侧地区扩展到云南、广西的各内陆州市,甚至远至山东、河南、安徽等北方省区和南方的江苏、福建、广东等地。

4. 非法现象突出

以往相关调查研究发现,非法性是当前西南地区跨国婚姻存在的主要问题。依照我国现行行政管理制度,跨国婚姻家庭的婚姻登记手续办理存在多重困难,如手续繁杂、办理成本较高①,同时还受到部分国家相关政策与我国管理制度不匹配等因素的影响。因此,西南地区的跨国婚姻登记率一直不高,嫁入妇女"三非"(非法入境、非法同居、非法居住)现象较为突出。以云南河口县为例,"截至2014年9月,全县共有边民与越南人通婚695对(其中嫁入妇女662人,入赘男子2人),办理婚姻登记手续的仅有144对,办证率为20.72%"②。嫁入妇女因未经婚姻登记无法取得合法身份,致使其无法行使医疗、教育、交通、金融、诉讼等基本权利,部分经过登记者申请加入中国国籍存在困难③,其模糊的身份同时造成了这一群体社会地位普遍不高的问题,母亲的身份通过代际传递影响到其子女的身份认同和角色认知,对今后的身心健康发展产生直接影响。④

此外,由于无法办理婚姻登记的跨国婚姻家庭多为贫困家庭,女方因无法享受低保、农村合作医疗保险、技能培训等相关政策,对家庭经济的贡献程度有限,还可能因患病等原因导致丧失劳动力,导致家庭返贫。

课题组的调查还发现,随着国家意识的加强和国家之间经济社会发展

---

① 民政部2012年颁布的《中国边民与毗邻国边民婚姻登记办法》规定,"办理结婚登记的毗邻国边民应当出具下列证明材料:(一)能够证明本人边民身份的有效护照、国际旅行证件或者边境地区出入境通行证件;(二)所在国公证机构或有权机关出具的、经中华人民共和国驻该国使(领)馆认证或者该国驻华使(领)馆认证的本人无配偶的证明,或者所在国驻华使(领)馆出具的本人无配偶的证明,或者由毗邻国边境地区与中国乡(镇)人民政府同级的政府出具的本人无配偶证明。"所有材料办理费用总额在5000元左右。

② 《河口希望上级完善政策法规解决跨国婚姻难题》,新广网 http://news.flyxg.com/2015/hekou_0128/115433.html。

③ 《国籍法》第七条规定,外国人或无国籍人,愿意遵守中国的宪法和法律,并具有下列条件之一的,可以经申请批准加入中国国籍:1.中国人的近亲属;2.定居在中国的;3.有其他正当理由。但具体申请过程非常困难,每年全国获批者数量较少,且有较多的条件限制。

④ 参见龙耀、李娟《西南边境跨国婚姻子女的国家认同——以广西大新县隘江村为例》,《民族研究》2007年第6期;周建新《中越边境跨国婚姻中女性及其子女的身份困境——以广西大新县壮村个案为例》,《思想战线》2008年第4期。

差距的扩大,外来婚配对象对自身权利与义务的维护意识也在不断增强。同时,边境地区的普通民众对跨国婚姻的认识也从传统的"不知不觉""后知后觉"逐渐向"先知先觉"转变。对婚配双方而言,一方面是通过《婚姻法》确立婚姻双方的合法关系,以及建立在此关系之上的财产与其他权利;二是通过跨国婚配取得自己在中国的合法身份,得到周边人群的客观认可,同时为自己的子女和其他家人争取更好的生活条件;对边民群体而言,建立在感情纽带之上的婚姻往往受到认可与称赞,而由买卖关系建立的婚姻则往往遭到歧视甚至污名化(如"越南新娘"现象[①])。从整体上看,西南地区的跨境婚姻与当地农村性别比例失衡导致的妇女短缺有关,在全球范围内,类似的现象并不鲜见,如马达加斯加贫困家庭的妇女大量嫁给法国男子并移民法国生活的移民婚姻[②],其目的主要是改善生活条件以获得更好的发展机会;印度北方邦发生的类似现象可能与中国农村的情况更加类似,因为在当地也存在土地所有权的追求,明显的男孩偏好和较高的婚姻成本开支等。[③] 总之,跨境婚姻家庭中妇女的法律权益保护问题对其婚姻稳定有直接影响,对子女的教育和国家认同也会产生作用,同时也对当地的边境安全产生一定威胁。

第四节 妇女宗教信仰问题

宗教问题是影响当今世界稳定和国家安全的重要社会问题。[④] 我国是宗教大国,当今世界上主要的宗教类型均有分布,信徒人数超过1亿,宗教问题与民族和国家安全之间的关系密不可分。[⑤] 在西南地区,由于少数

---

① 参见纪洪红《国家治理视阈下中越边民通婚问题研究——以云南麻栗坡县马崩村为例》,博士学位论文,云南大学,2016年。

② Cole, J., 2010. *Sex and Salvation: Imagining the Future in Madagascar*, Chicago: University of Chicago Press, 2010.

③ Kaur R. 2012. *Marriage and migration: citizenship and marital experience in cross-border marriages between Uttar Pradesh, West Bengal and Bangladesh.* Econ. Polit. Wkly. Vol. 47 (Oct. 27), pp. 78-89.

④ 李力、曾强:《宗教因素对国家安全的影响——〈宗教与安全〉介评》,《现代国际关系》2005年第9期。

⑤ 李晓龙:《对宗教、民族、国家安全的统一考量——试论习近平的宗教工作思想的理论特色与理论内涵》,《世界宗教研究》2016年第2期。

民族种类众多,且分布广泛,形成了错综复杂的民族宗教问题。

一 西南地区的宗教信仰与妇女信教问题

在西藏,由于几乎全民信仰藏传佛教,宗教信仰问题较为集中;云南是典型的多民族聚居区,多种宗教信仰特征也较为突出,除佛教和道教外,伊斯兰教、基督教和天主教也均有一定数量的信徒,其中南传上座部佛教为全国独有,此外还有多种类型的原始宗教和民间信仰。在其长期的发展进程中,云南宗教呈现出"类型上的多元并存性、时间上的历史传承性、空间上的板块交错性、内容上的包容混融性,以及演变中的宗教文化民俗性"①,同时,数量众多的跨境民族宗教信仰与其他非传统安全问题相互交融,形成了复杂的跨境宗教安全问题。②

西方国家对边疆地区的渗透与分裂是其遏制中国的常用手法。"在中国近代史上,民族分裂活动从来都是外国侵略势力策动的,民族分裂分子从来都是外国侵略势力割取我国边疆领土的内应力量。"③ 因此,"云南边疆民族地区因其特殊的地理位置、复杂的文化环境和特殊的国防意义,成为敌对势力宗教渗透的重点目标"④。

从社会性别的视角看,纵观世界,妇女与宗教之间的密切关联已经得到普遍共识⑤。在少数民族地区,也有为数不少的妇女成为虔诚的宗教信徒。近年来,全国各地普遍出现了女性信教群众人数增多的现象。除佛教、道教、伊斯兰教、基督教等制度化宗教外,一些新兴的宗教形态,甚至邪教也在对女性群体进行宗教渗透,吸引教徒入教。

女性教徒的增多,丰富了女性群体的精神生活,填补了闲暇时间的空虚,增进了人与人之间的联系,帮助弱势群体克服恐惧心理和不安全感;同时升

---

① 高志英、魏娜:《云南民族宗教文化发展特点及对策研究》,《云南行政学院学报》2009年第6期。
② 张金平:《云南跨界民族的宗教安全问题探析》,《云南民族大学学报》(哲学社会科学版)2010年第4期。
③ 江泽民:《在1992年中央民族工作会议上的讲话》,《人民日报》1992年1月15日第1版。
④ 孙浩然:《境外宗教渗透与云南边疆民族地区意识形态安全研究》,《中共云南省委党校学报》2012年第1期。
⑤ 杨莉:《宗教与妇女的悖相关系》,《宗教学研究》1991年第Z2期。

华女性的心灵认识，消除狭隘、郁闷等不良心理，减少了从事赌博等不良嗜好的时间。同时，也带来一些消极问题。不少封建迷信活动和邪教打着宗教的旗号死而复生，大肆传播，造成部分地区迷信活动兴盛，信仰流失。同时，大量的女性宗教信徒也成为影响社会稳定和国家安全的重要群体。

二 西南地区妇女信教的主要原因及其宗教活动特点

相关历史文献资料和田野调查经验显示，在民族地区的传统社会结构中，妇女大量从事宗教活动的根本原因与劳动分工和宗教的性别区隔密切相关。大部分社会现实中曾经长期存在的"男主外，女主内"的分工思想直接映射了男女两性在宗教领域的身份与地位，因此产生出女性对宗教命运的强烈诉求，即"性别因果对立"（sexual-karmic polarity）[1]。此外，女性大量投身宗教活动的原因主要有如下三点：

一是个人心理需要。信教的根源与一种非理性的神秘因素密切相关，能够引起畏惧和崇高的心理反应。[2] 民族地区大部分女性对宗教的追崇，首先即是个人心理的需要。在这种宗教歧视观的影响下，加上繁重的劳动与心理压力，女性深信"人生皆苦"，唯有将希望寄托在宗教信仰中，祈求来生的幸福。

二是本土性别空间观念的印证。宗教活动从家庭内部往外部空间的延伸，实际上正好反映了当地传统社会中的权力结构：家内是女性的空间，家外是男性的空间，宗教场所是神圣力量的空间。正如威斯纳所言："宗教思想受到出自该文化其他方面如家庭或国家的性别结构的影响。宗教传统曾经既用来加强也用来质疑存在的性别结构，除提供互补和平等的思想外也提供了等级结构的思想。"[3]

三是社会性别空间挤压的结果。一方面是女性在内部空间的劳作所产生的劳累与压抑无法排解，另一方面是神圣空间的活动对女性的限制，两者的共同作用将女性推到了介于内部空间与神圣空间之间的外部空间中，

---

[1] Charlene E. Makley, *Gendered Boundaries in Motion: Space and Identity on the Sion-Tibetan Frontier*, American Ethnologist, Vol. 30, No. 4 (Nov., 2003), pp. 597–619.

[2] ［德］鲁道夫·奥托：《论"神圣——对神圣观念中的非理性因素及其与理性之关系的探讨"》，成穷、周邦宪译，四川人民出版社1995年版，第1—15页。

[3] 梅里·E. 威斯纳-汉克斯：《历史中的性别》，何开松译，东方出版社2003年版，第143页。

因此允许女性参与的社会宗教活动自然成为她们主要的精神寄托空间。

除受到传统文化的影响外，近年来女性信教者增多的主要原因包括宗教政策开放，个人信仰自由；物质生活丰富，精神生活贫乏；社会变革加剧，缺乏安全感；信息传播范围有限，部分地区相对封闭等，究其根本原因还在于女性受教育水平较低，阅读量不足。与男性相比，妇女的宗教信仰活动主要呈现出以下特征：

一是日常化。日常化是妇女从事宗教活动的主要特点。在藏区，随着年龄的增长，宗教活动在老年人的生活中所扮演的角色就显得越发重要。从每天清晨的煨桑开始，宗教活动几乎贯穿着老年人一整天活动的始终。只要时间允许，老年人会选择一刻不停地数珠、诵经或是围绕着离家不远的白塔、玛尼堆及佛塔殿转经。[①] 在南传佛教地区，由于妇女的思想和社会活动受到限制，因此大量集中在赕佛活动中[②]。直到今天，"上奘房"仍然是绝大部分中老年妇女每天的重要活动，除了正常的家庭生活外，妇女们的大部分时间都与宗教活动密切相关。[③]

二是世俗化。世俗化是妇女从事宗教活动的另一特征。课题组在迪庆藏区、德宏州、版纳州等多地看到，不少家庭的葬礼、重要节日均花费大量财物请僧人作法、念经，不少家庭之间还相互攀比，造成严重的奢靡浪费，其中的主要推动者即为妇女群体。

三教育化。由于妇女的活动主要集中在家庭内部，其宗教信仰活动对其家庭成员，尤其是子女有重要的影响作用。课题组在调研中也发现，不少妇女在参加宗教活动时会将子女，尤其是未成年人带在身边。很多孩子从小深受其母亲、祖母（外祖母）及其他女性长辈的影响，对宗教的认识通过长期的"濡化"逐步形成，成为潜在的信徒群体。

此外，需要指出的是，近代西方宗教曾大量传入西南地区，不少妇女因此被吸纳成为信徒。对信众中的妇女群体而言，她们幸运地凭借教会的势力暂时摆脱了包办婚姻的桎梏和买卖婚姻中被动的商品地位，教会对原始宗教和祭祀仪式的控制减轻了家庭的额外开支，也使更多的妇女免于充当抵债的

---

① 基于2009—2016年在云南省迪庆藏族自治州的多次田野调查。
② 参见章立明《结构与行动：西双版纳傣泐家庭婚姻的社会性别分析》，人民出版社2011年版，第252—255页。
③ 基于2016—2017年在西双版纳傣族自治州、德宏傣族景颇族自治州的三次田野调查。

对象，妇女甚至在教会倡导的一夫一妻制婚姻的理想形态中提升了自我的价值与家庭定位，部分人接受了一定的教育，但教会对通婚圈的控制也使这些妇女通婚对象与范围产生了极大的限制。可以说，以基督教为代表的西方宗教从根本上冲击了西南地区传统社会中业已确立的性别阶级与政治制度。尽管信教对于妇女摆脱从前被动的从属（甚至是商品）地位的作用无疑是显著的，但教会本质上关注的并非妇女的权益问题，因此无力从根本上改变社会结构，也就无法为妇女带来性别权力与政治的根本性保障。

三 宗教渗透和邪教组织在西南地区的活动及妇女所受影响

所谓宗教渗透，是指"将一个社会中作为意识形态的宗教弥散扩充到具有异质文化的另一个社会中，并将其社会化的过程，并力求使该社会的宗教文化控制并占领异质社会的思想阵地，消融异质社会的意识形态，达到同化和控制异质社会的最终目的"[①]。近代以来，宗教组织在全国各地一直都有渗透活动。在西南地区，第二次鸦片战争所签署的一系列不平等条约给传教士的活动提供了"合法"保障，大量西方传教士进入云南和广西等地开展传教活动。近年来，基督教会在中原地区的发展非常迅速[②]，吸引了大批民众入教。在西南边境地区，不仅有传统的制度化宗教组织在进行积极活动，吸引民众入教，甚至促使部分地区的某些族群集体改教；同时，一批邪教组织也在边境地区频繁活动，吸引部分民众入会，对当地社会稳定和国家安全造成了明显的消极影响。

云南是西南地区宗教渗透活动较为集中的地区。境外组织根据当地群众的信教特点，主要开展假借基督教、南传上座部佛教等宗教名义的渗透活动，大肆开展蛊惑人心的民族分裂活动。[③] 2002 年，国家出台了加强宗

---

① 张桥贵：《云南跨境民族宗教社会问题研究（之一）》，中国社会科学出版社 2008 年版，第 95 页。

② 参见李华伟《苦难与改教：河南三地乡村民众改信基督教的社会根源探析》，《中国农业大学学报》（社会科学版）2012 年第 3 期；梁振华《灵验与拯救——以一个河南乡村基督教会为例》，博士学位论文，中国农业大学，2014 年等。

③ 如印缅"爱与行动"组织、缅甸"浸信会""哈尼 2000 撒种计划""信王主"活动、"读耶稣"活动等，"王宝集团"、缅甸"全世界文蚌同盟会"（又称"泛克钦组织"）等，参见罗兆均《和谐边疆构建下的宗教渗透问题研究——基于对云南跨境民族的田野调查》，《大理学院学报》2015 年第 1 期。

教工作的相关规定，明确了宗教渗透的要义和类型，对宗教渗透提出了指导思想和具体工作措施。① 课题组通过对全国同类案件数量和典型案例的分析发现，妇女在传统宗教渗透和新型邪教组织活动中成为其发展的主要对象，并且扮演着重要角色。

1. 传统宗教组织渗透

宗教渗透是宗教组织基于自身发展的主观需求吸引信众入教的重要活动，在各个历史时期，世界各地均长期存在。在部分无主体宗教信仰的族群中，宗教渗透活动所造成的影响相对较为分散，对社会文化的影响呈现速度也相对较为缓慢。相反，在部分有主体宗教信仰的族群中，强烈的宗教渗透所造成的信仰更改现象却会对该族群的社会文化产生深远影响，同时对其聚居地区的社会文化和政治安全产生重要意义。

在藏区，"国外敌对势力和西藏民族分裂分子达赖集团、藏青会等相互勾结，以缅北藏区为阵地，打着保护劳工权益、了解宗教情况的幌子，以民间组织的身份介入藏传佛教事务管理，插手西藏事务，进行宗教渗透"②。在南传佛教地区，"德宏州的缅籍僧人比例约占僧尼总数的50%。该州缅甸籍僧侣住持的寺庙就有40所，占总数的44.4%。瑞丽市共有11所沙弥尼管理的寺院，其中有10所由缅甸僧尼住持；芒市的12名沙弥尼也全部是缅甸人"③。

傣族主要信仰南传上座部佛教。基督教会曾于1910年前后派遣传教士进入西双版纳、德宏等傣族主要大聚居区及玉溪等地的小聚居区传教，但收效甚微，至新中国成立初期，云南全省的傣族基督徒仅有1000余人。改革开放以来，由于宗教政策的落实，宗教活动出现较为明显的日常化和自由化趋势。2010年以后基督教在傣族地区得到迅速发展。2010年由云南省基督教会在西双版纳州首次任命了两名傣族牧师，充分说明了基督教

---

① 《中共中央、国务院关于加强宗教工作的决定》指出："利用宗教进行渗透，是指境外团体、组织和个人利用宗教从事违反我国宪法、法律、法规和政策的活动和宣传，与我争夺信教群众，争夺思想阵地，企图'西化''分化'中国。利用宗教进行渗透主要有两种情况：一种是打着宗教旗号企图颠覆我国政权和社会主义制度，破坏我国国家统一、领土完整和民族团结；一种是企图控制我国的宗教团体和干涉我国宗教事务，在我国建立宗教组织和活动据点、发展教徒。"

② 张金鹏、保跃平：《跨境民族乡村社会安全问题和转变维稳方式研究》，中国社会科学出版社2015年版，第150页。

③ 同上书，第151—152页。

在傣族地区的影响。有研究估计，目前傣族基督徒的人数已经增加至6000人以上，且集中分布在西双版纳地区。①

西双版纳州府景洪市近年来已有多个乡镇专门划出土地用于建盖教堂，教徒的活动趋于规范化和制度化。在信教人数增长的同时，傣族基督徒和信仰佛教的其他群众之间经常因为宗教信仰问题发生矛盾和冲突，集中体现在节日、婚俗、葬俗和饮食习惯等方面。②

西双版纳傣族大量改信基督教的案例充分说明了当代宗教渗透对西南民族地区的影响。事实上，在20世纪初，西方泛基督教会已经在西南地区开展了广泛的传教活动，部分信仰原始宗教的民族如景颇族、苗族、傈僳族等民族中有大量信徒入教③，但与上述民族加入基督教会相比，部分傣族改信基督教却显示出当代中国部分地区民族宗教信仰活动的一些新问题，也折射出当前部分地区宗教渗透问题的以下主要影响因素：

一是传统宗教信仰和文化对民族社会的控制力和影响力衰退。近代以来，在南传上座部佛教流传地区，随着国家权力的深入和制度化学校教育的普及，佛寺的教育和文化引导功能逐渐衰退，傣族地区出现大量寺庙"有寺无僧"的现象，傣族民众的精神信仰和价值观遭遇严峻挑战④。由于宗教控制力和传统文化影响力的减弱，吸毒、性交易、社会治安、刑事犯罪等社会问题在傣族地区逐渐增多，给其他宗教的渗透提供了空间。

二是社会变革产生的弱势群体成为宗教渗透的主要对象。弱势群体一直是西方宗教发展的主要对象，由于遭到主流社会的边缘化，他们往往有较为强烈的心理依赖需求。在傣族社会中，早期的麻风病人和被称为"琵琶鬼"的人⑤是遭到社会抛弃的对象，他们理所当然地成为传教士主要发展的首批信徒；近年来，随着边疆民族地区社会的迅速发展和社会变革的深入，前文所述的吸毒和性交易等问题在当地日渐严重，由此产生了

---

① 杨文安：《部分傣族改信基督教的社会影响及对策研究》，《民族学刊》2014年第2期。
② 侯兴华：《文化冲突视阈下云南部分傣族改信基督教与边境社会稳定——基于对德宏州、西双版纳州的田野调查》，《宗教学研究》2015年第1期。
③ （民国）《腾冲县志稿》卷25《宗教》，转引自鲁建彪主编、古永继汇编《傈僳族资料丛刊》，云南民族出版社2013年版，第164页。
④ 和少英：《云南跨境民族文化初探》，中国社会科学出版社2011年版，第141页。
⑤ 主要指患有肺结核、肝炎及当地传统医药无力治疗的恶性疾病患者和施行危害他人的黑巫术者，后者以妇女居多。

大量的艾滋病感染者和病人，同时还有部分因疾病、家庭变故等各种原因无力就医和长期贫困的人群。此类人群与前者类似，也成为基督教会关注的潜在"信徒"，通过提供社会服务、经济资助①等方式吸引了部分信徒入教。在此类人群中，女性吸毒者和艾滋病感染者遭到的社会谴责强于男性，因此更容易成为新教徒。

三是境外宗教组织活动日益频繁，手段不断更新。历史上，境外宗教组织对我国的宗教渗透一直存在。改革开放前，由于国家对宗教活动管理的严格性，使其渗透活动得到有效控制。近30年来，随着宗教活动日渐自由和开放，大量境外宗教组织"改装易容"，或通过与NGO合作进入我国，其公开活动以社会救助为主，潜藏目的实为宗教渗透；或以更加隐蔽的家庭教会方式直接吸纳信徒，开展宗教活动。随着美国重返亚太政策的推进，中国西南与东南亚接壤的边境地区成为西方国家势力角逐的重要区域，因此集中了大量的NGO组织，其中以云南最为集中。这些组织大多具有政府背景，其公开活动虽表现为慈善和社会服务，实则多暗含有破坏我国家主权、政治制度和民族团结的功能。

以上三类因素共同作用，成为境外宗教组织对西南地区加强渗透活动的重要动因。同时，部分傣族改信基督教的个案充分说明，当前西南地区的宗教渗透已经成为边境"非传统安全"的重要组成部分。在广西的部分地区，类似的基督教组织渗透活动也有发生，且吸引了一定数量的苗族群众入教。②

除上述妇女群体外，在校青年学生也成为宗教渗透的主要对象，对未成年人和青年群体的思想意识产生了严重的威胁。课题组在走访云南部分高校团委组织后发现，大学校园由于人员来往相对自由，传教现象时有发生。

云南边境地区某高校大四女生小马告诉课题组，自己从2014—2017年的三年间曾经三次遭遇宗教传教组织的渗透活动。第一次发生在一个午后，当天小马和自己的同学在花园闲聊，一男一女两名外籍年轻人上前与她们攀谈，小马和同学还邀请对方一起吃零食，对方随即拿出传教资料向

---

① 如基督教会在德宏州部分吸毒人员分布密集的地区设立的"福音戒毒所"等教会组织。
② 农工党百色市委员会：《百色中越边境少数民族宗教渗透引发的安全问题亟待解决》，百色市政协网站（www.gxbszx.gov.cn），2016年5月17日。

他们宣传，小马和同学婉拒后离开；第二次发生在云南周边某国家，当时小马以交换生身份在这里学习一年，在一天清晨晨读的时候遇到两名年轻女子，两名女子自称是韩国人，了解到小马是中国人后随即转用汉语与之交流，她们拿出传教资料向小马宣传入教的好处，包括"学习会更好，自己会更开心，心灵也会更纯净"等。由于学校之前已经进行过相关的宣传教育，警惕的小马当场婉拒后离开。

与小马的经历类似的情况在当前西南地区的校园中并不少见。不少宗教组织利用未成年人涉世未深、心智不成熟的弱点，对其实施诱惑，一些不明真相者往往遭到利用，卷入其中。需要特别指出的是，部分宗教渗透活动一开始表现为传统宗教派别的传教，但实际上是披着合法宗教外衣的邪教组织。入教者开始以为自己加入的是合法教会，实则落入了邪教组织的圈套。

2. 新型邪教组织渗透

"邪教"在一般意义上指冒用宗教名义，歪曲宗教教义，采用不法手段，对社会产生危害的非法宗教组织。邪教与制度化宗教在表层呈现方式上存在一定程度的相似性，造成了部分信众难以识别，误入歧途；同时也成为邪教组织发展活动的主要手段。在西南地区，邪教组织的活动近10年来较为频繁，相关组织有"实际神"，也称"东方闪电""门徒会"等。在地区分布上，除西藏自治区未见有较为明显的邪教组织活动外，云南和广西均有出现，其中以云南最多。

从统计数据上看（见表3-2），云南是当前西南三省区中邪教组织案件数量最多的省份，同时也是妇女参与邪教组织案件数量最多的地区。

表3-2　　西南三省区邪教活动审判案件统计（2010—2017年）

案件类型	西藏	云南	广西
邪教组织案件数	0	189	62
妇女参与邪教组织案件数	0	47	23

资料来源：最高人民法院中国裁判文书网，http://wenshu.court.gov.cn/。

在云南边境地区，自20世纪90年代以来，曾先后有"门徒会""信王主""全能神"等邪教组织开展活动。这些邪教组织的活动对边境地区广大群众的精神生活产生严重影响，动摇了边民的文化和身份认同，同时给国家的基层工作开展带来了明显的消极作用。① 课题组通过对近年来边境地区邪教组织犯罪案例的分析发现，妇女成为邪教组织发展的重要对象，同时也成为邪教活动的主要组织者。其原因与宗教组织的渗透有相似之处。

2014年7月某日，余某、宋某、王某三名青年妇女受人引导，在临沧市双江自治县沙河乡土戈村新村组余某家中，以举办"圣经培训班"为名，由宋某、王某负责联系、组织来自凤庆、云县、沧源、临翔、双江等县区的31名未成年人和5名成年人进行非法培训，并由余某负责提供培训场地及参与人员食宿。同年8月某日，公安民警在余某家中查获书籍、印刷品、MP4播放器、手抄记录本等邪教可疑物宣传物品。后经云南省公安厅防范和处理邪教犯罪工作处认定：所查获的《得胜者》《认识真理》《天路历程》《讲经集》《祈祷出来的能力》《游子吟》《灵命操练》《黄金、乳香、没药》《灵修日课》《人往哪里去》《失败者》等书籍71本，记录有《祈祷出来的能力》等内容的手抄记录本和打印材料83份，以及两部MP4播放器的内容均为"三班仆人派"邪教组织的宣传品。法院审理后认为，三人均犯利用邪教组织破坏法律实施罪，判处有期徒刑三年。

余某等一案为一起典型的年轻妇女加入邪教组织案。三人原来自云南的不同地区，其中余某入教时36岁，宋某45岁，王某23岁。余某和宋某初中毕业，而王某曾接受过高中教育。工作和家庭的不顺利使她们对生活失去信心，因而成为邪教组织发展的对象。三人对社会产生的最大危害是将30余名未成年人视为邪教组织发展对象，对其开展传教活动。此案的警示作用在于，年轻女性对未成年人有较为强烈的影响和示范作用，很多家庭遭遇变故、父母疏于管教的未成年人在不明事理的情况下，看到这些外表文静、富有爱心的姐姐和阿姨，难免卸下戒心，受到引诱，误入歧途。需要指出的是，余某等三人同时也是邪教的受害者，她们妄图通过加入教会组织改变自己的社会处境，发挥更大的人生价值，殊不知走上的却是一条邪路。

邪教组织"全能神"在思茅市宁洱县的彝族妇女群体中发展了一定

---

① 罗兆均：《和谐边疆构建下的宗教渗透问题研究——基于对云南跨境民族的田野调查》，《大理学院学报》2015年第1期。

数量的信徒。其中纪某 2006 年开始信奉"全能神",并加入"全能神"组织"杨力教会",曾某也于 2008 年加入这一组织,并担任教会接待家庭,负责接待组织联络人员及接收上级组织下发的相关邪教宣传品。在苏某、张某等人的组织下,共同参加聚会,读邪教书籍,相互交流,收听视听资料,纪某多次在不同场合向村民宣扬、传播邪教,散发《含泪相告特大新闻》等邪教宣传品。截至 2013 年 1 月,宁洱县黎明乡"杨力教会"共有教会成员 42 人,在当地造成了恶劣的影响。2013 年,两人因涉嫌犯组织、利用邪教组织破坏法律实施罪被当地检察院监视居住。

纪某和曾某一案是典型的老年妇女被"洗脑"入教案。两人入教时均已年近六十,且文化程度较低(纪某为文盲,曾某为小学文化),乏味的空闲时间和有限的交际圈使得此类农村老年妇女成为精神空虚的主要群体,也成为邪教组织发展的重要对象。在她们被吸纳入教后,教会充分利用老年妇女善于照顾生活、耐心细致的优势,将曾某发展成为教会接待家庭,尤其负责接待教会联络人员及接收宣传物品,将其家庭变成一个组织扩张的中转站,同时鼓动两人利用妇女身份在村民中传播邪教,吸纳教徒。

西南边境地区少数民族妇女信教人数较多,宗教活动呈现出日常化、世俗化和教育化等特点,妇女因此成为传统宗教渗透和新型邪教组织活动的主要发展对象,为边境地区"非传统安全"问题的主要组成部分。经济状况较差和社会地位较低的中青年妇女群体信教趋势较为明显,老年妇女信教比例较高,受邪教影响较大。

综上可见,随着全球化程度的推进,身体的跨区域流动日趋频繁。身体的空间变化一方面体现了人类社会发展对身体发展的拓展,同时也使部分群体的身体成为跨区域贸易的流通对象,妇女的身体即是其中之一。女权主义者曾对妇女身体商品化的现象展开过一些研究,其中较为典型的是色情作品和卖淫活动中的妇女身体。[1] 从身体资本的视角看,"无论女性处在什么样的阶级位置,她们要想将对于身体活动的可能参与转换成社会资本、文化资本或经济资本,大多数人的机会要比男性小得多。不过,当社交场合运动场和充当了'婚姻市场',显然也是这种趋势的例外。不管

---

[1] Singer, L., 1989. Bodies, pleasures, powers, Differences, 1: 45-65.

怎么说,在父权制/男权制社会里,这种转换自有其不菲的代价"。第二章和第三章展示的拐卖拐骗、性交易和跨境婚姻等问题都从不同侧面体现了妇女对于自身资本的"转换"活动,这种转换有时是主动的,有时是被动的,但无疑都对当地的社会稳定产生了直接的影响。

第四章　影响西南地区妇女发展的主要障碍及成因分析

前文研究显示，妇女问题在当前西南地区社会稳定维护中占有较大比重。然而，作为维护社会稳定发展的重要群体，西南三省区妇女的整体发展水平却一直低于全国平均水平，西藏、云南和广西各省区在妇女发展分项领域中还存在明显的差异。相对较低的发展水平和在社会稳定维护中毋庸置疑的重要地位形成了妇女群体面临的巨大反差，同时也充分说明了当前西南地区妇女发展问题的迫切性和复杂性。分析妇女发展与社会稳定维护之间的联系，探讨社会稳定维护中妇女问题产生的深层原因，能够为当前边疆地区的社会稳定维护寻找新的解释路径，同时助力于边疆民族地区妇女的发展。

第一节　妇女问题对西南地区社会稳定的影响

本书所展现的七类有妇女参与或发挥重要影响的社会问题充分说明，妇女在当前西南地区的社会稳定问题中发挥着重要作用，是维护西南地区社会稳定发展过程中不可忽视的关键群体。对社会稳定维护过程中妇女问题的关注与分析为我们了解和评估当前西南地区妇女群体的整体发展水平提供了重要的参考系，同时也为全面分析当前西南地区的社会稳定问题，寻求社会稳定发展的对策提供了新的思路和分析路径。

一　影响身心健康和地区人口安全

在当前西南地区社会稳定维护的妇女问题中，涉毒犯罪、感染和传播艾滋病、性交易三类问题对妇女身心健康危害较大。在毒品犯罪中，吸毒对妇女身心健康的影响较大。"吸毒"为吸食与注射毒品的俗称，从药物学角度上看，女性吸毒者有闭经、痛经和排卵停止，妊娠妇女可导致早产、畸胎或胎儿死亡，若胎儿幸存也已成为毒品间接依赖者。医学研究证明，女性比男性更容易依赖毒品，戒断难度较大。除生理伤害外，吸食毒品对女性的社会生活有明显的负面影响。有研究发现，吸毒女性获得的社会支持度显著低于男性，受到的社会指责也显著多于男性。① 此外，除对自身的危害外，女性吸毒还严重危害家庭和下一代，对地区人口安全产生直接影响。

艾滋病对感染者身体健康的影响有目共睹。联合国艾滋病规划署发布的年度世界艾滋病日报告数据显示，2015年全世界共新增艾滋病病例210万例，其中约有19%的感染者是年龄在15—24岁的女性。与同年龄的男性相比，在某些地区年轻女性感染的风险更高。这些女性由于无法获得足够的食物和教育，很多人与年长的男性发生不安全的性关系。同时，在同年度新增的15万儿童病毒感染者中，有半数是通过母乳喂养途径感染病毒的。报告同时警示，注射毒品者、性工作者等"关键人群"的感染数量继续上升。② 除生理健康外，艾滋病还会直接对感染者造成"压力、歧视和心理障碍"③ 等影响，同时可能"破坏家庭的组成结构，影响家庭功能的实现，容易引起家庭的极度贫困"④。

处于非法地位的性交易活动由于缺乏管制，感染各类疾病的女性性工作者既是传播渠道，同时也是被感染的高危人群。同时，毒品、艾滋病和性交易三者之间存在着密切的联系。新型毒品的滥用与艾滋病（HIV/AIDS）的感染与传播之间存在着密切的交互关系。有研究发现，"新型毒品刺激人的中枢神经系统，产生性兴奋，降低自我控制力，滥用者常有多性伴等不安全性行为，使HIV感染率增加"⑤。此外，吸食新型毒品与女性性工作者无保护和多伴侣性交等高危性行为之间呈现出显著的高度正相关。⑥

---

① 姚斌等：《毒品依赖者社会支持与心理健康的相关分析》，《中国临床心理学杂志》2005年第2期。

② 关毅编译：《联合国发布最新艾滋病报告》，《自然杂志》2017年第1期。

③ 李京文主编：《艾滋病对中国经济和社会的影响》，社会科学文献出版社2012年版，第90—94页。

④ 同上书，第95—102页。

⑤ 董秀平、李秀芳：《新型毒品与HIV/AIDS相关性研究进展》，《中国艾滋病性病》2010年第6期。

⑥ Rawson RA, Gonzales R, Pearce V, et al. *Methamphet amine dependence and human immunodeficiency virus risk behavior*. J Subst Abuse Treat, 2008, 35（3）: 279-284.

在毒瘾和金钱利益的双重诱惑下，部分女性沦为群体吸毒的"陪侍"，并在吸食毒品之后提供性服务，成为 HIV 病毒传播的媒介。① 云南省保山市曾对女性吸毒人群的人乳头瘤病毒（HPV）感染情况和宫颈癌患病率进行调查分析，结果显示吸毒人群 HPV 感染率明显高于普通妇科就诊病人。②

可以想象，当一定数量的妇女涉入毒品、艾滋病和性交易三类主要社会问题之后，会对其所处地区的人口安全问题产生直接影响。女性的身体健康不仅影响群体自身的发展，同时会直接影响到夫妻关系、亲子关系和更大范围的人口健康安全。西南地区为数众多的妇女吸毒者、艾滋病感染者、性工作者群体已经成为地区生命健康和人口安全的重要隐患，随着人口迁移与流动的频繁，这一群体对西部地区乃至全国的人口健康都可能产生重要影响。

二 影响家庭关系和地区社会安全

家庭是社会最小的细胞，也是一个人从出生到死亡生存发展的主要场所。在影响当前西南地区社会稳定的妇女问题中，拐卖妇女、跨国婚姻和非法性交易均在不同程度上影响，甚至是破坏着不同家庭中的婚姻关系，进而对家庭的稳定乃至地区的安全产生影响。

（一）拐卖妇女和买卖婚姻影响家庭稳定和社会安全

拐卖妇女活动首先破坏的是被拐妇女所属家庭的结构与人际关系。这种非法的人口被动流动现象充分反映了在性别结构失衡和婚姻支付压力下形成的妇女买卖市场的交换活动，是妇女被商品化的典型例证。因为各种原因被拐卖的妇女被迫离开自己所属的家庭，使其家庭在毫无准备的情况下失去青壮年的家庭成员，不仅直接减少劳动力和育龄人口，还会对家庭成员之间的关系造成直接的消极影响。同时，通过购买被拐卖妇女，或以"彩礼支付"形式所缔结形成的买卖婚姻严重影响家庭关系和婚姻稳定。

---

① Mausbach B T, Semple SJ, St rath dee SA, et al. *Efficacy of a behavioral in tervention for increasing safer sex behaviors in HIV positive MSM methamphet amine users: results from the EDGE study*. Drug Alcohol Depend, 2007, 87 (2-3): 249-257.

② 杨祖艳、邱小萍、杨峥、马玉美：《云南省保山市女性吸毒人群人乳头瘤病毒 HPV 感染情况和宫颈癌患病率调查分析》，《中国现代医生》2016 年第 19 期。

第一,缺乏感情基础是"买卖婚姻"家庭关系和婚姻稳定的根本原因。这种以商品买卖关系为基础缔结的婚姻形态不仅缺乏感情基础,其"商品化"的形式和以性和生育功能为目的的"婚姻"需求将"夫妻"双方的关系直接扭曲,体现为"购买方"和"供给方"之间的商品关系,为后续的夫妻关系和家庭生活埋下隐患,不仅使"夫妻"双方承受家庭和社会造成的压力,同时使其子女成为此类非法"功利性"婚姻的牺牲品。由于母亲身份的非法性,其子女无法取得合法的户籍身份,直接影响其今后的上学、就业等活动,甚至遭受歧视蒙受"污名",自我认同严重偏离,产生极大的反社会隐患。

第二,缺乏法律保护的"买卖婚姻"是家庭关系恶化和婚姻关系破裂的直接威胁。部分通过"出卖"自己身体自由与陌生男子建立跨国婚姻家庭的外籍妇女,其行为动机初衷为改变自己落后的生活环境,提高经济地位,但由于此类婚姻关系缺乏感情基础和法律的保护,夫妻双方的权利与义务因此无法得到必要的规定与限制。对建立此类婚姻关系的妇女而言,其无法享受国家提供的医疗福利和社会保障,健康状况和生育行为也不在当地政府的管辖范围之内[①]。在生活状况无法满足双方需求的情况下,这种脆弱的婚姻关系难免会出现裂痕,甚至导致破裂。部分外籍妇女看到生活条件与自己的期望相差较大,往往会选择离开另寻他处,甚至不惜丢下未成年的孩子,那么等待丈夫的结果唯有"人财两空",这对于原本贫困的家庭而言无疑是"雪上加霜"。

(二)性交易和刑事犯罪影响人口健康和社会安全

性交易破坏婚姻契约和两性正常交往。性交易的泛滥助长了部分人群对性欲的无节制追求,不仅直接破坏婚姻契约,更对两性之间的正常交往造成消极影响。通过买卖关系大量发生的性关系严重影响边境地区人口的身体观和性观念,对未成年人的心理发展造成严重的负面影响。通过性交易活动可能导致吸毒行为扩散,艾滋病和性病等疾病感染传播,直接威胁到边境地区的社会安全。由于性疾病患者的大量存在,可能会对边境地区的人际交往和人际互信产生直接影响,直接导致女性性工作者和性传播疾病感染者的边缘化,同时助长此类人群"异化"心理的发展。

妇女影响社会治安和刑事犯罪问题对社会安全的影响最为直接。大量

---

① 杨耀程:《保山边民涉外婚姻与边境社会稳定》,《云南财经大学学报》2012年第2期。

发生的盗窃、抢劫、走私等犯罪行为已经对当地地区的社会安全造成了直接影响，严重扰乱社会秩序，使当地居民的人身安全受到威胁，私人财产遭受损失。同时由于妇女作为"特殊群体"的社会表征，使得妇女影响社会治安和刑事犯罪问题往往呈现隐蔽化、普遍化的特点，社会关注度低于男性犯罪问题，在无形之中助长了此类问题的形成与发展。此外，由于妇女在家庭教养活动中扮演的重要角色，其影响社会治安和刑事犯罪行为对未成年子女构成了直接的负面影响，在很大程度上歪曲了子女的世界观和人生观，提高了子女产生犯罪行为的概率。

（三）特殊群体犯罪影响司法公正和社会安全

以"两怀妇女"和儿童为代表的人群，由于犯罪群体的特殊性，使司法调查和量刑存在困难，犯罪嫌疑人因此存在规避法律风险的侥幸心理，"合理"逃避法律制裁，重复犯罪现象突出，长期危害社会。由于我国现行法律对怀孕和哺乳期妇女犯罪者往往通过取保候审、监视居住、保外就医等方式暂缓收押，待特殊情况解除后再进入普通司法流程。然而，很多"两怀"妇女贩毒者多为跨地区作案，她们往往以听不懂汉语、不理解警方询问的内容等为由拒绝透露个人真实信息，加上目前我国户籍管理和跨省执法合作不完善等漏洞逃脱警方的控制和监视，其中的部分人群继而再次开始实施犯罪。对于携带毒品和体内藏毒的儿童，则无法对其实施正常的司法手段。特殊群体妇女和儿童涉毒犯罪行为给警方的工作带来不小障碍，其轻易逃脱法律制裁的现实进一步损害了司法公正和国家权威，使得利用这些特殊人群实施犯罪的团伙更加猖獗。特殊群体妇女和儿童涉毒犯罪不仅使其心理扭曲，同时对其正常的家庭生活产生直接影响，其中对未成年人的健康成长影响尤其严重。

对拐卖拐骗妇女儿童犯罪的司法调查和量刑也存在一定困难。我国1979年《刑法》中的拐卖人口罪将妇女、儿童确定为犯罪对象，同时还有对既遂标准的限制。通过分析近年来的典型案例不难发现，当前此类犯罪行为的重点已经从"拐"向"卖"进行转换。很多犯罪嫌疑人即是利用目前法律条文中对"拐骗"行为的过于强调称其只是介绍对象，或介绍双方认识，没有实施犯罪，从而逃避法律制裁。同时，随着社会信息传播渠道的更新，通过网络进行联系的犯罪行为日渐增多，网络成为犯罪者隐藏个人身份、实施伪装和有效逃避司法打击的有效途径。使得拐卖妇女儿童犯罪能够"乔装易容"，以更加隐蔽的方式长期存在，危害社会。

此外，在拐卖妇女儿童的犯罪群体中，对"亲生亲卖"者的司法界定也存在法律疑难。如前文案例中多次出售自己亲生孩子的妇女熊某在被抓获后辩称，其主观上没有出卖自己亲生孩子的目的，是想送给有钱人收养，在犯罪中属从犯，遂以一审量刑过重为由提出上诉。在云南文山州，"亲生亲卖"犯罪的产生及其被抓获者的司法审判集中体现了这一问题的复杂性。在当地，由于部分家庭经济困难，难以为继，父母为保证孩子的生存，不得已将其送往一些生活条件较好且无子嗣的家庭收养，其中只收取数量不多的"营养费"。对收养方而言，由于目前的收养条件要求严格，手续办理复杂，这种变相的"收养"方便快捷，符合双方的需求。当事双方因此将其视为一种"双赢"的做法。同时，涉事人认为，此类行为中既无"拐"，也无"卖"，对社会毫无影响，甚至是一件好事。但涉事人一经被捕，随即面临羁押、审判和入狱，部分家庭随即陷入更加贫困的境地。如文山州富宁县一农民将其女儿送给当地另一家庭收养，收取营养费 2000 元，被抓获后获刑 5 年，其家庭随即陷入崩溃的边缘。此类问题的产生，折射出我国目前不健全的民间收养和送养机制，同时也反映出贫困地区农民的法律意识、生育观念、社会文化与经济社会发展水平之间的复杂关系。

三 影响社会关系和地区政治安全

缺乏管控的跨国婚姻人际关系网是地区国防安全的重要隐患。通过商品买卖关系建立的跨国婚姻关系不仅影响到家庭关系的稳定，还因外籍妇女与娘家的关系网形成复杂的跨国关系，这种无序的跨境人口流动活动对边境地区的跨国交往与国际关系稳定有直接影响。不少毒品、走私、拐卖等犯罪活动正是通过此类关系网形成并展开的。

大量从事宗教活动的妇女群体和普遍存在的宗教渗透活动是地区政治安全的重要威胁。由于信教群体数量的庞大和妇女群体特殊的心理特征，使得针对妇女的宗教渗透活动呈现出"无孔不入"的严峻态势。受到非法宗教组织影响，以及被吸纳进入此类组织的妇女要么受其蒙骗充当活动工具，要么被"洗脑"导致心理扭曲，成为危害社会的"思想毒瘤"，对地区社会安全，尤其是其他妇女和未成年人造成直接的负面影响。

综上可见，当前西南地区社会稳定维护中呈现出的妇女问题对边境社会人口的身心健康、家庭关系和社会关系有直接的负面影响，直接威胁到边境地区的人口安全、社会安全和政治安全，是当前边境地区社会稳定维护中一个不容忽视的重要问题。

第二节 妇女发展对西南地区社会稳定的影响

与男性相比，妇女对社会稳定的影响与其自身的生理、心理特征密切相关，同时又受到身处社会环境的生计方式、婚姻状况、家庭结构、职业类型、政治参与、受教育程度和社会保障等因素的影响，形成独特的影响机制。

一 妇女发展对社会生活稳定的影响

妇女的主要活动空间是家庭，家庭是社会的最小单位，因此，妇女发展对社会生活稳定的影响是最为直接的。妇女生命健康水平的提高能够有效提高地区人口增速，确保家庭健康发展和地区人口安全；妇女教育水平的提高能够提高人口素质，改善未成年人的成长教育氛围，改善人际交往方式，促进社会正能量的传播，减少矛盾冲突和暴力犯罪；妇女经济参与水平的提高能够提高劳动效率，促进社会经济的发展，加快消除人口贫困；妇女政治参与水平的提高能够改善社会组织性别结构，促进性别平等和社会公平。此外，妇女的社会保障、生存环境保护水平的提高能够直接改善妇女的生存和发展环境，对社会生活稳定也有直接的积极影响作用。总之，妇女发展直接作用于婚姻和家庭的稳定，间接影响到地区社会生活的稳定。从西南三省区的社会实践看，妇女发展水平高的地区，其社会生活整体稳定状况也相对较高，如广西；反之，妇女发展水平较低的地区，则社会生活稳定状况也相对较差，如云南。

二 妇女发展对社会心理稳定的影响

从个人心理的视角看，妇女生命健康水平的提高有助于建立乐观、自信的生活态度；妇女教育水平的提高有助于提升心理素质，树立客观、积极的心态，提高耐挫性和承受力；妇女经济参与水平的提高有助于提高成就感，增强实现个人价值的需求；妇女政治参与水平的提高有助于提高个人权益表达；妇女社会保障水平的提高有助于增强个体安全感和利益边界；妇女生存环境保护水平的提高有助于环保和可持续发展意识的增强。

从群体心理的视角看，妇女具有较强的血缘和地缘社会关系网络，同时与本土其他妇女极易建立起互相依赖的网络关系。妇女发展水平的提升对本土其他妇女的社会心理稳定有积极作用，同时对本土社会群体的心理稳定也有正向影响。

三 妇女发展对社会关系稳定的影响

社会关系类目繁多，主要的有经济关系、政治关系、法律关系等。妇女教育水平的提高有助于提升妇女劳动技能，积累人力资本；妇女经济参与水平的提高有助于促进经济发展领域的性别平等，建立更加全面的经济关系；妇女政治参与水平的提高有助于政治关系的性别关照，促进政治公平，改善政治环境，促进政治关系良性发展；妇女社会保障水平的提高有助于减少性别不公导致的法律纠纷，保障妇女权益，减少矛盾冲突和利益纠纷。

表4-1　西南边境地区妇女发展水平对社会稳定的影响机制

	社会生活	社会心理	社会关系	引发主要社会稳定问题
身心健康	√	√	√	毒品、艾滋病、性交易
接受教育	√	√	√	毒品、艾滋病、社会治安和刑事犯罪、宗教渗透
经济参与	√	√	√	毒品、拐卖、性交易、跨国婚姻、社会治安和刑事犯罪
政治参与	√	√	√	宗教渗透
社会保障	√	√	√	性交易、跨国婚姻、社会治安和刑事犯罪

需要指出的是，由妇女发展水平所导致的社会生活稳定问题往往会对妇女群体产生较强的反作用，即本书第二章所呈现的社会稳定维护中出现的各类妇女问题。因此，一方面，妇女发展给西南地区的社会稳定带来良好机遇；另一方面，妇女发展给当地的社会稳定带来挑战，如妇女活动空间的拓展导致其从事卖淫、吸毒、走私等犯罪活动，对功利目的的追求导致其从事犯罪活动，个体主体意识的增强导致其婚姻家庭的不稳定性等。

第三节 影响西南地区妇女发展的主要障碍

一 妇女群体贫困问题突出

经济基础是妇女发展的基本前提。阿德里亚娜·齐尔曼认为，权力问题与资源问题不可分割。[①] 一项专门针对社会稳定因素的实证调研研究结果发现，经济发展落后是影响边疆民族地区社会稳定的首要因素。[②]

妇女贫困的根源是地区社会经济发展水平的落后。从整体上看，西南三省区的社会经济发展水平长期处于欠发达状态。通过对当地城镇居民人均可支配收入的情况进行统计分析，可以看出，三省区的城镇居民人均可支配收入水平（见图 4-1）均低于全国同期平均水平，其中云南和广西

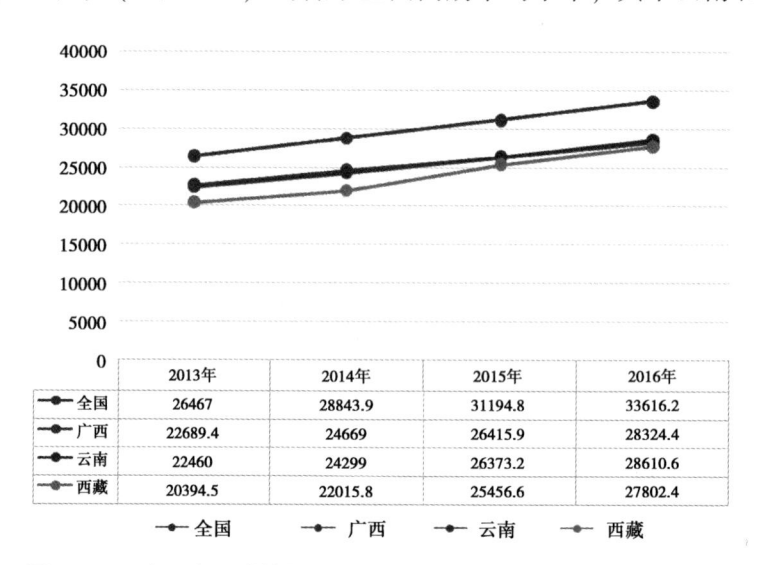

	2013年	2014年	2015年	2016年
全国	26467	28843.9	31194.8	33616.2
广西	22689.4	24669	26415.9	28324.4
云南	22460	24299	26373.2	28610.6
西藏	20394.5	22015.8	25456.6	27802.4

图 4-1 西南三省区城镇居民可支配收入（2013—2016，单位：元）

资料来源：中华人民共和国国家统计局主编：《中国统计年鉴 2017》，中国统计出版社 2017 年版，第 189 页。

的水平大致相当，西藏的水平低于上述前两者。从发展趋势上看，从

[①] ［法］伊·巴丹特尔：《男女论》"前言"，陈伏保、王论跃、阳尚洪译，湖南文艺出版社 1988 年版，第 21 页。

[②] 李育全：《边疆民族地区社会稳定的影响因素分析》，《黑龙江民族丛刊》2010 年第 1 期。

2013—2016年的三年间,西南三省区城镇居民的可支配收入保持着持续增长的趋势,西藏的增长速度最快,至2016年,西藏与前两个省区的收入差距已经比2013年显著缩小。

同时,三省区的农村居民人均可支配收入水平(见图4-2)也低于全国同期平均水平。值得注意的是,云南的水平显著低于广西,与西藏大致相当。从发展趋势上看,从2013—2016年的三年间,西南三省区城镇居民的可支配收入也保持着持续增长的趋势。可以看出,云南的城镇居民和农村居民在人均可支配收入方面存在较大差距,同时也说明云南的农村还存在较为严峻的贫困问题。从农村居民整体收入水平上不难推断出妇女群体的贫困状态。

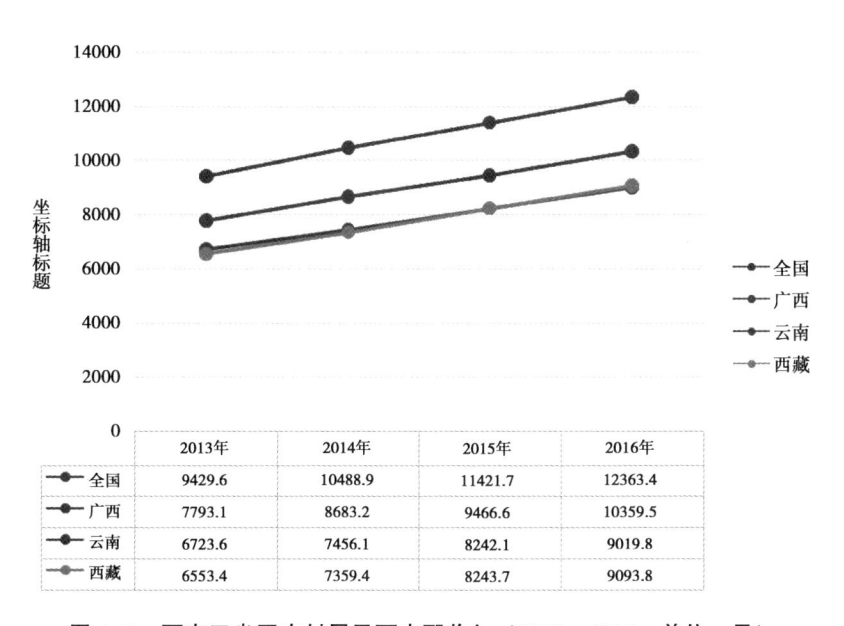

	2013年	2014年	2015年	2016年
全国	9429.6	10488.9	11421.7	12363.4
广西	7793.1	8683.2	9466.6	10359.5
云南	6723.6	7456.1	8242.1	9019.8
西藏	6553.4	7359.4	8243.7	9093.8

图4-2 西南三省区农村居民可支配收入(2013—2016,单位:元)

资料来源:中华人民共和国国家统计局主编:《中国统计年鉴2017》,中国统计出版社2017年版,第189页。

同时,西南地区经济发展水平在地区内部也存在较大差距。以云南为例,2015年边境八州市的生产总值为4200.59亿元,相当于全省生产总值的30.84%。在县级水平上,最高的景洪市为176.82元,最低的福贡县仅为11.53亿元,最高者为最低者的15.07倍。人均生产总值超过全省平均水平的州市仅有西双版纳州一个,余均低于全省平均水平;在县级水平上，最高瑞丽市 38628 元，最低绿春县 11428 元，最高者为最低者的 3.4 倍。云南边境 25 县市的人口占全省人口总数的 14.52，但生产总值仅为全省总数的 10.56%，人均生产总值相当于全省人均数的 72.51%。可见，贫困问题仍是西南地区社会发展的主要障碍。

贫困是制约人类社会发展的重要因素，更是影响地区和国家发展的重要障碍。中国自开始实施扶贫、脱贫工作以来，对贫困问题的认识经历了长期的探索和实践历程，对贫困问题的研究也先后历经"过程""互动"和"行动"三个主要阶段[①]。在国家政策方面，1984 年国务院颁布《关于帮助贫困地区尽快改变面貌的通知》；1986 年国务院贫困地区经济开发领导小组成立，"有组织、有计划、大规模的农村扶贫开发活动"拉开序幕。1993 年，领导小组更名为"国务院扶贫开发领导小组"，1994 年，《国家八七扶贫攻坚计划》出台；1993—2000 年，中国农村贫困人口从 8000 万下降到 3200 万，年均下降速度比改革开放以来的平均减贫速度高 3.6 个百分点。进入 21 世纪，《中国农村扶贫开发纲要（2001—2010）》颁布，扶贫功过聚焦"整村推进，十年评估"；十八大以后，"精准扶贫"成为扶贫工作的核心，《中国农村扶贫开发纲要（2011—2020 年）》提出，到 2020 年要稳定实现扶贫对象不愁吃、不愁穿，保障其义务教育、基本医疗和住房。[②]

根据国务院扶贫开发领导小组办公室 2012 年公布的《国家扶贫开发工作重点县名单》，全国共有贫困县 592 个，其中西部地区 375 个，云南省 73 个；西藏自治区贫困程度更深，根据国务院发布的《中国农村扶贫开发纲要（2011—2020 年）》划定的集中连片特困区，西藏全境 74 个县均属贫困县（具体名单见附表 2）。滇藏两省区的贫困县总数占到了西部地区贫困县总数的近 40%。在云南沿边地区，25 个县中有贫困县 16 个，占沿边县市总数的 64%，与《国家"八七"扶贫计划》中列出的名单相比没有减少，扶贫工作十分艰巨。

实践经验证明，扶贫工作在中国的长期推进对于减少贫困发挥了重要作用，但社会性别视角的缺失使得妇女群体从扶贫和减少贫困工作中获得

---

① 沈红：《中国贫困研究的社会学评述》，《社会学研究》2000 年第 2 期。
② 谭畅、柯言：《中国扶贫三十年演进史 精准扶贫为什么》，南方周末网 http://www.infzm.com/content/115466。

的实际收益受到极大的限制。因此，对妇女贫困问题的认识和研究经历了一个漫长的过程。直到 1995 年在北京举行的第四次世界妇女大会将"妇女与贫困"问题纳入重大关切领域，妇女贫困问题才开始受到世界的广泛关注。20 世纪 70 年代以来，学术界对妇女贫困的概念界定、类型特征、程度测量、贫困原因、贫困影响等分领域的研究不断展开，在妇女反贫困研究领域取得了不少成就[①]。拓展的贫困概念强调了贫困所具有的多元化性质，少数民族妇女在贫困含义的延伸领域中的状况表现更为突出[②]。

在西南地区享受最低生活保障的人口中（见表 4-2），妇女也占有相当比例。2014 年全国城镇居民最低生活保障人数中女性所占比例为 42.21%，同期广西、云南和西藏的比例分别为 35.26%、37.56% 和 51.21%；在农村居民享受最低生活保障的人口中，2014 年全国女性所占的比例为 35.07%，同期广西、云南和西藏的比例分别为 28.85%、37.52% 和 38.08%。

表 4-2　　西南三省区居民最低生活保障基本情况（2014，万人）

	城镇居民最低生活保障人数	其中：女性	农村居民最低生活保障人数	其中：女性
全国	1877.0	792.4	5207.2	1826.4
西藏	4.1	2.1	32.3	12.3
云南	100.9	37.9	458.9	172.2
广西	44.8	15.8	329.0	94.6

资料来源：国家统计局社会科技和文化统计司：《中国妇女儿童统计资料 2015》，中国统计出版社 2015 年版，第 126—127 页。

在同期农村供养五保户的人数中（见表 4-3），全国集中供养五保户人数中女性所占比例为 17.56%，广西、云南和西藏的比例分别为 18.41%、23.89% 和 43.38%；全国分散供养五保户人数中女性所占比例为 17.89%，广西、云南和西藏的比例分别为 16.79%、24.90% 和 51.75%。

---

① 刘欣：《近 40 年来国内妇女贫困研究综述》，《妇女研究论丛》2015 年第 1 期。
② 马东平：《社会性别视角下的少数民族妇女贫困问题研究》，《甘肃理论学刊》2011 年第 5 期。

表 4-3　　　　西南三省区农村供养五保户人数（2014，人）

	农村集中供养五保户人数	其中：女性	农村分散供养五保户人数	其中：女性
全国	1742580	306114	3548131	634960
广西	22100	4070	267390	44898
云南	39287	9388	172068	42854
西藏	8220	3566	7591	3929

资料来源：国家统计局社会科技和文化统计司：《中国妇女儿童统计资料2015》，中国统计出版社2015年版，第126—127页。

恩格斯指出，"妇女解放的一个先决条件就是一切女性重新回到公共的劳动中，而要达到这一点，又要求个体家庭不再成为社会的经济单位"①，"只要妇女仍然被排除于社会，那么妇女的解放，妇女同男子的平等，现在和将来都是不可能的"②。中国的贫困问题同样具有深刻的社会性别内涵。截至2015年，中国生活在贫困线以下的妇女总数仍达3500万。劳动是妇女获得经济独立的必要条件③。从致贫原因上看，由于"男主外，女主内"的性别分工空间模式的传统，导致妇女丧失了大量获得经济收益和改变贫困状态的机会；同时，由于社会变革进程中造成的劳动力结构变化，农村剩余劳动力中的大量男性离开居住地外出就业，家庭分工模式的变迁使得很多以农业为主要产业的地区出现了较为明显的农业女性化问题④，并对当地的农业发展产生了深远影响⑤。此外，部分贫困地区的农业人口也在经历着以"粮食作物生产—偏粮食作物生产—偏经济作物生产—纯经济作物生产"⑥为主要特征的生计模式转型，妇女能够参与的劳动生产范围不断拓展。在一些产业结构特殊

---

① 《马克思恩格斯全集》第4卷，人民出版社1972年版，第43页。
② 全国妇女联合会：《马克思恩格斯列宁斯大林论妇女》，人民出版社1978年版，第152页。
③ 《第二国际第一次代表大会文件》，中国人民大学出版社1998年版，第152页。
④ 何军、李庆、张姝弛：《家庭性别分工与农业女性化——基于江苏408份样本家庭的实证分析》，《南京农业大学学报》（社会科学版）2010年第1期。
⑤ 吴慧芳、饶静：《农业女性化对农业发展的影响》，《农业技术经济》2009年第2期。
⑥ 吴海涛、王娟、丁士军：《贫困山区少数民族农户生计模式动态演变——以滇西南为例》，《中南民族大学学报》（社会科学版）2015年第1期。

的地区，妇女的劳动参与被证明能够有效增加经济收入，缩小群体间的收入差距。①

由于贫困面积大、贫困程度深、脱贫难度大，贫困成为引发社会稳定问题的重要因素。同时，由于民族自治地方在边境县市中所占比例较高，贫困问题同时呈现出显著的族群特征，因贫困导致的族际冲突时有发生。在这样的大背景下，妇女群体劳动收益的提高对于整个中国的反贫困问题具有深远意义。

二 公共卫生教育资源匮乏

公共服务供给是衡量社会公平的重要指标，对社会的发展和稳定有直接影响。其中的公共卫生资源和教育资源又与妇女的发展水平密切相关。受中国社会城乡二元结构的影响，农村的公共服务与城市相比严重不足。通过考察西南地区的人口结构，不难看出明显的农村化特征。以往研究结论显示，目前影响当地社会稳定的公共服务供给问题主要集中在医疗和教育两大民生领域。本研究的实地调研结果支持已有研究结论，同时还发现了如下一些具体问题。

（一）公共卫生资源缺乏

本书第一章对西南三省区当前妇女健康和教育发展水平的评估结果充分反映了当地公共卫生教育资源的匮乏问题。孕产妇保健状况是衡量妇女健康水平的重要组成指标，以云南为例，尽管孕产妇死亡率已经逐步接近"纲要目标"确定的20/10万水平，但与广西的水平相比还存在较大差距，而西藏同期的孕产妇死亡率还高达100.92/10万。从孕产妇死亡的原因来看，随着住院分娩率的提高，接生方式已经不是导致孕产妇大量死亡的主要原因。从相关研究报告看，西藏地区的孕产妇死亡率近年来持续下降与当地孕产妇新法接生率和住院分娩率的显著提高密切相关②，但在农牧区的贫困人口中，育龄妇女的产检率（34.3%）及产检次数（4.18次）低于我国西部农村平均水平，影响因素包括文化水

---

① 谢红岭：《农牧区妇女的劳动参与对缩小收入差距及减贫的贡献》，《学术论坛》2013年第9期。

② 田甜、李军：《西藏地区孕产妇死亡率变化趋势及影响因素分析》，《中国卫生统计》2015年第2期。

平低,被调查者自我健康意识淡薄,经济困难等①。云南的相关研究也显示,初检孕周、家庭经济条件对孕产妇死亡率有直接影响。②

从当前全国各地区基层医疗卫生机构的工作情况上看(见表4-4),西部地区的医疗机构数量和人员数明显少于东部地区,但入院人数却多于东部地区,说明医疗资源严重缺乏。集中到西南三省区,广西的机构数、床位数和人员数为三省区中最为充足,云南和西藏较为落后,其中云南的诊疗人次仅略低于广西,说明基层医疗卫生机构存在较大的工作压力,直接影响医疗卫生服务质量。云南和西藏的入院人数明显较少,说明很多患病者由于各种原因没有得到及时接受的医疗卫生服务,其中机构分布不均,交通不便,费用较高是主要原因。

表4-4 西南三省区基层医疗卫生机构工作情况(2015年)

地区	机构数(个)	床位数(张)	人员数(人)	诊疗人次(万人次)	入院人数(万人)
总计	920770	1413842	3603162	434193	4037
东部	333593	458185	1462900	208977	1060
中部	296328	494610	1129070	122103	1487
西部	290849	461047	1011192	103113	1489
广西	32216	60853	140694	14656	260
云南	21833	48916	98254	13160	144
西藏	6531	3393	16637	798	3

资料来源:国家卫生和计划生育委员会:《中国卫生和计划生育统计年鉴2017》,中国协和医科大学出版社2017年版,第178页。

进一步了解县级妇幼保健院(所、站)的工作情况(见表4-5),不难看出,西部地区在机构数量上超过了中部和东部地区,说明当前县级妇幼机构的数量是相对合理的。但从西南三省区的情况看,云南省在机构数远远多于广西的前提下,床位数、人员数、诊疗人次和入院人次明显低于广西,说明基层妇幼服务机构存在设施简陋、人员配备不足、

---

① 孟旭、张方圆、谢本维:《西藏农牧区贫困妇女儿童保健服务调查》,《西藏医药》2016年第4期。

② 杨孝红、杜梅:《云南省边疆少数民族地区孕产妇死亡情况及影响因素分析》,《中国妇幼保健》2016年第18期。

专业技能不高等实际问题,直接影响了妇幼保健工作的质量。

表4-5　西南三省区县级妇幼保健院(所、站)工作情况(2015年)

地区	机构数（个）	床位数（张）	人员数（人）	诊疗人次（万人次）	入院人数（万人）
总计	1566	74303	115909	63136415	2810760
东部	357	17311	29791	18643278	609275
中部	476	28571	42232	19260573	1105526
西部	733	28421	43886	25232564	1095959
广西	64	6142	10253	6561437	351719
云南	103	3460	4705	4170705	116063
西藏	49	482	331	128882	12159

资料来源：国家卫生和计划生育委员会：《中国卫生和计划生育统计年鉴2017》，中国协和医科大学出版社2017年版，第178页。

将这一现实状况与本研究的第一章的评估结果相互结合,即不难理解为何在普通妇女群体中,西南三省区的妇女病检查率显著低于全国平均水平,其中云南的查出妇女病率及各类主要妇女病患病率均高于全国同期平均水平。充分说明妇女的日常保健机制不够健全,大量妇女患病之后没有得到及时诊治,妇女群体整体的健康意识不强。可见,在西南地区,妇幼健康服务的覆盖范围和服务水平直接影响孕产妇的孕期保健及筛查管理。除西藏地区较高的孕产妇死亡率和妊娠高血压疾病与当地的自然条件密切相关外,其余的孕产妇死亡原因大多与医疗的机构分布,医疗设备条件,医务人员专业技术能力密切相关。

受母亲健康状况的直接影响,儿童的健康保健情况也值得关注(见表4-6)。当前,西南三省区中,广西和云南的儿童的低出生体重发生率,广西5岁以下儿童贫血患病率,三省区的5岁以下儿童生长迟缓率均高于全国同期平均水平；广西、西藏的3岁以下儿童系统管理率和7岁以下儿童保健管理率均低于全国平均水平。尤其是5岁以下儿童生产迟缓的高发对儿童今后的健康发展,乃至整个地区人群的健康和人口质量都有直接影响。

表 4-6　　　　　　西南三省区儿童保健情况（2014，%）

	低出生体重发生率	5岁以下儿童贫血患病率	5岁以下儿童生长迟缓率	3岁以下儿童系统管理率	7岁以下儿童保健管理率
全国	2.61	4.45	1.12	89.76	91.28
广西	5.07	11.74	5.00	88.21	89.35
云南	3.68	3.18	1.68	91.80	92.65
西藏	2.07	4.06	4.14	64.25	58.91

资料来源：国家统计局社会科技和文化统计司：《中国妇女儿童统计资料2015》，中国统计出版社2015年版，第118—119页。

可见，西南三省区的妇幼保健资源总体缺乏，布局分布不合理，基础设施条件差，卫生专业技能不高，转诊和会诊能力不足等问题都对当地妇女健康水平的发展形成了较强的制约。

（二）教育资源缺乏

截至2015年，全国15岁以上的文盲人口数量还高达964050人，其中男性为260677人，女性为703374人，女性文盲人口远远多于男性。聚焦到西南地区，不仅文盲人口总数不容小觑，女性文盲人口所占比例亦不容忽视。

从表4-7中所示数据可见，广西在西南三省区中的文盲人口比例最低，且低于全国同期水平；云南和西藏的比例较高，其中西藏的文盲人口和女性所占比例均位居全国首位，云南的文盲人口所占比例居第五位，女性所占比例居第六位，女性文盲人口问题较为突出。

表 4-7　　　　　西南三省区15岁及以上文盲人口（2015年）

	文盲人口（人）	其中：男	女	文盲人口占15岁及以上人口比重（%）	其中：男	女
全国	964051	260677	703374	5.42	2.89	8.01
广西	26921	5858	21063	4.66	2.00	7.37
云南	56913	17273	39640	9.53	5.68	13.51
西藏	14449	5723	8726	37.33	29.24	45.62

资料来源：国家统计局人口和就业统计司：《中国人口和就业统计年鉴2016》，中国统计出版社2016年版，第102页。

从当前适龄儿童的小学净入学率看（见表4-8），西南三省区学龄儿童的入学率已经接近或超过全国平均水平，且不存在明显的性别差异。表明义务教育关于性别平等的政策推进已经取得较好的实效。但从目前每十万人口各级学校平均在校生人数看，西南三省区的水平在不同教育阶段与全国平均水平相比呈现出不同特征。广西的教育资源相对充足，在校生人数除高等教育阶段外均多于全国平均水平。

表4-8　西南三省区分性别小学学龄儿童净入学率（2014）

	净入学率	其中：男	女
全国	99.81	99.80	99.83
广西	99.58	99.57	99.59
云南	99.51	99.54	99.47
西藏	99.97	99.99	99.94

资料来源：国家统计局社会科技和文化统计司：《中国妇女儿童统计资料2015》，中国统计出版社2015年版，第120页。

如表4-9所示，云南和西藏的学前教育在校生人数低于全国平均水平，小学初中阶段的在校生人数均高于全国平均水平，高中和高等教育阶段的在校生人数再度降到全国平均水平以下，充分体现出滇藏两省区在义务教育阶段之外的教育资源呈现出明显的供应不足。

表4-9　西南三省区每十万人口各级学校平均在校生人数（2014）

	高等教育	高中阶段	初中阶段	小学	学前教育
全国	2488	3065	3222	6946	2977
广西	2052	3676	4134	9150	4182
云南	1731	2897	4050	8166	2658
西藏	1679	2329	3983	9458	2600

资料来源：国家统计局社会科技和文化统计司：《中国妇女儿童统计资料2015》，中国统计出版社2015年版，第122页。

表4-10　西南三省区各级学校生师比（教师人数=1）

	普通小学	初中	普通高中	中等职业学校	普通高校
全国	17.12	12.41	13.65	19.84	17.07
广西	19.41	16.10	17.22	33.69	17.78
云南	16.59	14.81	14.96	22.67	18.80

续表

	普通小学	初中	普通高中	中等职业学校	普通高校
西藏	14.37	11.96	11.41	14.02	15.35

资料来源：根据国家统计局社会科技和文化统计司：《中国妇女儿童统计资料2015》，中国统计出版社2015年版，第121页中相关数据整理、绘制而成。

在生师比方面（见表4-10），除西藏因为人口总量相对较少有效降低比例外，广西和云南在初中、普通高中、中等职业学校、高等教育等阶段的生师比水平均超过了全国平均水平，反映出师资数量的短缺。

教育资源的匮乏直接影响和限制了妇女的教育发展水平，同时引发了妇女的无序流动[①]等社会问题。尽管在义务教育阶段适龄女童获得了与男童平等的入学机会，但随着教育阶段的递增，受教育机会随之相应减少，在家庭教育成本支出和社会筛选机制的双重作用下，很多女性丧失了接受高一级教育的机会，同时也丧失了提升个人人力资本价值的可能性。

三 就业性别平等观念缺失

通过对当前农村居民人均可支配收入来源的分析可以发现（见图4-3），经营净收入和工资性收入是当前西南三省区农村居民人均可支配收入的主要来源，来源结构与全国发展状况基本一致。在这样的收入结构来源影响下，就业成为影响妇女经济发展的主要因素。

然而，受到社会性别歧视观念的影响，妇女在就业方面很难获得与男性同等的待遇。从整体数量上看，当前西南边境地区城镇单位妇女就业人数占总就业人数的比例大致与全国平均水平相当，反映出全国范围内广泛存在的就业性别歧视问题。大量妇女无法进入正规就业渠道，就业层次较低，就业稳定性差，劳动报酬偏低，劳动保障制度不健全。就业性别歧视的存在，直接导致了男女两性的劳动收入差距及其的不断扩大。大量用人单位以经济效益最大化为指针，对用人条件进行多种限制，"仅限男性"或"男性优先"的现象比比皆是。同时，从就业渠道上看妇女从事的工作种类相对较少，除接受过较高教育水平的妇女集中分布在城镇的企事业

---

① 杨国才：《边疆少数民族妇女流动的特征与变化》，《云南民族大学学报》（哲学社会科学版）2008年第6期。

单位之外，大量妇女从事的是劳动时间相对较长、单位时间劳动收益相对较低、社会地位不高的服务行业。

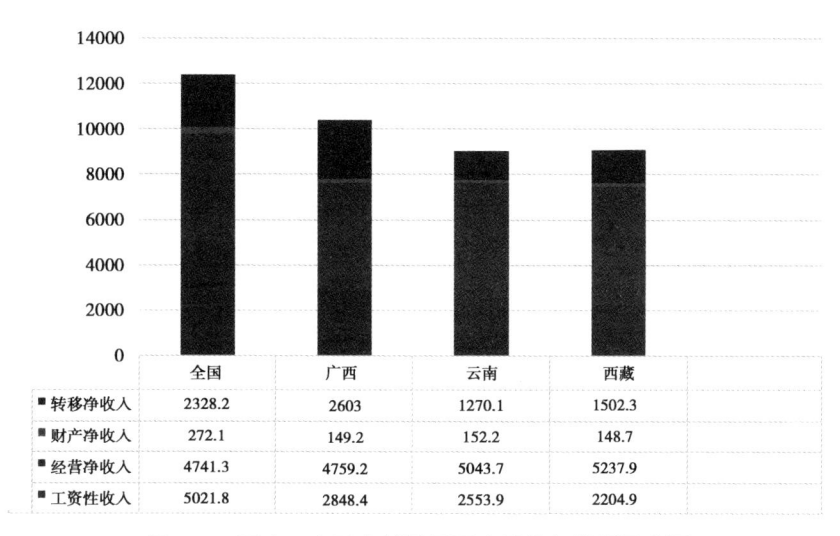

	全国	广西	云南	西藏
转移净收入	2328.2	2603	1270.1	1502.3
财产净收入	272.1	149.2	152.2	148.7
经营净收入	4741.3	4759.2	5043.7	5237.9
工资性收入	5021.8	2848.4	2553.9	2204.9

图 4-3　西南三省区农村居民可支配收入数量及来源

国家统计局主编：《中国统计年鉴 2017》，中国统计出版社 2017 年版，第 189 页。

课题组在德宏州芒市的调研[①]中发现，当地的菜市场摊贩和小吃店经营者大部分为妇女，乡镇干部、用人单位和本地居民对这一现象的看法也充分说明了就业性别歧视在当地的存在：

　　杨某（男，38 岁，德昂族，某村委会主任）：卖菜啊，搞点小吃啊这些事情么都是妇女些（们）干了么，我们男人么咋个（怎么）能干？都是些一分两分一角两角呢（的）事情，哪个（谁）好意思干？我们这点（里）的传统就是这种，女子就是该做这些事情。

　　肖某（男，45 岁，景颇族，某餐厅老板）：妇女么就只能做点服务员这些（类）的事情还可以，其他事情她们也干不了。女人事情多，一会这样一会那样，我也是看在亲戚关系上要了几个，能干么还是能干，就是事情多，反正不像男子些（们）好用。工资么肯定也

---

① 调查时间：2017 年 2 月。

要比男子低些了么，毕竟不一样么。

　　莫某（男，54 岁，傣族，普通村民）：妇女么找哪样工作？不好找。我家三个姑娘都是读到大专，最后也找不了什么样的工作。大姑娘在镇上的药店做会计，算不错了，结婚生了娃娃还不是只有回来，人家老板等不了；二姑娘么先是考公务员，进了面试么人家还不是说要男生，也只有回来；小姑娘还好，在小学当老师，也是考进去呢（的），不容易。如果是三个儿子么情况肯定好多了，我家肯定比现在好过。

　　从世界范围内看，女性从事的职业大多集中在整个社会职业体系的低层次范围中，且大多为收入不高的职业（如秘书、儿童护理员、招待员、打字员、护士、美发师、银行出纳员、财会人员、办事员等），全职女性的收入只是男性收入的 3/4。虽然各个国家都不同程度地颁布了反对性别歧视的法律法规，但大量研究表明工作中的性别歧视现象仍然在延续。[1]

　　不难看出，在当前西南地区社会整体经济发展水平相对落后的大背景下，就业机会本就相对不够充分，再加上传统观念的影响，妇女的就业发展状况不容乐观。就业类型、岗位、待遇的不公平导致大量妇女无法获得相应的经济报酬和社会地位，直接影响了妇女的劳动资本议价能力和自身的发展水平，成为影响妇女发展的重要障碍。

四　妇女权益保障体系缺位

　　随着国家法制进程的推进，妇女权益在很多方面已经得到了落实，但在土地确权登记、受教育权利、财产保护、婚姻权利等方面还存在不同程度的缺位现象。

　　在土地确权登记方面，以云南省为例，尽管国家出台了多项措施保护妇女在土地确权过程中的合法权益，各级妇联也通过各种方式不断加强社会对妇女土地权益的了解与支持，但妇女土地权益的被剥夺问题仍然存在。如土地权证与登记簿名称不一致，权证共有人中忽略妇女，或是不以户主或共有人名义登记妇女名字，仅注明其"有无承包地"，导致很多妇

---

[1]　[美] 查尔斯·扎斯特罗：《社会问题：事件与解决方案》第 5 版，范燕宁等译，罗玲、陈玉娜校，中国人民大学出版社 2010 年版，第 266 页。

女因此无法享受村寨的集体股份。中央党校2014年对全国21个省的调查结果也显示,"有68%的妇女不能参加集体分配方案的表决,一些村规民约对出嫁女的村民待遇进行限制和剥夺;80%的村规民约存在违法条款,如通过不正规方式进行集体表决剥夺妇女正当权益等行为"[1]。课题组的调查也发现,部分村寨对出嫁女的土地所有权进行限制,在对集体方案的表决方面存在忽视妇女意愿的情况。

在受教育权利方面,随着国家九年义务教育政策的贯彻落实,家庭在义务教育阶段的开支大幅度减少,但仍存在一定程度的女童辍学问题。此类问题的产生不是教育成本导致的直接后果,而是与地方经济快速发展背景下的机会成本和教育期望密切相关。部分家长考虑到短期的经济收益,同时受到当前各级各类学校(尤其是高等教育)毕业生就业压力的影响,往往选择让学业表现不够突出的女孩提前离开学校,成为家庭经济的来源之一。

在财产保护和婚姻权利方面,对妇女婚前和夫妻共同财产的保护仍然存在欠缺,致使部分妇女因此丧失对应得财产的所有权;针对丈夫婚外情和家庭暴力的处置方式仍然不够完善,造成妇女长期无奈的隐忍,甚至引发家庭冲突。

五 妇女参政议政比例失衡

参政议政是妇女参与社会活动的主要途径,同时也是获取政治地位的主要方式。通过考察省级人大代表和政协委员人数中的女性比例,各级政府工作部门领导班子中女干部的配备情况,以及地方社会组织和群众性自治组织中女性的比重,能够充分反映当前西南三省区妇女参政议政的整体状况。

表 4-11　　　　西南三省区省级人大代表和政协委员中

女性所占比例 (2014,%)

	省(区、市)人大代表女性所占比例	省(区、市)政协委员中女性所占比例
广西	25.36	23.61
云南	28.66	26.88

---

[1] 姜秀花、范红霞:《以新的发展理念推进性别平等与妇女发展——2013—2015年中国性别平等与妇女发展状况及趋势分析》,参见谭琳主编《2013—2015年:中国性别平等与妇女发展报告》,社会科学文献出版社2016年版,第25页。

续表

	省（区、市）人大代表女性所占比例	省（区、市）政协委员中女性所占比例
西藏	22.90	21.22

资料来源：根据国家统计局社会科技和文化统计司：《中国妇女儿童统计资料2015》，中国统计出版社2015年版，第131页相关数据计算形成。

如表4-11所示，当前西南三省区省级人大代表和政协委员中女性所占比例均在20%—30%之间，其中云南在两个类别上所占比例较高，分别为28.66%和26.88%，西藏的比例最低。在各级政府工作部门领导班子的女干部配备方面，三省区的省政府部门中配有女干部的班子比例均超过了50%，其中云南已接近70%；市级政府部门配有女干部的班子比例低于省级，其中云南低于50%。然而，省、市、县三级政府部门中配有正职女干部的班子比例远远低于上述水平，三省区中均没有超过15%的项目，可见女性在政府工作部门领导班子中大多无法进入核心关键岗位。

在农村基层社会中，村党委和村委会是国家政权的象征与代理人，通过实际工作协助国家行使相应的行政权力职责。与此同时，村委会也在当地社会的人际关系中处于中介地位，村委会的干部就是联络政府与村民之间的重要桥梁。村干部的来源主要有三种形式：任命、选举和考试。当前，西南边境三省区居委会、村委会中女性所占比例均低于全国平均水平（见表4-12），其中最低者为云南。课题组通过对迪庆藏族自治州、德宏傣族景颇族自治州和西双版纳傣族自治州多个村寨的调查也发现，女性在基层社会组织中所占比例普遍不高，从一定程度上呈现出当前西南地区妇女参政议政比例失衡问题的严重性。

表4-12　　　　西南三省区各级政府工作部门领导班子中女干部配备情况（2014,%）

	省级部门配有女干部的班子比例	市级政府部门配有女干部的班子比例	省级配有正职女干部的班子比例	市级配有正职女干部的班子比例	县级配有正职女干部的班子比例
广西	57.5	58.9	4.3	13.2	13.7
云南	69.1	47.6	7.1	10.6	12.0
西藏	63.4	59.7	12.2	25.3	14.4

资料来源：国家统计局社会科技和文化统计司：《中国妇女儿童统计资料2015》，中国统计出版社2015年版，第132页。

妇女在基层组织中严重缺乏代表的现实充分体现了她们在地方政治生活中的边缘地位，再现了传统乡村社会中男性与外部公共和政治事务相关，女性与内部的家庭私人事务相关的传统观念。显然，当地社会对男女两性施行的是截然不同的评价机制。

第四节　西南地区妇女发展问题的成因分析

妇女问题在西南地区社会稳定维护过程中的大量出现和多形态特征，体现了妇女群体的特殊属性，同时也从另一角度反映出当地妇女发展过程中存在的问题与缺失。当前，学界对妇女违背与破坏社会规则的原因已有不少探讨，整体上看可分为生理、心理和社会（包括生活背景、社会转型、文化冲突、家庭暴力）等方面[1]，本研究则试图从社会性别的视角对这一问题进行初步的探讨与分析。

一　性别地位失衡

性别地位的失衡是造成妇女争取自身权利、保护个人权益的主要原因，当获取正当利益的渠道有限或受阻时，发生反社会，甚至是破坏社会规则的概率就会大大增加。应该说，性别地位失衡是当前西南地区社会稳定维护中妇女问题产生的根本原因。

（一）经济地位失衡造成妇女功利欲望强烈

社会劳动是影响妇女经济地位的重要因素。通过劳动分工、劳动权利和劳动报酬、劳动保护等方式体现出来。文献显示，西南地区几个人口较多的世居民族在历史上的男女性别分工状况不尽相同。有的民族尚未形成明显的性别分工，如景颇族至新中国成立时尚未形成一定规模的农业耕作，史载其"不事农亩，入山林采草木及动物而食"[2]；有的民族在基本平等的基础上形成了一定特色的性别分工，如壮族"习俗简约，男女皆

---

[1] 陈劲松、潘娟、伍淑：《近20年中国女性犯罪研究综述》，《妇女研究论丛》2012年第6期。

[2] （元）李京：《云南志略》，转引自云南省编辑组《中国少数民族社会历史调查资料丛刊》修订编辑委员会《云南方志民族民俗资料琐编》，民族出版社2009年版，第68页。

事犁锄"①,"女勤耕织,惯挑棉锦"②;有的民族男女分工严重失衡,如傣族"男性鄙而惰,女勤而洁"③,"耕织、贸易、徭役皆妇人任之。非疾病,虽老不得息"④,"女劳男佚,百夷之种不一,(大百夷)大抵男子少治产业而耕种,率以妇人终岁勤动不辍。有孕将产,方得少暇。既产则抱子浴于江,归付其父,动作如故,尤以时事蚕桑,或随其夫捕鱼"⑤。可见在傣族传统社会中,妇女终年辛劳,刚刚生产不久就要恢复生产劳动,初生的孩子跟父亲待在一起,妇女产子,丈夫休养,谓之"产翁制",甚至当地的鸡"亦雌卵则雄伏之"。

此类民俗虽为旧俗,随着社会经济的发展已经有所改变。但传统民俗的变迁往往需要经历较长时间,直至今天,类似傣族社会的女劳男佚现象仍然十分突出。从人类社会发展的历程上看,女劳男佚是女权制度衰落和男权社会崛起的过渡性产物,但在部分社会中被固化成为一种传统。不平衡的经济地位使得妇女长期处于经济的屈从地位,长期处于贫困地位和对改善经济条件的强烈需求成为妇女犯罪的主要原因。在有研究关注的 300 例云南籍在押妇女罪犯中,2/3 的犯罪者年收入低于 3000 元。同时,超过 70% 的低收入家庭的经济支出决定权掌握在丈夫和公婆手中⑥。失衡的性别地位使得长期处于屈从地位的妇女产生了强烈的改变经济地位的需求,同时也成为盗窃、抢劫等案件高发的主要原因。

---

① (雍正)《云南通志》卷之二十四,转引自云南省编辑组、《中国少数民族社会历史调查资料丛刊》修订编辑委员会《云南方志民族民俗资料琐编》,民族出版社 2009 年版,第 83 页。

② 《云南通志》卷一百五十四《广南府志》,转引自云南省编辑组、《中国少数民族社会历史调查资料丛刊》修订编辑委员会《云南方志民族民俗资料琐编》,民族出版社 2009 年版,第 84 页。

③ 张自明:《马关县志》,转引自云南省编辑组、《中国少数民族社会历史调查资料丛刊》修订编辑委员会《云南方志民族民俗资料琐编》,民族出版社 2009 年版,第 100 页。

④ 汤大宾修:(乾隆)《开化府志》卷九,转引自云南省编辑组、《中国少数民族社会历史调查资料丛刊》修订编辑委员会《云南方志民族民俗资料琐编》,民族出版社 2009 年版,第 96 页。

⑤ (元)李京:《云南志略·诸夷风俗》,转引自云南省编辑组、《中国少数民族社会历史调查资料丛刊》修订编辑委员会《云南方志民族民俗资料琐编》,民族出版社 2009 年版,第 88 页。

⑥ 杨志梅、雷文斌、沈玲:《云南少数民族妇女犯罪基本特征研究——以 300 名在押少数民族女性罪犯为例》,《思想战线》(2011 年人文社会科学专辑)。

从第二章所列典型个案的犯罪主体来看，已婚和受教育程度较低的妇女犯罪比例较高。这是由于已婚妇女的经济活动相对固定，随着年龄的增长其改变经济状况的可能性逐渐减小。在本书列举的妇女毒品犯罪案例中，在家务农的已婚妇女犯罪人数所占比例较高。对自身经济条件的改善欲望促使其涉足毒品犯罪，妄图通过短时期的"冒险"获得高额的"回报"。不少妇女因家庭困难，继续改善经济状况，但由于无一技之长，获得收入的渠道相对有限，因此受到引诱涉足犯罪。据统计，目前云南的贫困县多达16个。只需冒险"走一趟"，就可以获得几千元甚至上万元的收入，相当于全家人一年的收入总和，假如能够侥幸逃脱抓捕，那么自己和全家人的经济状况都可以得到改善。

（二）社会地位失衡造成妇女社交范围狭小

文献显示，在西南地区的部分世居民族社会中，男权社会制度森严，一夫多妻制盛行，妇女的社会地位低下。如景颇族因性别结构失衡，有一夫多妻的传统，其社会"男少女多，一夫有十数妻"[1]，"妇或十或五共养一男子"[2]。傣族社会"男贵女贱，虽小民，视其妻如娜（当作奴）仆。头目之妻数百，婢亦数百，少则数十，庶民亦有十数妻，无妒忌之嫌"[3]，"人娶四五妇谓不妒，供作皆妻妾"[4]。如此失衡的男女数量导致严重的家庭权力失衡，此类家庭中的妇女地位可想而知。如丈夫去世，妻子的命运将更加悲惨，即"夫死则弃之无娶者，曰鬼妻"[5]，"鬼妻"不仅不能再嫁，而且还被妖魔化和边缘化，成为社会的祸害，如"又能为鬼妻，以一个击衣服，即变形为象、马、猪、羊、猫、犬，立通衢，行人稍畏避

---

[1]（元）李京：《云南志略》，转引自云南省编辑组、《中国少数民族社会历史调查资料丛刊》修订编辑委员会《云南方志民族民俗资料琐编》，民族出版社2009年版，第68页。

[2] 范承勋等：（康熙）《云南通志》卷二十七，转引自云南省编辑组、《中国少数民族社会历史调查资料丛刊》修订编辑委员会《云南方志民族民俗资料琐编》，民族出版社2009年版，第68页。

[3] 范承勋等：（康熙）《云南通志》卷二十七，转引自云南省编辑组、《中国少数民族社会历史调查资料丛刊》修订编辑委员会《云南方志民族民俗资料琐编》，民族出版社2009年版，第94页。

[4]（康熙）《永昌府志》卷二十四，转引自云南省编辑组、《中国少数民族社会历史调查资料丛刊》修订编辑委员会《云南方志民族民俗资料琐编》，民族出版社2009年版，第95页。

[5]（康熙）《永昌府志》卷二十四，转引自云南省编辑组、《中国少数民族社会历史调查资料丛刊》修订编辑委员会《云南方志民族民俗资料琐编》，民族出版社2009年版，第95页。

之,即为所魅,入腰中食人五脏,易之以土"①。还有的民族将妇女作为娱乐宾客的工具,如瑶族"男惰女洁,俗好洁,客至宾家必与妇女纵情憨嬉,主人乃乐,否则,凡谓客人傲慢轻视彼族也"②。虽然一夫多妻制和"鬼妻"之说已经成为历史,但由此带来的男性强权却影响至今,对当地妇女的社会认知造成了深远影响。

除与男性涉毒群体相同的因素外,从社会性别的视角看,妇女涉毒问题具有深刻的社会性别权力内涵。大部分妇女涉毒犯罪产生于强大的男权主义统治和法律制度的人性化空缺③。弱势群体和不公正待遇等成为妇女涉毒犯罪的特质性"社会刺激因素",尤其是近年来疯狂蔓延的新型毒品④。贩毒组织正是利用女性的弱势群体地位和法律制度的空缺,诱导和迫使部分妇女沦为贩毒链条中的关键一环,将毒品运入中国境内并散布到各地。社会地位的低下还造成妇女对同类群体的社会依赖。如妇女毒品犯罪即呈现出明显的亲友网络属性。由于国家对毒品犯罪的打击日趋严厉,不少妇女在血缘关系和朋友关系的影响下涉足毒品犯罪,并以此形成相对稳定和隐蔽的犯罪组织。密切的沟通往来使涉案妇女间形成相互依赖、鼓励、掩护和包庇的群体关系,加强了犯罪活动的心理基础和安全感体验,加大了社会危害性,同时也提高了案件的破获难度。

(三) 教育地位失衡造成妇女法制意识淡薄

边境地区自古有种植鸦片和使用鸦片入药、入饮食的传统,因此,在不少妇女眼中,携带可以"做药"的鸦片与"犯罪"相去甚远,因为只有"杀人放火"等严重危害社会安全的行为才会违反国家法律,携带和运送毒品则不在其列。同时,由于贫困,部分地区"笑贫不笑娼""笑贫不笑偷"的社会不良风气屡有蔓延。因此,很多从事犯罪活动的妇女少有负罪感和羞耻感,甚至还有妇女认为自己是为了"改善"家人的生活

---

① 汤大宾修:(乾隆)《开化府志》卷九,转引自云南省编辑组、《中国少数民族社会历史调查资料丛刊》修订编辑委员会《云南方志民族民俗资料琐编》,民族出版社2009年版,第96页。

② 张自明《马关县志》,转引自云南省编辑组、《中国少数民族社会历史调查资料丛刊》修订编辑委员会《云南方志民族民俗资料琐编》,民族出版社2009年版,第106页。

③ 《刑法》第49条规定:"犯罪时不满18周岁的人和审判时怀孕的妇女,不适用死刑。"

④ 刘晖:《女性吸毒特质诱因的社会学评述——以新型毒品为解释视角》,《学术界》2011年第6期。

才铤而走险,以牺牲自己为代价给家人带来更好的生活条件,法律在她们眼中遥不可及。法制意识的淡薄折射出当地妇女教育水平的低下。正如第二章所列案例所示,大部分涉案妇女受教育程度较低,除个别涉案妇女为高中文化外,跨境贩毒的玉某,体内藏毒的李某、刘某等均为小学文化,老年妇女受教育程度更低,如玉某、岩某等均为文盲。

除以上从社会性别视角透视的原因外,妇女犯罪率的不断上升、犯罪类型的不断更新、犯罪群体的年轻化趋势等现象均集中反映了这一性别群体教育素养的严重欠缺。有研究对妇女罪犯案例的统计发现,近半数者为文盲和半文盲,约1/3接受过小学教育。[①] 可见,不管是其失当"性观念"的产生,还是对经济利益的"不正当"获取方式,抑或是在群体性社会活动中充当被动的"工具"群体,均是妇女教育水平严重低下的直接产物。面对社会各个方面的巨大变革,刚刚从被动屈从逆境中逐步脱离出来的妇女群体无力应对,由于本土社会的传统文化尚未对女性全面放开,加上自身不具备创造更高经济价值的技能,法律意识的空白与淡薄,"为钱犯罪"成为妇女犯罪的主要动机,因此势必产生上述类型多样的犯罪行为。女性犯罪的社会危害是深远的,除对自身的消极影响外,更直接影响到家庭的稳定和未成年子女的身心发展,是一个亟待重视和深入研究的重要社会问题。

二 性别空间扩展

性别空间扩展是妇女参与社会活动的重要体现,同时也是社会稳定维护中妇女问题大量产生的重要因素。大部分传统社会对妇女的活动空间多有限制,受"男主外,女主内"性别制度的影响,妇女的活动空间大多集中在家庭内部和一定时空范围内的社区公共空间中。在家庭内部,妇女的身体紧紧围绕生育和家务劳动开展实践活动,扮演了家庭经济运转中的主要角色,她们必须负责家庭的一日三餐,牺牲了自己身体对于"休息、娱乐和营养的需要"[②],成为"男性身体和儿童身体的首要供应方"[③]。社

[①] 杨志梅、雷文斌、沈玲:《云南少数民族妇女犯罪基本特征研究——以300名在押少数民族女性罪犯为例》,《思想战线》(2011年人文社会科学专辑)。

[②] David, M., *The State, the Family and Education*, London: RKP, 1980.

[③] Oakley, A., *The Sociology of Housework*, London: Martion Robrtson, 1974.

会对参与宗教活动的女性也在神圣空间的划分上进行相应限制。随着现代性的推进，越来越多的妇女开始涉入公共空间，其身体的实践活动也日趋多元化，除了改善自身发展的接受教育、承担社会工作、健身、美容等有益尝试外，各类挑战道德底线和社会规范的"犯规性"行为也随之产生。随着社会的变迁，传统社会的性别空间出现扩展，妇女的空间影响因此出现相应的延伸。这些具有"挑战性"的涉身性活动不仅是妇女身体在新的空间范畴中与社会事务产生的互动，同时也对社会关系和社会稳定产生了直接影响。

（一）从私人空间到公共空间

妇女在以家庭为中心的私人空间中的重要作用无须赘言，但控制权仍掌握在男性手中，如镇康州的傣族"男子出，妇人闭户静坐以待"①。因此，从社交范围上看，妇女的社交活动大多以家庭为中心，对血缘关系网和地缘关系网的依赖性较强，这就为妇女贩毒、拐卖等犯罪活动中体现出的亲属团伙性和地域性特征提供了合理的解释；在社区公共空间中，妇女的活动主要表现为贸易活动。如傣族地区贸易交换活跃，"交易用金银，或五日，或十日一集，旦则妇人，日中则男子，历代为市，以毡布、茶盐贸易。有无凡宴会，傣族妇皆不与焉"②，可见女子与男子的空间需要隔离，因此规定了不同性别的人参与市场活动的时间。由于传统社会对女性的活动空间多有限制，妇女在社会和公共空间中活动的范围极其有限。随着社会经济结构的变迁和妇女活动范围的扩展，这种时间限制已经被打破，但市场仍然是妇女参与公共活动的主要空间。如妇女盗窃案大量发生的市场、商店等场所，由于社会性别传统的长期存在，这些空间往往允许妇女以"购买者"的身份频繁出入其中，因此给盗窃行为的发生提供了充分的时间和空间可能。因此，在市场和贸易活动掩盖下发生的妇女犯罪活动数量较多，充分体现了妇女参与公共活动的空间属性。正如摩尔的研究所指出的那样，"不是工作本身，而是那些被认定的'工作'以及现有

---

① 刘文徵：(天启)《滇志》卷三十，转引自云南省编辑组、《中国少数民族社会历史调查资料丛刊》修订编辑委员会《云南方志民族民俗资料琐编》，民族出版社2009年版，第92页。

② (景泰)《云南图经志书》卷四，转引自云南省编辑组、《中国少数民族社会历史调查资料丛刊》修订编辑委员会《云南方志民族民俗资料琐编》，民族出版社2009年版，第90页。

文化语境所赋予它的社会价值塑造了妇女在家庭和社会中的地位"①。

（二）从世俗空间到神圣空间

由于活动空间的限制，传统社会妇女的精神追求主要集中在宗教领域。在大部分传统社会结构中，世俗空间的权力结构由男性构筑，神圣空间仍延续着相似的等级与束缚。在世俗与神圣之间，妇女往往遭到污名、诋毁、诽谤，一些民间信仰在此方面有充分体现：

> 摆夷的迷信更多。一种称扑死鬼，多半由妇女在夜间所变……她的神魂飘飘荡荡跑出去以后，或变成猫儿吃人家的肉……或又变成大白马、牛屎、滥谷之类，在黑夜的大路上，吓唬行人；一种是屁拍，据说也是妇女所有，如果取着有屁拍人家的东西，她便会跟着什物走去，为害他们年长的任何人。凡有屁拍的妇人，每每遗传给她的姑娘，一寨某家来了一个屁拍女郎，大家就会群体而逐之，于是有屁拍者只好会集起来，去单独聚居；在猛猛坝土锅寨旁便有这么集成的一寨叫做屁拍寨；一种是放歹，这是不分男女……中又有牛皮胀、飞刀等之分；牛皮胀，是情妇放给情夫的，她用大张的牛皮缩成很小的体积，混在食物中使她的情夫吞下，以后情夫变心爽约，牛皮就在腹里舒展开来，胀得要死。②

除傣族外，德昂族社会也存在典型的性别空间区隔制度。传统的德昂族民居对男女两性的活动空间进行了划分，规定女子只能在内室活动。在奘房内进行的佛事活动中，也存在明显的性别空间限制，规定妇女不能进入内堂，仅允许在房门外的区域内按照老中青幼的顺序排列。

可见，妇女群体一方面对宗教活动有强烈的需求，但又受到各种限制，因此很容易成为宗教渗透组织的重点关注群体，成为其发展的主要对象。因此，尽管社会性别文化发生了较大变化，但妇女的能动性受到社会

---

① Moore, Henrietta L. 1988. Feminism and Anthropology. Minneapolis: University of Minnesota Press. 转引自［美］张鹂《城市里的陌生人：中国流动人口的空间、权利和社会网络的重构》，袁长庚译，江苏人民出版社2013年版，第125页。

② 《双江一瞥》，转引自云南省编辑组、《中国少数民族社会历史调查资料丛刊》修订编辑委员会《云南方志民族民俗资料琐编》，民族出版社2009年版，第99页。

空间和领域的限制，妇女的能动性仍然极大地被局限在社会赋予她们的空间与领域中。对空间的认识确定了妇女自身的位置与角色，同时也决定了她们可能对当地社会发展所产生的影响。

三　性别思潮革新

（一）身体解放

身体解放是妇女解放的重要标志之一。在很长的历史时期中，女性对于自身的体验受到支配性社会力量的扭曲，成为被社会"扭曲的身体"[①]。在中国，传统社会对妇女的身体多有禁锢，男权社会的审美喜好在妇女的身体上多有体现，如"缠足"习俗、"贞洁观"等。但在西南地区，部分民族的身体观念却较为开放。如傣族"嫁娶不分宗族，不重处女"，婚礼之时"女子红帕首，余发下垂，未嫁而亡，所通之男人，持一幡相送，幡至百者为绝美，父母哭曰：'女爱者众，何期夭耶？'"[②] 白族的"采百花"等习俗[③]，此类观念虽为旧俗，却与西方女权运动后兴起的身体解放思潮不谋而合，部分妇女受其影响，将身体作为改变自身地位、实现自身价值的重要资源，广泛存在的性交易现象和隐藏在"民族风情体验"背后的涉黄现象即为此类思潮的集中体现。

（二）心理解放

从整体上看，女性和男性的智力不存在明显差异，但在语言表达方面却显著优于男性。[④]《婚姻法》的实施和男女平等国策的普及为妇女的心理解放提供了基本保障。部分地区的妇女逐渐从之前的性别权力压制中解放出来，开始尝试实现个人的心理需求。"男女一样""男子能做的女子也能做"成为不少妇女涉入犯罪领域的主要动机。吸毒、贩毒、拐卖人口、刑事犯罪等社会问题集中体现了妇女心理解放的消极后果。由于长期

[①]　［英］克里斯·希林：《身体与社会理论》第 2 版，李康译，北京大学出版社 2010 年版，第 61 页。

[②]　（元）李京：《云南志略·诸夷风俗》，转引自云南省编辑组、《中国少数民族社会历史调查资料丛刊》修订编辑委员会《云南方志民族民俗资料琐编》，民族出版社 2009 年版，第 88 页。

[③]　参见吴瑛《人类学视野中的采百花习俗》，《民族研究》2009 年第 4 期。

[④]　［美］埃托奥、布里奇斯：《女性心理》，苏彦捷等译，北京大学出版社 2003 年版，第 123—124 页。

在社会中处于弱势群体和边缘位置，大部分妇女的受教育程度较低，心理素质较差，对犯罪行为的认识程度有限，极易受到周边犯罪人员的引诱，在他人的蛊惑下尝试犯罪行为，一旦得手后很容易深陷其中成为惯犯，在犯罪行为中浑然不觉，难以自拔。

（三）革新背后的迷茫

随着妇女解放运动和女性主义思潮的崛起，人类的社会性别认知正在发生巨大变化。社会对女性身体与心理的钳制逐渐松动，部分妇女受此影响开始挑战传统的社会性别制度，尝试从解放身体开始尝试新的社会活动实践，通过对自身资源的充分利用获取不正当的收入，因此导致一系列以"性活动"为诱因的犯罪行为的发生。如前文案例中所述的性交易盗窃、敲诈、勒索犯罪等，均为典型的因"性"导致的犯罪行为。可见，妇女的身体解放在某种程度上成为此类犯罪行为发生的重要动因。

四 性别关系重构

随着社会发展进程的推进，人类社会正在经历一场性别角色的变革，大量的女性开始摆脱原有的固化角色尝试从前被男性大量把持的社会角色，人们对性别角色的刻板影响因此发生改变。在中国，妇女社会角色的改变与两性性别关系的重构、政治运动、社会思潮密切相关，与很多至今仍然延续性别歧视的国家和社会相比，中国妇女显然获得了更大的发展空间。

（一）从屈从到平等

回顾历史，1949年是中国社会男女两性社会地位变革的重要分水岭。在此之前，不同地区和不同民族的社会性别结构与男女地位虽然存在一定差异，但父权制已经在绝大多数社会中建立了绝对权威，妇女屈从的现象成为一种广泛认知。"男女平等"口号的提出和一系列相关政策法规的出台给不同社会背景中两性关系与性别地位的发展确定了新的方向，从而为中国妇女的良性发展奠定了法律基础。在性别等级严格的景颇族、傣族和德昂族等父权制社会中，男女之间的性别权利实现了重新分配，妇女的家庭地位大幅度提升。以下几位妇女对这一变化感受颇深[①]：

---

① 调查时间：2017年2月。

果门（32岁，景颇族）：现在家里面也可以给我们说话了，家里有什么事情大家可以商量，我小时候妈妈就不能说什么，只能听爸爸的。

小亚（40岁，德昂族）：现在男子些晓得尊重女子了，女子在家里面是重要呢，你看那些老公吸毒的，媳妇走掉这个家就散了，所以男子些一般不敢乱来，都要听听媳妇的。

因此，在前文分析的一些案例中，妇女已经成为犯罪团伙的重要组织者，与其他男性成员共同分享利益，甚至指挥和控制男性成员，这在传统社会中也是不多见的。

（二）从平等到互助

男女平等的发展导向为妇女的良性发展奠定了重要基础，家庭联产承包责任制的实施则为性别关系的进一步重构带来契机。通过性别分工，大部分的家庭从新型的性别关系中受益，逐渐走向男女互助。

咩小叶（54岁，傣族）：现在同以前不一样啦，地里呢活计男女同样干，我们以前都是妇女干，天不亮就出去，男子除了犁田其他一概不管，现在么好啦，大家都一样。（每年）一到收（香）瓜（的）时候，我家老倌（丈夫）也要帮着我一起去（收）。

同时，由于受到男权统治的影响，传统社会的妇女往往处于被动屈从的地位，其犯罪行为也常常是受到性别权力压制之后的被迫"反抗"。伴随着新型社会性别关系的建立，男女之间的犯罪行为发生逻辑已经从整体性的压制与被压制逐渐转向博弈与合作。如第二章个案中的线某、陶某、孙某等妇女已经成为犯罪团伙的主要领导者，协调着参与者之间的分工与合作关系。

（三）从互助到互利

进入21世纪以来，中国社会的男女权利结构不断变迁。在犯罪行为中，各取所需、双赢思路已经成为不少涉案妇女的主导思想。如前文所列的线某贩毒案、邓某贩毒案、陶某拐卖妇女案等案例，均为典型的男女合谋犯罪行为。在这些案例中，男女犯罪嫌疑人通过经济利益相互制约，分工合作，从中获取利润。

可见，性别地位的失衡是妇女影响社会稳定的根本原因，性别空间的扩展为妇女干预和破坏社会稳定提供了必要前提，性别思潮革新是妇女影响社会稳定的心理动机，性别关系重构则是妇女突破制度藩篱、获取个人利益的实施保障。

第五章 促进西南地区妇女发展的保障机制与具体建议

前文的章节详细分析了当前西南地区社会稳定维护中的各类妇女问题，并对各类问题所产生的社会影响进行了深入剖析，勾连起妇女发展与社会稳定维护之间的互动性，并对社会稳定维护过程中妇女问题产生的原因进行了深入探讨。原因剖析结果显示，妇女发展水平较低，妇女发展机制不健全是导致当前西南地区社会稳定维护中各类妇女问题产生的主要原因。因此，改善妇女发展环境，促进妇女发展成为解决当地社会发展中的妇女问题，有效维护当地社会稳定发展的重要工作。本章将结合国家相关政策，参照《中国妇女发展纲要（2011—2020年）》中的相关要求，立足西南边境地区的社会现实，从优化妇女发展的保障机制入手，从妇女发展的各主要方面开展讨论，以期对当前西南地区的妇女问题和社会稳定维护发挥积极作用。

第一节 优化妇女发展的保障机制

一 保障机制现状与困境[①]

自1995年世界妇女大会在北京召开以来，中国政府逐步建立起促进妇女发展的保障机制，经过20余年的发展，我国妇女发展机制不断完善，为促进和保障妇女发展发挥了重要的促进作用，成为妇女发展的重要基石。当前，我国妇女发展的保障机制的主要现状包括以下几点。

[①] 部分内容参考了蒋永萍《提高妇女地位国家机制的回顾与分析》，谭琳主编《2013—2015年：中国性别平等与妇女发展报告》，社会科学文献出版社2016年版，第125—136页，在此致谢！

1. 成立各级各类国家机构

国家在政府治理方式更新的基础上，根据妇女发展的需要，建立起四大类型的妇女发展国家机构：

一是全国人大、全国政协妇女工作机构和中央政府各部门的妇女工作机构。全国人民代表大会是国家最高权力机关，在专门委员会的内务司法委员会工青妇室下属有妇女处，专门负责管理妇女工作；中国人民政治协商会议是党领导的多党合作和政治协商的重要机构，目前主要通过妇联界政协委员围绕相关提案开展调研、讨论和对政府工作进行监督和巡视。

二是国务院妇女儿童工作委员会。1990年成立国务院妇女儿童工作协调委员会，1993年更名为国务院妇女儿童工作委员会，是国务院负责妇女儿童工作的议事协调机构，负责协调和推动政府有关部门执行妇女儿童的各项法律法规和政策措施，发展妇女儿童事业。到2005年，全国各省（区、市）、地（市、州、盟）和县（市、区、旗）地方人民政府均成立了妇女儿童工作委员会。国务院妇女儿童工作委员会目前有35个成员单位，由国务院副总理刘延东担任主任。

三是各级妇联组织。妇联是党联系妇女的重要组织。在国家层面，有成立于1949年的中华全国妇女联合会（简称全国妇联），其最高权力机构是每五年召开一次的全国妇女代表大会，在省级层面，省妇联组织服务于党和政府工作部门，反映妇女群众需求，为与妇女发展有关的政策法律的制定和实施提供建议；在基层，妇联组织为妇女提供各种各样的服务，包括帮助权益受损妇女维权，反对家庭暴力，帮助下岗失业妇女再就业和创业培训机会等。

2. 建立健全法律政策体系

中国妇女发展的法律政策体系以"男女平等"的基本国策为纲领，大致可分为三个主要的法律政策系列，其中《宪法》是妇女发展法律政策体系建立的基础，《妇女权益保障法》是法律政策体系的主体，此外还包括各种单行法律法规、地方性法规和政府各部门制定的各类行政规章制度。

在妇女发展法律政策主体部分，除《妇女权益保障法》外，国家还先后制定颁布了《婚姻法》《妇女权益保障法》《母婴保健法》《人口与计划生育法》《女职工劳动保护特别规定》《反家庭暴力法》等保障妇女权益的重要法律法规，并针对社会发展中出现的妇女权益受损问题，有针对性地制定和颁布了《关于切实维护农村妇女土地承包权益的通知》《关于依法惩治拐卖妇女儿童犯罪的意见》《关于预防和制止家庭暴力的若干意见》《流动人口计划生育工作条例》等文件，并先后制定实施了"妇女小额担保贷款财政贴息""农村孕产妇住院分娩补助"等政策，开展"降低孕产妇死亡率和消除新生儿破伤风"和"农村妇女乳腺癌、宫颈癌免费检查"等一系列重要措施。

在西南边境地区，地方政府也针对妇女发展先后出台了一系列相关政策法规。各省区均围绕《中华人民共和国妇女权益保障法》制定具体实施办法，并围绕本土实际制定省区层面的《妇女发展规划》，妇女儿童权益得到进一步维护。此外，在《就业促进法》《劳动合同法》《社会保险法》《物权法》《老年人权益保障法》《全国人民代表大会和各地方各级人民代表大会选举法》《村民委员会组织法》《社会救助暂行办法》等法律法规的制定和修订过程中，性别平等的观念得到深化，妇女的权益得到重视并得以部分直接体现。

3. 制定国家发展纲要

1995年世界妇女大会在北京召开后，国务院先后制定了《中国妇女发展纲要（1995—2000年）》《中国妇女发展纲要（2001—2010年）》《中国妇女发展纲要（2011—2020年）》三个周期的连续性发展行动计划。从社会发展的顶层设计上明确了妇女发展的目标责任，并制定了落实妇女发展政策规划的具体措施，妇女发展自此进入了更加明确和有序的阶段。

其中，《中国妇女发展纲要（1995—2000年）》首次将"贯彻男女平等的基本国策"写入政府文件，2005年修订的《妇女权益保护法》将这一国策写入总则，确立了妇女在国家的法律地位。《中国妇女发展纲要（2011—2020年）》首次提出了"全面发展、平等发展、协调发展、妇女参与发展"的四项基本原则；充分体现"以人为本"的核心理念；关注社会发展中妇女群体出现的非农转移等新问题；强调妇女发展的主体性，注重提高妇女在立法决策、环境治理和传媒中的影响力；在强调男女平等的同时，着力解决妇女群体之间的不平衡问题。

妇女发展国家纲要的出台标志着中国妇女发展事业进入了国家发展规划领域，体现了妇女发展在国家法律政策体系中的重要地位和社会主义和谐社会发展的战略思想，同时也为妇女发展提供了政策保障和法律依据，为中国妇女的全面发展奠定了重要基础。

当前，中国的妇女发展取得了巨大成就，但与妇女群体的发展需求之间还存在较大差距，尤其是面对正在深刻变迁的中国社会，各种问题层出不穷，妇女发展保障机制还存在一定困境，主要如下：

(1) 妇女发展机构职能权威不足

如前所述，当前我国妇女发展的相关机构主要包括人大、政协和中央政府各部门的妇女工作机构，国务院妇女儿童工作委员会，以及各级妇联组织。其中，国务院妇女儿童工作委员会是负责妇女发展事业的重要权威机构，各级妇女儿童工作委员会设在妇联，此外还有参与工作的各成员单位。各单位之间没有直接的隶属关系，组织形式不够严密；工作方式以兼职为主，执行力度不够到位。此外，在实际操作过程中，妇女儿童工作委员会对成员单位的监督力度有限，工作经费和人力资源有限，缺乏作为政府部门的职能与权威，各相关部门之间的分工协调不足，直接影响了妇女发展事业的整体推进和各类妇女问题的落实解决。

(2) 立法决策中性别视角不健全

尽管"男女平等"作为国策已经进入国家法律文件，但如何反对不"平等"还未得到明确定义。在当前的法律体系中还没有对"性别歧视"给出明确定义，导致司法实践中对妇女权益的保护产生困难，如"嫖宿幼女罪"问题。同时，在部分法律政策中还存在一些直接体现性别不平等的规定。在实际执行过程中，还存在不少男女不平等的社会现实。如在入职、晋升、退休等方面，仍然在执行男女不一致的政策。说明国家立法和决策过程中的性别视角仍然不够健全，有待于进一步的改进和完善。

(3) 妇女优先发展次序尚未确立

当前的妇女发展事业虽然已经有了纲要指导，但在诸多方面仍然存在直接的空缺。在纲要设置的指标体系中，妇女的经济参与、政治参与、社会保障等领域的发展目标设置水平相对偏低。妇女发展在地方经济社会发展中的重要位置尚未得到确立，地方社会经济发展水平中的性别敏感指标设立数量还相对较少。可见妇女发展在社会经济发展中的优先次序尚未得到认可和确立。

(4) 工作策略与方法仍有待完善

掌握现状是开展工作的重要基础，采集数据是现状描述的重要手段。然而，在当前的统计体系中，性别指标尚未得到合理建立，性别统计工作缺乏制度保障，性别统计缺口大量存在，专门性的统计数据公开率不高，利用率较低，尽管国家出台了相关政策法规，但各级政府部门除直接按照纲要要求完成监测工作外，大多未将妇女发展的相关工作纳入部门工作的主要考核目标，导致妇女发展工作的相关评估和监督工作难以落实到位，直接影响了纲要目标的执行力度。

二 保障机制改进与创新

中国妇女发展的现有保障机制自建立以来，在实践探索过程中已经经历了长期的调试与完善，对促进妇女各方面的综合发展水平发挥了重要作用。与此同时，由于地区差异的长期存在，标准统一和方式单一的保障机制在适应地区发展需要时也呈现出部分的缺陷与不足。有鉴于此，本研究基于现有的妇女发展保障机制，结合对西南边境地区的实地调查与分析，尝试对适合当地妇女发展保障机制的改进与创新展开如下讨论。

（一）健全社会系统预警干预

预警是对妇女发展中可能出现的各类问题进行提前预防和监控的有效方法，以往的传统保障机制中已经逐步建立起各分项发展领域内的预警干预机制，如艾滋病的检测、筛查与治疗，吸毒人员的监控、登记、管控与治疗等，这些预警干预机制对治理当前西南边境地区的类似社会问题发挥了重要的作用，提高了政府管理部门对此类现象的敏感度和控制力，有效提升了类似问题的社会治理成效。随着时代的发展，社会问题自身也在不断地叠加和变迁，如毒品的更新换代，吸毒人员的年轻化倾向，女性吸毒人员数量的增加等，这些变化导致毒品问题呈现出愈加复杂的发展趋势，导致了交换针具传播艾滋病、涉毒性交易、母婴传播、艾滋孤儿等一系列新问题的产生。因此，仅仅依靠原有的传统预警机制已经难以对此类问题进行有效防控，必须立足现实需求建立系统网络化的预警机制，最大限度地动员社会力量对类似问题进行综合管控，全程监控发展动态，尽可能地减少此类问题对社会稳定发展可能造成的危害。

（二）构建妇女发展联动机制

妇女发展是一个系统工程，各领域发展水平与整体发展水平之间存在密切关系，整体发展水平又对各领域发展水平存在直接的影响作用。因此，应该将各领域的妇女发展进行有效整合，加强各领域之间的相互促进作用，使之共同服务于妇女整体发展水平的提升。联动机制的建立是统筹妇女发展各领域工作的有效途径。如在健康领域,各地在尝试建立起以妇幼保健机构和疾控中心为主要力量的联动机制,积极吸纳妇联、村委会、非政府组织等部门加入其中。目前,已有多个省区在妇女发展工作中尝试推进联动机制,如云南省德宏州针对艾滋病早期防治引进开展的 GAP 项目[1],保山市和西双版纳州勐海县开展的母婴阻断治疗项目等,均取得了良好的成效。随着社会发展进程的推进,妇女发展所需要的联动机制必将更加复杂,更加精确,各部分之间需要更加紧密的联动与配合。

(三) 完善发展规划评估体系

水平评估是了解妇女发展状况、促进妇女发展的重要工作。评估工作有效开展依赖于标准的制定、数据的采集、模型的构建、数据的分析等环节,需要多学科理论的研究,更需要多部门的协调合作。第四次世界妇女大会召开以来,国务院先后颁布了三个妇女发展纲要,其中对妇女发展的目标提出了具体要求,并对具体措施提出了详细内容,为当前的妇女发展水平评估奠定了重要基础,对评估方式的选择和评估指标体系的建构指明了具体方向。全国妇联妇女研究所对妇女发展的指标体系和评估方式进行了长期探索,制定了基本框架,奠定了妇女发展评估工作的重要基础。然而,由于量化评估对统计数据具有较强的依赖性,我国现行的统计制度中的性别敏感性指标还存在不小的缺口,专门性的妇女发展统计资料亟待推进和完善,部分政府部门甚至还存在对妇女发展统计数据的误解和忽视,这些问题都对妇女发展的评估与规划形成了直接障碍,急需对其进行合理规划,使评估体系更为完善,评估指标更为敏感,评估结果更为准确,更加有效地助力于妇女发展事业。

(四) 改进发展理念实践路径

自妇女解放运动开始以来,国际上的妇女发展理念已经先后经历了 20 世纪 70 年代的"妇女参与发展"(Women in Development, WID)、80 年代后期的"妇女与发展"(Women and Development, WAD)及 90 年代以来的"社会性别与发展"(Gender and Development, GAD)等阶段。因此,对妇女发展的理解也完成了从浅入深、从单一到全面的过程。当前,妇女发展的目标已经不仅仅是实现男女平等,更需要从"社会性别"的

---

[1] 卓龙冉:《云南省德宏州艾滋病流行特征与 Spectrum/EPP 模型应用研究》,硕士学位论文,复旦大学,2013 年。

视角理解妇女发展的真正需求，为妇女塑造自身的性别特征，实现性别价值提供保障。仅仅依靠妇联和妇女主任，以各种"关怀"和"关照"为主旨思想，能开展是"锦上添花"，不能开展也"情有可原"的妇女工作不仅不再适合当今时代妇女发展的内在需求，同时也是对地区发展的严重阻碍。因此，必须不断更新发展理念，改进发展理念的实践路径，调高妇女工作的实践成效，将发展理念和目标真正落到实处。

（五）推动制度保障机制创新

制度保障机制的创新是解决当前妇女发展问题的重要前提。当前的妇女发展保障制度中有三个方面需要着重考虑机制创新。一是社会保障法制

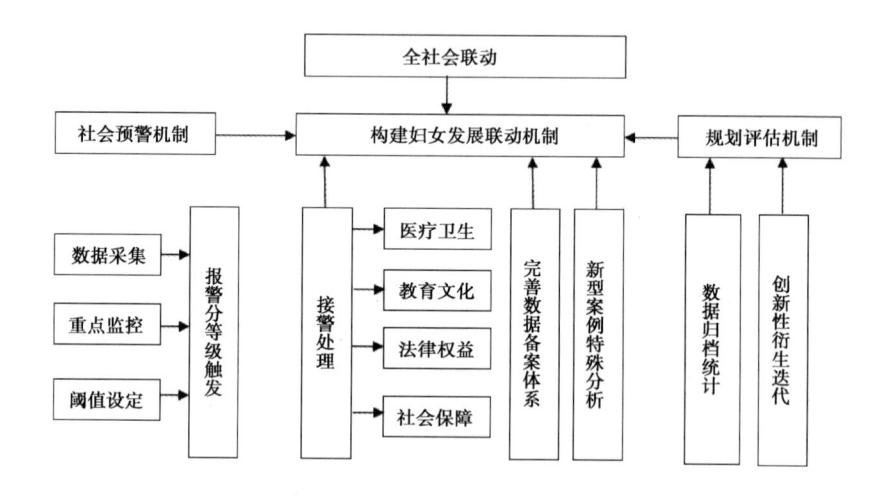

图 5-1　妇女发展保障机制改进与创新示意图

体系建设创新。其中包括进一步完善医疗保险制度（含基本医疗保险、生育保险、特种疾病和慢性病保险等），应总结生育保险推行的成功经验，根据各年龄妇女群体健康状况的需要，着重对偏远地区的高血压、心脏病、心理疾病等中老年患病人群给予更多的关注，对吸毒、感染艾滋病、性病等传染性疾病的妇女提供更多的保障，对跨国婚姻家庭中的妇女提供必要的医疗保障；二是完善工伤保险和失业保险。随着非农就业女性人数的增加，工伤保险成为女性从业人员从事劳动工作的重要保障，应制定完善的管理机制，根据生理需要为女性提供必要的劳动保护，为从事特殊工种和有毒有害作业的妇女提供必要的保障措施。对因各种原因导致的

失业妇女提供再就业咨询与技能培训，积极提供再就业信息，降低其可能从事毒品犯罪、性交易、拐卖人口、邪教传播等犯罪活动的可能性；三是完善养老保险制度，提高养老服务水平。结合目前的人口老龄化趋势，进一步完善农村妇女的养老保障制度，结合本地实际情况，创新养老方式，关注老年妇女的生理与心理需求，提高老年妇女人口的生存质量，发挥其在本土社会生活中的积极作用；四是创新社会救助机制。整合相关部门和社会力量，积极为符合条件的妇女提供社会救助，为入境的各类外籍妇女群体提供必要的社会救助，降低其因生活所迫从事非法活动的概率。

第二节 促进妇女发展的具体建议

一 改善妇女健康状况

妇女健康状况的提高依赖于当地社会行之有效的社会工作开展。妇女健康状况的改善首先得益于妇女健康对象范围的延伸，从传统的孕产妇保健扩大到女童、老年女性和普通的妇女群体。回顾当前西南边境地区的社会现实，妇女的健康问题除第三章分析结果所示的孕产妇死亡率高和围产检查水平较低以外，在云南还突出表现为妇女病率和妇科炎症患病率高，充分体现了生殖系统传播疾病存在的广泛性和严重性，同时，艾滋病感染者中也有数量不少的妇女，这些感染者对当地的两性关系和人口安全产生了直接的威胁。基于此类现实问题，除继续加大医疗卫生保健和科研投入，不断完善医疗保障制度外，当前西南边境地区妇女健康状况的改善还应着重从如下方面进行考虑：

针对孕产妇群体，首先，应坚决贯彻落实《中华人民共和国母婴保健法》，进一步加强孕产妇健康意识培养和常见病筛查。尤其是在吸毒人员较为集中的地区和艾滋病高度流行地区加强产前艾滋病知识教育。其次，应进一步有效降低孕产妇死亡率。从当前西南边境地区孕产妇死亡的原因上看，以产科出血、内科合并症和羊水栓塞数量最多。除去孕产妇自身的个体差异外，边境地区妇幼保健机构和专业技术人员的缺乏是导致此类问题无法得到及时有效处置，从而引发孕产妇死亡的主要原因。因此，加大公共医疗卫生投入，增加妇幼保健机构和专业技术人员数量，提高妇幼保健机构设施等级和专业技术人员技能水平，是有效降低孕产妇死亡率的重要途径。再次,应建立健全孕产妇围产保健制度。提高产前检查率、系统管理率、住院分娩率和产后访视率。最后,应引导孕产妇科学养育,促进产后身体的康复和保健。

针对艾滋病患病妇女群体,一是有效阻断传播源。在艾滋病高发地区,政府通过各项举措在娱乐场所、感染者人群中大力推广安全套①,对感染妇女的妊娠进行引导,遏制与预防艾滋病母婴传播,有效控制艾滋病的性传播感染率;二是加强检测防治。通过建立艾滋病检测技术系统和地区共享筛查实验室网络,通过定期哨点监测、行为监测和及时网络直报、季度性总结分析等途径,不断加强数据采集和行为特征分析;三是提升治疗成效。除针对高危人群持续开展美沙酮维持治疗(MMT)和针具交换等项目外,还应继续加强国家"四免一关怀"工作,定期为符合条件的感染者和病人免费进行 CD4 细胞和病毒载量检测,鼓励医疗科研单位的跨区域合作,为治疗艾滋病提供新思路和新方法;四是加强教育引导。引导社会团体和大量的国际非政府组织也参与到此项工作中来,通过健康宣传、心理关怀等方式对感染者和潜在人群实施教育宣传工作,改善艾滋病患病妇女的生存环境,引导其接受有效治疗,改善生存质量。

针对普通妇女群体,一是推动健康促进发展。以往研究发现,"健康教育虽然能在一定程度上提高目标人群的行为变化,但对于长期形成的行为习惯效果不显著",与之相比,基于国家和地方政策与项目的健康促进对提高孕产妇健康水平收效明显②。因此,应进一步改善健康条件,加强健康教育,推动健康促进,鼓励妇女开展民族传统体育运动,积极开展全民健身;二是扩大健康咨询与检查覆盖面。应不断扩大结婚登记人群免费健康咨询服务覆盖面,扩大宫颈癌和乳腺癌免费检查覆盖面,扩大妇女病检查覆盖面,在常规医疗检查中主动提供 HIV 咨询检测服务,提高妇女健康水平,为贫困患病妇女提供医疗救助服务;三是加大对地方妇科疾病的筛查和治疗力度,如妇女病、妇科炎症等,提高妇女生殖健康水平,降

---

① 如云南省政府出台的《云南省艾滋病防治条例》《艾滋病预防控制方案》等,德宏州政府出台的《德宏州娱乐场所安全套推广实施计划》《德宏州性病门诊安全套推广实施计划》《德宏州 HIV 感染者家庭安全套推广实施计划》等。

② 李智、倪俊学、全星、张燕:《健康促进在云南边远贫困地区提高孕产妇住院分娩率和降低孕产妇死亡率中的作用》,《中国妇幼保健》2015 年第 2 期。

低生殖系统疾病的传播可能，保护地区人口安全。

针对特殊妇女群体，一是引导青春期女童正确认识生理健康，杜绝过早和不安全的性行为，加强对性侵害活动的防范意识，树立正确的健康观念，降低从事性交易活动的概率；二是对绝经期和更年期中老年妇女提供心理关怀和健康咨询，提高老年妇女健康水平和生活质量，帮助延长其预期寿命；三是对流动人口妇女（包括外籍入境妇女，尤其是从事性工作者）提供医疗卫生保健服务，引导其开展计划生育，切实降低感染艾滋病和其他传播性疾病的可能。

二 提高妇女教育水平

教育系统已经成为大多数社会中第一位的社会化机构。[①] 可见，妇女发展，教育先行。前文的数据分析显示，当前西南边境各省区未上过学的人口中女性所占比例显著高于男性，其中以云南最高，说明学前教育阶段的性别差异现象较为突出。从各阶段受教育程度差异上看，小学阶段的男女差异相对较小，初中、普通高中和中职阶段男性显著高于女性，大学专科和大学本科阶段男性女性大致持平，研究生阶段为男性高于女性，个别地区有例外。在就业人群中，西藏女性未上过学的比例显著高于其他地区，西藏的女性小学入学率较低，而云南女性则在初中入学率上显示出较低水平。据此，本研究尝试提出如下建议：

一是加强边境地区学前教育发展。学前教育是学校教育的预备阶段，在个人一生的教育过程中有重要的启蒙作用。当前，学前教育尚未纳入义务教育阶段，学前教育机构的发展对家庭教育投资的依赖性较强。西南边境地区由于城镇化水平不高，大量人口集中生活在乡镇以下级别的地区，可支配收入水平相对不高，导致家庭对学前教育的支付能力较为有限，严重限制了非公体制学前教育机构的发展。有研究发现，在家庭教育投资有限的前提下，因计划生育政策的实施，城镇家庭相对较少的子女数量掩盖了教育资源费配置时可能导致的性别偏好，但在农村地区和贫困家庭中仍然存在明显的性别差异[②]。因此，应加大力度在边境地区设立公立幼儿

---

① 哈经雄、滕星：《民族教育学通论》，教育科学出版社2001年版，第413页。
② 宋月萍：《性别平等与包容性增长——第十三届中国女经济学者学术研讨会综述》，《妇女研究论丛》2016年第5期。

园，同时鼓励私人资本投资兴建学前教育机构，通过适当的政府补贴，着力减少在学前教育阶段产生的性别差异。

二是提高中等教育女性入学率。中等教育是个人发展过程中习得基础生存知识的重要阶段。前文所列相关数据显示，随着九年义务教育制度的贯彻落实，初中阶段的男女入学性别差异显著减少，但在随后的高中和中等职业教育阶段仍存在显著的性别差异。边境地区的女性大量失去中等教育阶段的教育机会直接反映了当地家庭在义务教育阶段之后的教育投资性别偏好，同时也从侧面折射出地区义务教育阶段的教育水平不高，学生的学业成就不够理想，及相当数量的家长和青少年对教育投资的期望不高。同时，在相对贫困的家庭中，因教育资源有限而产生的性别偏好往往对女性的一生产生影响，同时还可能会加剧贫困的代际传递。[1] 相关研究发现，"认为认知能力低下是农村居民在初中、高中阶段辍学的根源"，这种认知能力与0—3岁儿童时期的早期营养和育儿状况有直接关联。[2]

课题组在西双版纳州和德宏州的调研中也发现，相当数量的女性青少年在初中毕业后辍学的原因并不是家庭贫困，而是对短期经济收益有更加强烈的需求，他们受到当前中、高考竞争激烈、大中专学生就业形势严峻等因素的影响，自愿选择放弃受教育机会，尽早投身经济活动，以期改善生活条件，产生个人成就感。这一发现佐证了认知能力对妇女在中等教育阶段辍学的直接影响。因此，提高中等教育阶段的女性入学率不仅仅需要加大教育投资、提升教育水平，更需要营造良好的教育环境，通过各种渠道加强宣传教育，推动边境与内地学校和青少年之间的沟通交流，引导民众形成正确的教育投资观念，提高女性群体的整体文化素养。同时，要从根源上提高妇女在中等阶段的受教育水平，还需从早期的育儿阶段进行影响和干预。

三是推进农村妇女职业技能教育发展。职业教育是妇女增强自身技能，积极参与经济活动，提高市场议价能力，提升社会地位的重要途径。在前文探讨的拐卖妇女案件中，大部分被拐妇女正是因为没有一技之长，长期从事艰苦且收益较低的传统农业劳动，无法获得收入相对较高的就业

---

[1] 宋月萍：《性别平等与包容性增长——第十三届中国女经济学者学术研讨会综述》，《妇女研究论丛》2016年第5期。

[2] 同上。

机会，才会被以"介绍工作"为由的人贩子轻易拐骗上当。而大部分是为了经济利益"铤而走险"进行毒品贩卖和从事性工作的妇女也是因为类似的原因而误入歧途。因此，大力发展农村妇女职业教育是提高当前西南边境地区妇女教育水平、提升妇女地位、解决妇女问题的重要途径。通过提升妇女的经济收益能力，促进妇女对子女产生积极影响，从而阻断贫困的代际传递（即人类学家刘易斯所提出的贫穷文化理论[①]）。应鼓励妇女结合本土传统文化，加强传统手工技能训练，通过招商引资吸纳外界力量，创造条件将传统手工业推向市场，为妇女通过劳动创造更高的经济价值提供平台。

四是丰富农村妇女日常闲暇生活。与蒸蒸日上的经济活动相比，精神生活的空虚是当前西南边境农村地区农村妇女面临的主要问题。在城乡社会结构变革的大背景下，大量青年人口外出务工，留守人员多以老弱妇幼为主，相对较低的文化素质和封闭的信息环境使得此类人群极易成为极端邪恶思想传播的主要对象。在前文探讨的边境地区宗教渗透问题即体现出明显的女性化特征，说明当前边境地区农村妇女的闲暇生活问题应受到关注。针对这一问题，课题组认为，应基于当地民族宗教问题的历史与现实，明确宣传宗教教义，指导宗教健康发展，引导民众树立正确的宗教观；发挥妇女群体喜爱文化活动的心理特质，积极组织各类文化活动，丰富妇女群体的精神生活；通过文化交流、文化扶贫等活动，积极组织村寨文化室、活动室，丰富图书资料，培养女性阅读兴趣，提高闲暇活动技能，丰富个人精神生活，降低受到极端思想和邪教影响的可能性，在家庭生活中发挥积极的促进作用。

三 引导妇女经济参与

在当前我国经济速度高度增长的前提下，纳入性别视角的"包容性"增长已经成为社会各界的共识，没有妇女参与的经济不能视为地区经济的整体发展。当前，城镇就业人数总量相对较少和城镇登记失业比例较高的是西南边境地区妇女经济参与的主要问题。基于西南边境地区城镇化水平相对较低、城镇就业机会相对有限、妇女群体受教育程度不高的现实，课题组提出以下建议：

---

① Oscar Lewis, *The Culture of Poverty*, Scientific American, 1966, 215: 19-25.

一是引导妇女合理分配劳动时间。在马克思和涂尔干看来,社会分工是使性别地位发生变化的第一推动力。[①] 学者们曾经从不同的视角对人类的性别分工给出过各种解释,例如男女两性的生物特性决定论、经济制度决定论、性别角色决定论、比较优势决定论等,事实上,由于性别劳动分工的错综复杂性,因此任何形态的性别劳动分工都是上述各种因素综合作用的结果。[②] 可见,社会劳动分工是性别不平等的主要根源。由于受到"男主外,女主内"的性别分工模式影响,在大部分地区的劳动分工中,妇女都是家务劳动的主要实施者。尽管占用时间较多,但由于家务劳动大多难以计算劳动价值,因此对妇女在家庭内部的资源分配上有直接的消极影响。因此,通过公共政策干预,引导妇女合理分配劳动时间,鼓励丈夫参与家务劳动,能够有效减少妇女开展低收益劳动的时间,提高单位时间内的劳动价值。

二是引导妇女积极参与非农就业。非农就业能显著降低农村女性遭受家庭暴力的风险。研究发现,女性的现金支付能力有助降低女性暴力的发生,也有助于提高对女童的直接投资。因此,在当前的就业环境中,应引导妇女主动适应环境,弱化性别意识,在新常态的经济发展阶段凸显性别优势[③],在承担家庭和社会双重职能的前提下努力创造劳动价值。

三是引导妇女抢抓各类发展机遇。精准扶贫战略实施后,性别意识开始进入扶贫工作视角[④],国家扶贫理念中的性别敏感度不断提高,妇女群体成为扶贫工作的重要对象,国家扶贫开发工作重点县的妇女贫困发生率从 2005 年的 20.3% 下降到 2010 年的 9.8%[⑤]。如中国妇女发展基金会发起并实施的"母亲水窖""母亲健康快车"及医疗设备、母亲创业循环

---

① 《1844 年经济学哲学手稿》《资本论》(第 1 卷)和《社会分工论》等著作对分工及其结果有较多论述。

② 沙吉才主编:《当代中国妇女家庭地位研究》,天津人民出版社 1995 年版,第 234—236 页。

③ 《五位全国政协女委员接受记者集体采访 经济新常态下,女性发展空间会更大》,《中国妇女报》2015 年 3 月 12 日 A4 版。

④ 如国家《"十一五"扶贫工作的基本思路和主要措施》提出:"必须尊重贫困群体的参与权和受益权,使不同性别、民族、社会阶层的群众共享发展成果。"性别指标(女性长期患病率和中小学女生辍学率)被作为农村贫困检测的工作内容贯彻执行。

⑤ 耿兴敏:《全国妇联在 2015 减贫与发展高层论坛上介绍推动妇女减贫经验》,《中国妇女报》2015 年 10 月 17 日 A2 版。

金、"母亲邮包"等各类公益项目给贫困妇女群体送来了爱心。在当前的各类发展机遇中，一是鼓励妇女积极参与技能培训，增强脱贫致富的个人技能，通过职业教育和企业订单培训等方式积极参与非农经济活动；二是鼓励妇女积极参与当地的农民合作社。不仅对妇女提升劳动收益有直接促进作用，同时还能够有力提升妇女的家庭和社会地位[①]；三是鼓励妇女积极申请小额担保贷款。国家的小额妇女担保贷款政策重点支持贫困地区的妇女发展，是妇女自主创业参与经济活动的重要机遇。应进一步完善地方创业扶持政策，通过税费减免、贷款贴息、跟踪指导等方式支持和帮助妇女创业，提升其经济参与水平。

四 推动妇女政治参与

在政治参与方面，当前西南边境各省区的妇女政治参与水平均低于全国平均水平，居委会、村委会中妇女所占比例与纲要目标相比差距较大，说明推动妇女参与决策与管理工作任重道远。与西藏和广西两个民族自治地方相比，多民族杂居地区的云南妇女政治参与水平最低，说明妇女参政水平与社会文化结构和社会网络联系紧密。基于上述问题，课题组认为，推动当前西南边境地区妇女政治参与水平应突出以下策略：

一是健全妇女参政的法制制度。目前，国家的相关法律法规中已经增加了一定数量的性别视角，建立了一批性别敏感指标。要求不断提高人大代表、政协委员、居委会和村委会中的女性比例，但在干部人事制度和公务员管理制度中仍然存在一定程度的性别偏见，在公务员的录用、考核、晋升等环节中存在男女不平等的问题，对女干部的培养和选拔存在负面影响。因此，应进一步健全妇女参政的法律制度，对违反相关规定的行为给予纠正，对涉事人员给予惩处，从制度上确保妇女参政的平等权利。

二是营造妇女参政的和谐氛围。社会氛围是民族地区妇女参政意愿不高的主要原因。在多民族杂居地区，各民族的传统性别制度对妇女参与政治活动的接纳程度存在差异。如在行使双系继嗣制度的地区，由于女性与男性具有平等继承权，因此在家庭内部的决策方面具有比单系继嗣制度地区更多的权利。家庭是构成社会的细胞，因此单系继嗣地区的妇女往往对

[①] 韩玉洁：《略论减贫视域中妇女与合作社发展的关系》，《中国农民合作社》2016年第7期。

政治参与缺乏持续的热情。因此，应采取多样化的宣教方式引导社会舆论，组织干部群众外出交流考察，倡导妇女积极参与决策与管理，为地方社会经济文化建设建言献策。

三是创新妇女参政的方式途径。当前，基层社会中妇女参政的传统方式主要包括行使个人选举权，参与村委会、居委会等基层组织，以及少量通过社会招考担任领导职务的女性。这些方式均为国家政治制度在基层社会中的拓展与延伸，同时也集中体现了当前社会政治生活中的性别问题。在以男性为主体的社会政治生活结构中，妇女在短时间内提高参政比例的速度和幅度都是相对有限的，课题组在实地调查的基础上，发现部分民族地区创新妇女传统参政方式，将政治参与活动与妇女的日常生活和自身发展密切结合，积极吸纳妇女参与基层社会治理，取得了较好的成效，值得参考和借鉴。

在毒品犯罪较为集中的德宏州芒市西山乡坝东村，村委会吸纳在村寨中积极性高、影响力强的妇女组成"女子护村队"，她们的职责包括在妇女主任的指导下监控当地的男性吸毒人员、了解艾滋病传播疫情、关爱艾滋孤儿和留守妇女、调解家庭纠纷等，还能对村寨的干部工作提出行之有效的意见和建议，受到当地干部群众的一致好评；此外，社会网络的建构对妇女参政有积极的促进作用，在缅甸媳妇较为集中的德宏州芒市三台山乡，村里将对当地社会环境适应较好的缅甸媳妇组成缅甸媳妇帮助团体，对新嫁入的妇女进行生活和心理关爱，帮助当地村寨搭建起与缅甸同民族村寨之间的交流，对当地管理跨国婚姻家庭发挥了积极的促进作用，在提升妇女参政意愿的同时还对缓和边境关系、解决当地男性村民找对象难的问题发挥了直接作用，同时促进了两国之间的民间外交交往。

五　优化妇女生存环境

生存环境是妇女发展的基本前提与条件。当前，我国妇女的生存环境还存在诸多亟待完善的方面，基于实地调查所发现的相关问题，课题组尝试对优化妇女生存环境提出如下建议：

一是加大男女平等国策宣传力度。男女平等作为国策已在全国推行多年，但在执行力度上仍有需要完善的地方。很多地方仅仅将男女平等放在口头上，桌面上，没有贯彻到行动中。在妇女权益保护、妇女发展机会、妇女地位认可等方面存在性别歧视现象。究其根本原因，缺乏必要的评估检测和督查机制是工作成效难以实现的重要根源。

二是营造妇女参与社会活动氛围。西南边境地区的民族传统社会中大多对妇女的社会活动空间有所限制，尽管现在提倡男女平等，但传统观念的影响仍然存在。妇女不能见客、不能与男子同桌吃饭、不能参与公共活动等限制仍然对妇女的社会活动氛围造成一定的消极影响。应积极引导社会舆论，运用恰当时机，鼓励妇女积极参与社会活动。如每年的三八妇女节，如今已经成为西南边境地区很多少数民族妇女最为喜欢的一个节日。在这一天，妇女可以不用劳作，尽情玩乐，由男子负责家务，可谓是一年中最为轻松快乐的一天。德宏州芒市西山乡的妇女阿果告诉调查组，这在以前是想都不敢想的事情，男子还会给女子做饭？村里的妇女都很重视这一天的活动，除开展各种游艺活动外，大家还组织到附近的乡镇走访交流，共同探讨当好家庭主妇、服务村寨社会的心得，营造出妇女参与社会活动的良好氛围。

三是促进妇女获取传媒信息技能。信息是当今社会的重要文化产品，实时获取外界信息是促进妇女适应生活环境的重要内容。当前，手机移动终端和移动互联网在全国已经非常普及，运用手机与他人联系并获取外界信息是妇女优化生活环境的重要渠道。课题组在调研中了解到，很多贫困妇女最想得到的工具是一部手机，通过手机她们能够及时与外出打工的丈夫取得联系，同时也能与他人进行沟通，了解更多的信息，积极投身经济活动，早日摆脱贫困状况。同时，应注意男性和女性在关注信息与处理信息方面的差异，即"当男性和女性都将信息交换作为交际基础时……男性所认为的'信息'是我们所谓的公共事务或新闻，而女性认为的'信息'看起来与她们日常生活中的重要事件更为贴近"[1]。因此，应扩大边境地区妇女的传媒信息获取渠道，通过多种途径提高其使用传媒信息工具的技能，引导妇女在大量获取与日常生活相关信息的基础上获取对身心发展有益的信息，促进其自身的良性发展。

四是引导妇女更新家庭教育理念。妇女是家庭生活的核心，也是子女教养活动的主要实践者。课题组的调研发现，在边境民族地区家庭教育的活动中，丈夫的参与程度仍然低于妻子，受"男主外，女主内"传统思

---

[1] [美]罗纳德·斯考伦、苏珊·王·斯考伦：《跨文化交际：话语分析法》，施家炜译，社会科学文献出版社2001年版，第287—288页。

想的影响，很多男性认为教养子女是母亲的事，自己的职责主要是赚钱养家。家庭教育活动中父母双方缺一不可，将共同对子女的成长发挥重要作用。因此，应引导妇女改变传统观念，鼓励丈夫积极参与到育儿和家庭教育活动中，除教导民族传统道德思想外，还应加强对社会时事、思想观念方面的教育，树立正确的人生观和价值观，尤其应该针对当前边境地区社会发展中存在的问题，如毒品、艾滋病、拐卖、性交易、刑事犯罪等对子女进行持续性的教育，降低未成年人涉入此类行为的可能。

五是改善地方公共卫生条件设施。其一是饮水问题，当前，边境地区的饮水问题已经得到较大改善，绝大多数村寨已经接通自来水管，人畜的饮水安全得到保障，农村妇女每天用于运输饮水的时间大幅度减少，但在地质条件特殊的部分地区，饮水仍对居民的生存与发展造成直接影响，如在云南南部的红河、文山等喀斯特地貌地区，地下水渗漏严重，半山区居民每年主要依靠地窖储藏雨水，存在较大的饮水安全隐患。应着力解决此类地区居民的饮水问题，为妇女安居提供必要保障。其二是厕所问题，厕所是影响村寨公共卫生安全的重要隐患，随着农村厕所改造工程的推进，大部分农户的家中都建起了新型厕所，解决了粪便排放问题，同时给在家中淋浴提供了方便，但公共厕所的数量相对较少，且卫生条件仍亟待改善，女厕位的数量仍存在不够充分的问题，应适当增加女厕位，改善公共厕所卫生条件，减少传染病传播。其三是环境污染问题，在部分边远地区，垃圾丢弃、工厂废弃物排放等缺少监管，部分从事有毒有害工作的妇女缺少劳动保护，应不断加大监管力度，减少环境污染，为妇女发展和地方可持续发展提供良好的环境资源。

六是倡导妇女积极开展环保生活。妇女是家庭生活的核心和重要参与者，是家庭单位中食物、燃料、饲料和饮水的主要提供者。因环境污染、生态退化和资源枯竭造成的影响在早期即会反映在妇女群体的实践活动中。良好且可持续发展的生态环境能够为妇女发展提供最基本的物质资料，同时减低妇女发生贫困的概率。为减轻因环境污染和生态退化对妇女贫困所造成的直接影响，应倡导妇女在日常生产和消费生活中积极开展环保生活，减少塑料等不可降解废弃物的排放，实行绿色低碳的生活方式，通过自己的行为影响家人和周围的人群，为地方环保工作贡献力量，共同营造良好的生活环境。调查组在德宏州和西双版纳州看到，很多农户在政府的支持下建起了沼气池，将家中每天产生的人畜粪便、秸秆等生物原料进行发酵，产生的沼气用来照明、做饭、洗澡等，使用过的妇女均表示，这种新型能源更加方便、更加环保，同时效能也很高，值得进一步改进和推广。此外，还有布朗族妇女多采用传统的芭蕉叶、竹编饭盒等传统方式替代塑料袋包装和携带食物，极大地降低了污染物的排放，保护了地方环境。

六 保障妇女法律权益

针对中国籍妇女，一是保障地权，重点在于严格实施2002年颁行的《农村土地承包法》中对妇女在农村土地承包中的合法权益，尤其是在结婚、离婚、丧偶等婚姻关系变动期间；加大治理农村妇女因婚嫁导致的"双不得"（即在娘家和婆家都未能分到土地）问题；在土地承包经营权证书载明的户主或共有人中明确体现妇女的合法权益。在传统风俗和乡规民约中对妇女的地权有明显认识偏差的地区，应加大对妇女地权保障的巡查力度，通过法律手段切实保障妇女的土地权益。

二是保障劳动权益，通过各种途径不断提高妇女的非农就业率，扩大妇女的城镇就业规模，缩小城镇就业率方面的性别差距，提高妇女劳动收入，改善妇女的社会保障和发展环境，帮助妇女不断提高就业层次。保护妇女在生育期间的劳动权益，尤其是在全面两孩政策实施后，因生育导致的劳动歧视可能出现抬头的趋势，应通过法律途径进一步进行完善。

三是保障婚姻家庭权益，坚决反对家庭内部的性别歧视和家庭暴力。加强对《反家庭暴力法》《婚姻法》《妇女权益保障法》《未成年保护法》《残疾人保护法》《老年人权益保障法》等相关法律法规的宣传力度，提高妇女的自我保护和维权意识，提高妇女面对性侵害、性骚扰、性暴力等犯罪活动的处理能力，增设各类帮助妇女解决家庭内部矛盾与冲突的机构与组织，重点针对未成年少女和弱势群体妇女开展宣传教育和帮扶工作。

针对外国籍妇女，一是保护跨国婚姻家庭中的外籍妇女合法权益。此类妇女法律权益的保护应从"身份"和"权益"两方面展开考虑。"身份"的认可是"权益"得到保护的必要前提。从立法层面上看，跨国婚姻家庭中的外籍妇女法律权益问题产生的根源是婚姻登记手续难以办理导致的"合法身份"问题。因此，有学者认为应当有条件地承认此类事实婚姻的合法性①，变通相关法律，通过政府间的沟通与合作解决跨国婚姻的法律问题②。本研究认为，在婚姻登记手续办理政策无法在短时间进行根本性调整的前提下，可适当制定一些区域性的管理规定③，通过备案登记制度"变通式"地对此类妇女群体中符合相关条件者的身份给予认可。

在其"身份"得到一定程度认可的基础上，其作为社会成员的基本权益（如医疗、劳动、出行等）才有可能得到保障，相关部门可在此基础上不断进行管理规定的改革尝试，逐步放开对跨国婚姻家庭中外籍妇女相关权益的范围，如法律诉讼中的原告身份和行政补偿、赔偿的对象身份等；从长远来看，应对《中国与毗邻国边民婚姻登记管理试行办法》进行适当调试，简化程序，以从根本上解决此类外籍妇女的身份和权益保障问题；从行政管理层面上看，应加强执法行为的规范性，加大国内各相关部门和周边国家相关部门之间的沟通与协作，扩大婚姻登记宣传力度，进一步提高跨国婚姻登记率；从司法层面上看，应适时开展对有法律需求外籍妇女的法律援助，增强其法律意识，保护自身权益，同时保护此类婚姻和家庭的稳定和良性发展。

值得关注的是，邻国政府已经注意到大量女性人口嫁入中国导致的人口流失问题，开始采取"反遣返"政策应对此类人群④，即对嫁入中国的妇女采取注销国籍、户口等手段对跨国婚姻实施干预和限制，同时侵害了此类妇女群体的合法权益⑤。

---

① 秦红增、李开元、宋秀波：《中越边境地区跨国婚姻模式新探——以广西龙州武德乡布依三屯为例》，《黑龙江民族丛刊》2001年第5期。
② 覃晚萍：《对中越跨国婚姻的法社会学思考》，《云南大学学报》（法学版）2012年第1期。
③ 如云南省德宏州出台的《德宏州边民入境通婚备案登记证管理规定（试行）》规定夫妻双方应当提供具有中国国籍一方常住户口所在地村（居）委会出具的以夫妻名义同居生活的事实婚姻证明。受理申请的机关是中国籍申办人常住户口所在地的公安派出所。在权益保障上，持有该证的越南妇女，可以在德宏州行政区域内享有居住、医疗、就业等各项基本的社会权益；广西防城港出台的《广西东兴国家重点开发开放试验区城乡居民基本医疗保险暂行办法》第二章有关参保范围第四条第四款规定，居住在防城港市范围内并已与有防城港市户籍的居民育有子女的外国籍人员及所育子女属于应当按规定参加城乡居民基本医疗保险的人员。
④ 如越南法律规定，未经登记前往中国三个月未归的公民将自动丧失越南国籍。
⑤ 陈文兴：《关于解决云南边境跨国婚姻问题的建议》，云南省人民政府，云南净言网，http://www.ynzy.gov.cn/html/2013/zhengyanzhanshi_ 0106/889_ 2.html。

二是保护在中国境内从事贩毒、性交易等违法犯罪活动的外籍妇女合法权益。从事性交易、贩毒及因其他原因导致的非法滞留妇女群体由于从事的是违反国家规定和法规的活动，因此其身份带有"灰色"属性，同时也因为其身份的特殊性成为犯罪行为侵害的对象。如前文列举的不少跨境贩毒妇女，往往成为犯罪团伙的"运输工具"，一旦被查获，所有的法律后果将由其承担；从事性交易的妇女则很容易沦为抢劫、强奸等暴力犯罪的对象，甚至遭到贩卖；不少非法滞留者因没有合法的身份，加上语言障碍，也很容易成为犯罪团伙利用的对象，成为犯罪活动的牺牲品。因此，保障此类特殊群体妇女的法律权益，不仅是对其自身行为的保护，对边境地区犯罪问题和社会稳定维护也有积极的社会意义。

总之，对上述两类特殊外籍妇女的法律权益保障是一项长期艰巨的系统工程，应当分条件、分步骤、分阶段来实现。随着"一带一路"战略和中国—东盟自由贸易区的不断发展，西南边境地区的跨国通婚和外籍妇女大量入境现象也会更加普遍，解决此两类妇女群体的法律权益问题势在必行。

余 论

本研究采用文献研究与实地调查相结合的方式,基于对当前西南三省区妇女发展水平的评估状态,通过对当前地区社会稳定维护中集中凸显的主要妇女问题的个案遴选、类型分类和特征归纳,勾连起妇女发展水平与社会稳定维护之间的桥梁关系,将妇女置身于具体的社会发展环境中,通过量化分析与田野调查来构建和检验妇女发展与社会稳定维护之间的关系。研究发现了妇女群体通过对社会生活、社会心理和社会关系等途径,对地方社会稳定维护发挥着至关重要的作用。同时,当前西南地区的妇女发展水平相对落后,直接导致了社会稳定维护中妇女问题的发生,也为相关社会稳定问题的解决带来障碍。研究结果使得妇女的社会性和社会参与功能更加明朗,对探讨妇女与社会发展之间的关系进行了积极有效的尝试。同时,课题组也发现了一些新的问题,但受到研究周期和经费的限制,现对此类问题略作阐发,以待今后开展进一步的调查和研讨。

一 人口老龄化与老年妇女发展问题

从年龄结构上看,2010年第六次人口普查数据显示,西藏、云南和广西三省区15岁以下人口所占比例均高于全国和西部地区水平;15—64岁人口所占比例均低于全国平均水平,接近地区平均水平;西藏和云南两省区65岁以上人口所占比例低于全国平均水平,三省区比例均低于西部地区平均水平(见表6-1)。

表6-1 西南三省区人口年龄结构(2010年第六次人口普查数据)

	年龄别人口(万人)			年龄构成(%)		
	0—14岁	15—64岁	65岁及以上	0—14岁	15—64岁	65岁及以上
全国	22246	99843	11883	16.6	74.5	8.9
东部	7959	42107	4928	14.8	75.2	10.0

续表

	年龄别人口（万人）			年龄构成（%）		
	0—14 岁	15—64 岁	65 岁及以上	0—14 岁	15—64 岁	65 岁及以上
中部	7371	31167	3713	17.3	73.3	9.4
西部	6822	25981	3229	19.3	71.1	9.6
西藏	73	212	15	24.4	70.5	5.1
云南	953	3293	351	20.7	71.6	7.6
广西	999	3178	425	21.7	69.1	9.2

资料来源：国家卫生和计划生育委员会主编：《中国卫生和计划生育统计年鉴2017》，中国协和医科大学出版社2017年版，第344页。

2015年全国人口变动抽样调查数据显示的整体状况与2010年近似，但65岁以上人口所占比例有小幅上升，人口老龄化趋势在加剧（见表6-2）。

表6-2　　西南三省区人口年龄结构（2015年全国人口变动抽样调查数据）

	年龄别人口（人）			年龄构成（%）		
	0—14 岁	15—64 岁	65 岁及以上	0—14 岁	15—64 岁	65 岁及以上
全国	3521811	15559965	2230465	16.5	73.0	10.5
东部	1307496	6590637	935587	14.8	74.6	10.6
中部	1164390	4833566	700710	17.4	72.2	8.5
西部	1049927	4135764	594168	19.3	71.1	9.6
西藏	11932	35812	2890	23.6	70.7	5.7
云南	141197	535328	62088	19.1	72.5	8.4
广西	169026	505127	72940	22.6	67.6	9.8

资料来源：国家卫生和计划生育委员会：《中国卫生和计划生育统计年鉴2017》，中国协和医科大学出版社2017年版，第344页。

上述人口特征的出现，说明西南三省区的人口结构较为合理，65岁以上人口数量低于全国平均水平。这种特征的出现可能与上述地区的人口健康基础有关，导致人口平均寿命低于全国平均水平，65岁以上人口数量相对较少，同时也与这一区域人口的城乡结构有关，乡村人口比例较高导致整个地区受计划生育政策的影响相对较小，年均新生人口一直保持增长趋势。值得注意的是，随着人口生活条件和健康状况的改善，寿命延长是必然的发展趋势；同时，城镇化趋势也可能导致受计划生育影响的人口增多，年均新生人口数量下降。可见，西南三省区的人口老龄化现象出现时间可能晚于全国，但却是必然趋势。

随着人口老龄化现象的出现，叠加中国社会人口结构中长期存在的"老年妇女人数多、比重高、寿命长"①等特点，老年妇女问题将成为将来妇女发展中不可回避的重要社会问题。1991年的人口统计数据显示了老年妇女群体的主要特点，"从丧偶率上看，老年妇女丧偶率高于男性，高龄老年妇女和农村老年妇女的丧偶率更高于低龄老年妇女和城市老年妇女，但老年妇女再婚比重却低于老年男子；从受教育程度上看，老年妇女的平均文化程度低于老年男子，农村老年妇女的文化程度低于城市老年妇女；从经济参与程度上看，老年妇女的劳动参与程度低，经济收入少，家庭地位低；从生育健康水平上看，老年妇女早婚、早育比率高，生育周期长，子女存活率低"②。20余年过去了，随着全国人口结构老龄化趋势的加快，人口的代际更迭使得原先大量早婚、早育生育史的老年妇女群体逐步减少，但教育水平和经济参与方面的性别差异仍然存在，尤其是经济参与领域还有逐步扩大的趋势。

课题组的调查发现，当前西南地区的社会服务水平普遍不高，社会公共资源相对有限，家庭养老仍然是老年人主要的照料方式。部分老年妇女群体由于缺乏照料，导致日常生活难以为继，极易产生犯罪行为动机。如本研究调查发现的贩毒、贩卖人口、非法宗教渗透等社会问题中，老年妇女犯罪者群体所占比例应受到关注。同时，家庭养老照料任务的承担者又以女性家庭成员为主。有研究发现，家庭养老照料提供者的门诊率比非照料提供者高出23.6%③，照料者可能因长期的服务工作产生大量的生理和心理健康问题。调查组发现，这些照料者群体在产生心理问题时如不能及时获得必要救治，其产生犯罪行为的概率也会明显增加。

可见，老龄妇女的大量出现将会带来大量的照料需求和养老问题，同时会对家庭成员中的年轻群体产生直接影响。阶段性研究成果显示，家庭养老带来的妇女问题是综合化和立体化的，养老女性和照料妇女都需要得

---

① 朱楚珠、蒋正华：《中国女性人口》，河南人民出版社1991年版，第172页。
② 同上。
③ 宋月萍：《性别平等与包容性增长——第十三届中国女经济学者学术研讨会综述》，《妇女研究论丛》2016年第5期。

到足够的关注，在家庭保障功能得到最大限度发挥的同时，提供照料服务的妇女群体应该获得相应的政策支持和心理关爱，以此实现可持续和健康的老龄化社会发展趋势。

二 乡村社会结构转型与农业女性化和留守妇女问题

中国自 20 世纪 70 年代末开始的以家庭联产承包责任制为主要内容的经济体制改革，启动并加速了农村的现代化过程。到 90 年代中期农村最大的变化莫过于有 1 亿多的劳动力从农业中转移出来。经济发展的区域化和不平衡状态导致了欠发达农村地区剩余劳动力的转移。若从性别分层的角度观察，女性和男性存在着很大的差别，女性在非农转移中明显体现出滞后性，致使全国不同程度地出现了农业女性化趋势[①]。城镇化趋势和以此产生的虹吸效应正在吸引更多的青壮年劳动力向城镇和发达地区流动，由于劳动分工和性别选择等因素的限制，男性人口成为转移和流动的主要群体，乡村社会的农业女性化和留守妇女问题由此产生。

广西的相关调查研究发现，留守妇女需要承担繁重的农业生产和家务劳动，造成体力严重透支，对丈夫的牵挂和农村社会治安管理的不完善又给其心理带来突出的不安全感，同时，教育子女也给留守妇女造成不小的负担。由于身心的疲劳，加上业余生活单调，精神生活匮乏，使得部分妇女沉迷于麻将、扑克甚至是赌博活动。[②]

课题组在调查中发现，当前云南部分地区的农业女性化和留守妇女问题较为突出。随着大量青壮年劳动力和男性劳动力的向城市转移，妇女在农业劳动中所占比例明显上升。沉重的劳动负担、家务劳动给妇女的身心发展造成巨大压力，同时也对当地的经济发展、脱贫致富、文化建设、未成年教育、社会风气等造成直接影响。留守妇女的大量产生不仅仅是社会分工、劳动力选择和人口迁移的产物，同时也折射出深刻的社会性别内涵。在社会无法投注相应关注的背景下，这一群体在面对自身无法解决的困难时，其产生反社会动机的概率会明显上升。本研究调查发现的妇女涉

[①] 高小贤：《当代中国农村劳动力转移及农业女性化趋势》，《社会学研究》1994 年第 2 期。

[②] 高峰：《广西钦州妇联为农村"留守妇女"生存发展鼓与呼》，《中国妇女报》2018 年 1 月 13 日 1 版。

毒、性交易、影响社会治安和刑事案件、非法宗教渗透等个案中的不少妇女均为留守妇女,尤其是在影响社会治安和非法宗教渗透案件中,留守妇女所占比例明显较高。

此外,随着全面两孩政策的实施,因生育导致的留守妇女数量可能出现增加的趋势,妇幼健康服务的需求也将显著提升,尤其是高龄产妇数量的大量增加,会给当前西南地区的妇女健康服务数量、水平和质量带来新的挑战。两孩政策同时给妇女的劳动时间安排带来了新的挑战,对妇女的劳动参与和职业发展形成了直接的影响。很多妇女为了有更多的时间照顾第二个孩子,不得不放弃社会工作,成为依附于家庭的"职业母亲"。同时,一些用人单位担心生育二孩给妇女的工作时间造成影响,为节约人力成本更加不愿意雇用女性。进一步导致了就业性别歧视问题的加剧。由于政府、社会和用人单位对妇女生育缺乏足够的政策性支持,公共服务严重不足,很多生育二孩的妇女在社会竞争和家庭责任的双重压力下不得不选择回归家庭,对个人自身的发展形成了明显的威胁。

可见,边境地区的人口老龄化、劳动力迁移、农业女性化和生育抚养方式转变可能因相互叠加形成一系列更为复杂的新问题。

三 网络信息化与妇女跨境传媒问题

20世纪50年代前后,美国著名舆论学家李普曼(W. Lippman)先后在其《自由与新闻》和《舆论学》等著作中指出,现代社会越来越巨大化和复杂化,人们由于实际活动范围、经历和注意力有限,无法对与他们有关的整个外部环境和众多事物都保持经验性接触,因此在超出自己亲身接受的感知能力和速度之外的领域,只能通过传媒机构去了解。在这种情况下,人的行为已经不再是对客观环境及其变化的反映,而变成了对新闻机构提示的某种"拟态环境"(pseudo-environment)的反映。李普曼的学说揭示了大众传媒所形成的环境不仅制约着人的认知和行为,而且通过制约人的认知和行为来对客观的现实环境产生影响。这种机制使得现代环境不仅越来越信息化,而且信息环境越来越现实化。[1]一项对广西农村妇女闲暇生活的调查显示,由于受教育水平普遍偏低,农村妇女的闲暇生活显示出"方式滞后、主体缺乏、活动单一、技能欠缺、情趣不高"等特

---

[1] 陈龙:《传媒文化研究》,中国人民大学出版社2009年版,第4页。

点，同时，研究也发现，部分农村妇女的闲暇生活正在从传统的闲聊、看电视、闲逛等无目的的消磨时间转向有目的的自主性活动，互联网活动即是其中较为突出的一类。[1]

随着通信技术的发展和以手机为代表的通信移动终端的普及，社会大众对网络信息的依赖性逐渐增强。以乡村社会的妇女群体为例，原先以看电视、闲聊、闲逛为主要特征的闲暇生活正在被电脑、手机等新型信息渠道所替代。通信工具成为妇女群体相互沟通和了解外界的重要渠道。

课题组的调查发现，边境地区的妇女群体对手机具有明显的亲近感，接受程度较高。在大部分手机信号覆盖的地区，家庭经济条件允许的家庭中，60岁以下妇女配置手机的比例较高，40岁以下妇女几乎人人配备。其中，微信已经成为中青年妇女群体之间交往的重要信息渠道，通过朋友圈了解相互信息和动态也成为不少妇女日常生活的重要内容。课题组的调查数据显示，80%以上的妇女将手机视为主要的信息获得渠道，92%的留守妇女通过手机与离家在外的丈夫和亲人保持联系。

同时，在周边接壤国家靠近边境线的地区，能够接收中国移动通信网络信号的地区也有大量人口在使用中国通信网络的服务。随着中国电子商务的兴起和发展，居住在交通便利地区的妇女群体中已经开始兴起网上购物，甚至帮助境外的亲友购物。此外，还有部分妇女在朋友圈中开设"微店"，作为增加经济收入的一条新途径。上述活动在跨国婚姻家庭中尤为典型。

可见，随着网络信息化的发展，西南地区的妇女群体已经开始大量使用移动通信网络进行信息沟通与交流，个人移动通信设备也成为当前妇女群体中跨境信息交换的重要渠道，这一趋势对边疆社会的信息安全和社会稳定有重要影响，值得进行进一步的调查和研究。

四 "一带一路"倡议与妇女跨国民间交往问题

跨国民间交往是边境地区在历史上长期形成的一种传统交往方式，是建立在血缘亲属关系网、通婚圈、贸易交换圈和祭祀圈基础上的一种自然跨境交往关系。通过日常生活中的沟通与往来，一定区域范围中具有共识的群体得以实现情感的交流和物资的交换，成为地区发展繁荣的重要组成

---

[1] 文东升：《广西农村妇女闲暇生活现状、趋向与提升——基于广西部分村屯的调查分析》，《广西社会科学》2017年第7期。

部分。对于妇女群体而言，跨境交往在血缘亲属关系网和通婚圈中表现得更为集中。有研究发现，跨境纽带在健康和福利方面有重要作用[1]，同时还会受到双方社区的文化的影响[2]。可见，跨境纽带和关系事实上呈现出显著的民间外交作用与特征。

随着时代的发展，传统意义上的民间交往被赋予了更多的政治意蕴，成为国家公共外交的必要补充，甚至发挥着公共外交在某些方面无法具备的重要作用。近年来，与西南地区接壤的周边国家纷纷开始调整国家内政和外交政策，其中，外交成为其国家转型发展的重要内容和目标，周边各国政府的外交活动呈现出积极活跃的态势。其中，"我国的妇联与周边国家的妇女组织保持着较为密切的交往，在睦邻友好、求同存异的前提下积极开展工作，加强与外国首脑、政要妇女等重要人物的联络，开展国际间妇女组织的互访，开展妇女人权问题对话、召开妇女问题研讨会等方式，积极开展外交活动，取得了显著成绩。如实现了与多米尼加、海地等国家间政府和非政府妇女组织的互访，对与尼日尔、中非等复交国家开展首次访问等"[3]。共同维护亚洲地区和世界和平。近年来，全国妇联主动邀请了东盟国家及亚太地区的妇女访华，并与一些久未联系的妇女组织重新建立了联系。

以缅甸为例，民选新政府组成后，国际社会对缅甸的转型抱有期待，西方国家、周边国家和我国都在积极发展对缅关系，期待将双边关系提升到新的层次，以适应缅甸转型发展后的诸多变化。中缅关系的发展与缅甸的内政和外交政策密切相关。回顾以往，中缅双方曾经在政治、经济、文化等方面的交流与合作频繁，成果显著。但自2010年大选之后，缅甸社会的民主化进程大幅推进，加上外国组织与媒体的有意歪曲，中缅关系开始出现一些问题，比如政治互信度走低、经贸合作受到冲击、缅甸国内的反华和排华事件时有发生以及中缅地域性跨境问题呈现恶化的趋势，缅甸民众的对华认知日益"复杂化""多元化""错误化"，反华情绪日益凸显，中缅关系面临重大挑战。从外交途径上看，中缅双方虽有传统的"胞波"

---

[1] Acevedo-Garcia D, Sanchez-Vaznaugh EV, Viruell-Fuentes EA, Almeida J, . *Integrating social epidemiology into immigrant health research: a cross-national framework*. Social Science & Medicine. 2012, 75 (12): 2060-2068.

[2] Olwig, K. F, *Transnational social-cultural systems and ethnographic research: views from an entended field site*, International Migration Review, 2006 (37): 787-811.

[3] 顾秀莲:《中国特色妇女发展之路》，人民出版社2010年版，第151—152页。

情谊,但中方对缅外交一直以传统的官方外交为主,较少关注民间外交。然而,美、日等国却一直重视民间外交,以非政府组织(NGO)为纽带,积极拓展与缅甸民众之间的交流与联系。通过各类非政府组织的活动,上述国家积极搭建起与缅甸民众之间的关系,妇女组织即是其中重要的一环。

在广西中越交界地区,妇女组织之间的交流合作已经在维护社会和谐稳定、保护妇女合法权益方面发挥着越来越重要的作用,如2014年广西妇联与越南高平省妇联签署交流合作备忘录,2017年12月,广西妇联又与越南高平、河江、谅山、广宁四省妇联签署交流合作备忘录,在禁毒防艾、打击拐卖妇女儿童、和谐家庭建设、技能培训和经贸合作方面展开合作,形成了中越双方边境地区妇女界比较全面的长效交流机制。[1]

课题组在调查中发现,妇女是西南地区跨境民间交往中的活跃群体,在亲属关系网、通婚圈、边贸交换和宗教祭祀等跨境民间交往活动中扮演着重要角色。在云南省的16个跨境民族群体中,上述民间交往关系均普遍存在,且呈现出来往频繁、范围扩大的发展趋势。同时,随着跨境经贸活动的日渐频繁,以及大量跨境婚姻的发生,周边国家的外籍妇女已经成为当前西南地区妇女群体的重要组成部分,对当地的妇女发展水平和社会稳定维护发挥着不容忽视的影响和作用。

上述研究说明,国家的开放政策为传统的亲属关系、跨境通婚和宗教活动提供了便利,同时也吸引了越来越多的妇女参与边境商贸活动,随着跨境通婚者数量的增加,妇女在跨境民间交往中的重要价值不容忽视。因此,应加强传统民间情谊宣传,有针对性地引导妇女积极开展跨境民间外交,开拓与周边国家外交关系的新思路。同时,挖掘促进侨团侨社在民间外交中的积极作用。侨团侨社具有非政府组织的(NGO)的诸多特征,能够在外交关系中扮演特殊角色,承担特殊使命。

实践经验表明,在治理跨国婚姻、宗教渗透等跨境社会问题中,民间外交有可能发挥积极的促进作用。随着"一带一路"战略的推进与实施,跨境民族群体内部的跨国民间交往必定会日益频繁,以跨境民族妇女和嫁入中国的外籍妇女为代表的妇女群体将会在未来的边境跨国民间交往中发挥日益重要的作用。

---

[1] 高峰:《中越双方边境地区妇女界长效交流机制形成》,《中国妇女报》2017年12月25日A2版。

表 1 2010—2017 年云南边境地区中国籍妇女涉毒典型案件统计表

编号	案件名称	案由	涉案毒品种类、数量	涉案原因	审判结果
1	曹某、施某（女）走私毒品案	夫妻驾驶摩托车越境携带	甲基苯丙胺片剂 100 克	走私贩卖	有期徒刑七年，并处罚金人民币 20000 元
2	王某（女）走私毒品案	乘轿车藏旅游鞋内携带	甲基苯丙胺 456 克	走私贩卖	有期徒刑十五年，没收个人财产人民币 90000 元
3	曹某（女）走私毒品案	乘摩托车藏胸衣内跨境携带	甲基苯丙胺 584 克	走私贩卖	无期徒刑，剥夺政治权利终身，没收个人全部财产
4	常某（女）走私毒品案	乘飞机藏胸衣及卫生巾内跨境携带	甲基苯丙胺 583 克	走私贩卖	无期徒刑，剥夺政治权利终身，没收个人全部财产
5	崔某（女）走私毒品案	驾驶汽车藏引擎盖内携带	鸦片 21665 克	走私贩卖	死刑，剥夺政治权利终身，并没收个人全部财产
6	董某（女）、赵某（女）走私毒品案	走小路携带毒品	甲基苯丙胺片剂 118.5 克	走私贩卖	有期徒刑十年，没收个人财产人民币 10000 元
7	何某（女）、赵某（女）走私毒品案	乘摩托车藏胸衣内跨境携带	海洛因 9437 克	走私贩卖	有期徒刑三年，并处罚金人民币 5000 元
8	洪某、王某、常某走私毒品案	伙同驾驶汽车押运藏匿毒品和枪弹	甲基苯丙胺 88 克；海洛因 18 克	走私贩卖	有期徒刑十五年，没收个人财产人民币 10000 元
9	黄某（女）走私毒品案	在其出租房内查获毒品	海洛因 6282 克	走私贩卖、吸食	死刑，缓期两年执行，剥夺政治权利终身，并没收个人全部财产
10	吉某（女）走私毒品案	乘摩托车用手提包携带	甲基苯丙胺 1382 克	走私贩卖	无期徒刑，剥夺政治权利终身，没收个人全部财产
11	匡某（女）走私毒品案	乘汽车用手提包携带			

续表

编号	案件名称	案由	涉案毒品种类、数量	涉案原因	审判结果
12	兰某（女）走私毒品案	怀孕期同受人指使运输毒品在车站被民警抓获	甲基苯丙胺片剂 1581 克	受人指使运输	有期徒刑十五年，并处没收个人财产人民币 160000 元
13	雷某（女）走私毒品案	走小路携带毒品	鸦片 8009.4 克；甲基苯丙胺 18.2 克；海洛因 8.8 克	走私贩卖	有期徒刑十五年，并处没收个人全部财产
14	苹某、李某（女）走私毒品案	驾驶电动车携带	鸦片 91.5 克；甲基苯丙胺 7.4 克	走私贩卖	有期徒刑七年，并处罚金人民币 10000 元
15	李某（女）走私毒品案	驾驶摩托车携带	甲基苯丙胺 27 克；海洛因 5 克	走私贩卖	有期徒刑十年，并处罚金人民币 2000 元
16	石某、李某（女）走私毒品案	伙同驾驶摩托车胸衣内携带	海洛因 50 克；甲基苯丙胺 95 克；鸦片 396 克	走私贩卖	有期徒刑十五年，并处没收个人财产人民币 30000 元
17	李某（女）、走私毒品案	二人体内藏毒	排出海洛因 106 克	走私贩卖	有期徒刑十五年，并处没收个人全部财产
18	李某（女）、袁某（女）走私毒品案	乘客车藏肉衣及牛仔裤口袋携带	海洛因 10 克；甲基苯丙胺 120 克	走私贩卖	有期徒刑十五年，没收个人财产人民币 10000 元
19	玉某（女）走私毒品案	经吸毒人员举报在其家中查获	甲基苯丙胺 35.11 克	走私贩卖	有期徒刑十二年，并处罚金 5000 元
20	李某、汤某（女）走私毒品案	乘客车藏"娃哈哈"八宝粥中挟带	甲基苯丙胺 2340 克	走私贩卖	有期徒刑十年，并处罚金人民币 10000 元
21	刘某（女）走私毒品案	乘客车体内藏毒	海洛因 148 克	走私贩卖	有期徒刑十五年，并处没收个人财产人民币 30000 元
22	刘某（女）走私毒品案	搭乘客车携带	甲基苯丙胺片剂 1554 克	走私贩卖	无期徒刑，并处没收个人全部财产

续表

编号	案件名称	案由	涉案毒品种类、数量	涉案原因	审判结果
23	龙某（女）走私毒品案	体内藏毒跨境携带	海洛因430克	走私贩卖	有期徒刑十三年，并处罚金人民币20000元
24	罗某、咪某（女）走私毒品案	受人指使安排驾驶摩托车携带	甲基苯丙胺5597克	受人指使运输	无期徒刑，剥夺政治权利终身，并处没收个人全部财产
25	马某（女）走私毒品案	驾驶汽车携带	海洛因15426克	走私贩卖	死刑，剥夺政治权利终身，并处没收个人全部财产
26	岩某，马某（女）走私毒品案	伙同驾驶摩托车携带	甲基苯丙胺94克；鸦片3克	走私贩卖	有期徒刑十五年，没收个人财产人民币10000元
27	马某、李某、廖某（女）走私毒品案	体内藏毒携带	海洛因611克	走私贩卖	有期徒刑十五年，没收个人财产人民币50000元
28	米某、海某走私毒品案	乘汽车绑腰部携带	海洛因8357克	走私贩卖	死刑，缓期两年执行，剥夺政治权利终身，并处没收个人全部财产
29	缪某、孔某（女）走私毒品案	驾驶汽车携带	甲基苯丙胺片剂3360克；海洛因52克	走私贩卖	有期徒刑十五年，没收个人财产人民币50000元
30	黄某、批某（女）走私毒品案	驾驶摩托车携带	甲基苯丙胺片剂218克；海洛因169克	走私贩卖	有期徒刑十五年，没收个人财产人民币40000元
31	批某（女）走私毒品案	驾驶摩托车携带	鸦片9646克	走私贩卖	有期徒刑十五年，没收个人财产人民币30000元
32	浦某（女）走私毒品案	乘飞机体内藏毒携带	甲基苯丙胺片剂375克	走私贩卖	有期徒刑十五年，没收个人财产人民币50000元
33	三某、玉某（女）走私毒品案	交易时被抓获	甲基苯丙胺11834克	走私贩卖	死刑，缓期两年执行，剥夺政治权利终身，并处没收个人全部财产

续表

编号	案件名称	案由	涉案毒品种类、数量	涉案原因	审判结果
34	尚某（女）走私毒品案	乘缅甸牌照汽车装后备箱携带	鸦片11250克	走私贩卖	有期徒刑十五年，并处没收个人财产人民币30000元
35	苏某（女）走私毒品案	在机场安检时发现其胸衣内藏毒	海洛因380克	走私贩卖	有期徒刑十五年，并处没收个人财产人民币70000元
36	苏某（女）走私毒品案	乘摩托车藏坐垫套内携带	甲基苯丙胺566.4克	走私贩卖	有期徒刑十五年，并处没收个人财产人民币20000元
37	李某、孙某（女）走私毒品案	乘摩托车携带	甲基苯丙胺1879克	走私贩卖	死刑，缓期两年执行，剥夺政治权利终身，并处没收个人全部财产
38	万某、李某（女）走私毒品案	包乘出租车用避孕套携带	毒品海洛因398克	走私贩卖	有期徒刑十五年，没收个人财产人民币10000元
39	王某、刘某、姜某（女）走私毒品案	驾驶汽车交易毒品时被抓获	海洛因998克；甲基苯丙胺564克	走私贩卖	无期徒刑，剥夺政治权利终身，没收个人全部财产
40	相某（女）走私毒品案	在机场安检时发现其厚底拖鞋内藏毒	海洛因465克	走私贩卖	有期徒刑十五年，并处没收个人财产人民币80000元
41	亚某（女）走私毒品案	乘出租车藏拖鞋夹层携带	海洛因687.4克	走私贩卖	有期徒刑十五年，并处没收个人财产人民币20000元
42	岩某（女）走私毒品案	在其出租房内查获毒品	甲基苯丙胺片剂335克	走私贩卖	有期徒刑十五年，没收个人财产人民币10000元
43	杨某、陈某、李某（女）走私毒品案	交易时被抓获	甲基苯丙胺39.02克	走私贩卖、吸食	有期徒刑七年，并处罚金人民币60000元
44	杨某（女）走私毒品案	乘摩托车阴道藏毒携带	海洛因120.2克	走私贩卖	有期徒刑十五年，没收个人财产人民币10000元

续表

编号	案件名称	案由	涉案毒品种类、数量	涉案原因	审判结果
45	杨某（女）走私毒品案	跨境体内藏毒携带	海洛因201克	走私贩卖	有期徒刑十五年，并处没收个人全部财产
46	依某（女）走私毒品案	驾驶摩托车交易时被抓获	甲基苯丙胺片剂17014克	走私贩卖	死刑，缓期两年执行，剥夺政治权利终身，并处没收个人全部财产
47	余某（女）、张某（女）走私毒品案	乘客车藏鞋肉携带	海洛因552克	走私贩卖	有期徒刑十五年，没收个人财产人民币20000元
48	岩某（女）、余某（女）走私毒品案	乘车藏腰部携带	海洛因353克	走私贩卖	有期徒刑十五年，没收个人财产人民币10000元
49	玉某（女）走私毒品案	乘轿车藏鞋底夹层携带	甲基苯丙胺片剂378克	走私贩卖	有期徒刑十五年，没收个人财产人民币40000元
50	岩某、玉某（女）走私毒品案	在其家中查获	甲基苯丙胺片剂54.5克	走私贩卖、吸食	有期徒刑十五年，没收个人财产人民币20000元
51	玉某（女）走私毒品案	在其家中查获	甲基苯丙胺片剂168克	走私贩卖	有期徒刑十年，没收个人财产30000元
52	张某、刘某、曾某（女）走私毒品案	乘汽车携带	海洛因5279.5克	走私贩卖	无期徒刑，剥夺政治权利终身，并处罚金人民币3000元
53	张某、吕某（女）走私毒品案	交易时被查获	甲基苯丙胺1068克	走私贩卖	有期徒刑三年，并处罚金3000元
54	王某、雷某、张某（女）走私毒品案	跨境携带	甲基苯丙胺8655克	走私贩卖	死刑，剥夺政治权利终身，并处没收个人全部财产
55	赵某（女）走私毒品案	驾驶摩托车携带	甲基苯丙胺片剂300克；海洛因30克	走私贩卖	无期徒刑，剥夺政治权利终身，并处没收个人全部财产

续表

编号	案件名称	案由	涉案毒品种类、数量	涉案原因	审判结果
56	折某（女）走私毒品案	出租房内查获	甲基苯丙胺片剂76.8克	走私贩卖	有期徒刑十五年，并处没收个人财产人民币20000元
57	郑某（女）走私毒品案	乘坐出租车交易时被抓获	海洛因674克	走私贩卖	有期徒刑七年，并处罚金人民币20000元
58	周某（女）走私毒品案	驾驶汽车携带	甲基苯丙胺片剂2324克	走私贩卖	死刑，缓期两年执行，剥夺政治权利终身，并处没收个人全部财产
59	佐某（女）走私毒品案	驾驶摩托车携带	甲基苯丙胺片剂200克；鸦片1519克	走私贩卖	有期徒刑十五年，并处没收个人财产人民币20000元
60	胡某、陶某、康某（女）走私毒品案	乘出租车藏辣椒内携带	海洛因390克	走私贩卖	有期徒刑十五年，并处罚金人民币30000元
61	康某（女）走私毒品案	驾驶摩托车携带	海洛因328.2克	走私贩卖	有期徒刑七年，并处罚金人民币50000元
62	康某、姚某、邹某、侯某（女）走私毒品案	驾驶越野车携带交易时被抓获	海洛因2104克	走私贩卖	有期徒刑三十年
63	李某（女）走私毒品案	购得毒品后驾驶汽车携带	海洛因692.45克	走私贩卖	无期徒刑，剥夺政治权利终身，并处没收个人全部财产
64	李某、汤某（女）走私毒品案	交易时被查获	海洛因343.8克	走私贩卖	有期徒刑十二年，并处罚金人民币10000元
65	罗某、邹某、李某（女）走私毒品案	去酒店交易时被查获	海洛因2068.6克	走私贩卖	无期徒刑，剥夺政治权利终身，并处没收个人全部财产
66	童某、岳某（女）走私毒品案	二人预谋准备出售毒品时被抓获	海洛因150.8克	走私贩卖	有期徒刑十五年，并处没收财产人民币10000元

表2 2010—2017年云南边境地区缅甸、越南籍妇女涉毒典型案件统计表

编号	案件名称	主要涉案妇女国籍	案由	涉案毒品种类、数量	涉案原因	审判结果
1	陈某（女）、陆某非法持有毒品案	缅甸	因涉嫌吸毒，公安人员到其家中搜查	甲基苯丙胺片剂132.9克	非法持有	有期徒刑七年，并处罚金人民币5000元
2	韩某（女）、麻某（女）、埃某（女）、迪某（女）走私毒品案	缅甸	伙同乘汽车绑部携带	海洛因5574克	走私贩卖	无期徒刑，并没收个人全部财产
3	寨某（女）走私毒品案	缅甸	体内藏毒乘飞机场被抓获	海洛因230克	走私贩卖	有期徒刑十五年，没收个人财产人民币30000元
4	土某（女）走私毒品案	缅甸	欲乘飞机体内藏毒携带在机场被抓获	海洛因231克	走私贩卖	有期徒刑十五年，并处个人财产人民币30000元
5	黎某（女）走私毒品案	越南	乘老挝至昆明的国际班车在口岸接受检查时被查获	海洛因5177克	走私贩卖	死刑，缓期两年执行，并处没收个人全部财产
6	武某（女）走私毒品案	越南	多次贩卖海洛因小零包给吸毒人员	海洛因3.9克	走私贩卖	有期徒刑三年，并处罚金人民币3000元

表3 2010—2017年云南边境地区国籍不明妇女涉毒典型案件统计表

编号	案件名称	案由	涉案毒品种类、数量	涉案原因	审判结果
1	阿某、小某（女）走私毒品案	伙同驾驶摩托车挎包携带	甲基苯丙胺片剂48.3克、海洛因6.46克	走私贩卖	有期徒刑十五年，没收个人财产人民币5000元
2	依某（女）、起某、末某走私毒品案	伙同驾驶摩托车环保袋携带	甲基苯丙胺4880.6克	走私贩卖	死刑，缓期两年执行，并没收个人财产
3	曹某（女）走私毒品案	伙同驾驶摩托车携带	甲基苯丙胺520克	走私贩卖	有期徒刑十五年，没收个人财产人民币30000元

续表

编号	案件名称	案由	涉案毒品种类、数量	涉案原因	审判结果
4	陈某（女）非法持有毒品案	在宾馆帮助他人携带毒品	甲基苯丙胺片剂 82.2 克	帮助他人携带	有期徒刑一年，并处罚金人民币 1000 元
5	陈某（女）走私毒品案	乘摩托车用香烟盒携带	甲基苯丙胺 205.2 克	走私贩卖	有期徒刑十五年，没收个人财产人民币 10000 元
6	段某、张某、李某、段某（女）走私毒品案	伙同驾驶摩托车跨境携带	甲基苯丙胺片剂 447 克	走私贩卖	有期徒刑十年，并处罚金人民币 5000 元
7	孔某（女）走私毒品案	乘客车用紧身粉子携带	毒品鸦片 220 克	走私贩卖	有期徒刑七年，并处罚金人民币 4000 元
8	李某、陈某（女）走私毒品案	乘出租车捆绑手腋下携带	甲基苯丙胺片剂 369.1 克；海洛因 8.7 克	走私贩卖	有期徒刑十年，并处罚金人民币 5000 元
9	马某（女）走私毒品案	乘客车随身携带及体内藏毒	海洛因 186 克；安非他明 2 克	走私贩卖	有期徒刑十五年，并处没收个人全部财产
10	玛某（女）、月某（女）走私毒品案	体内藏毒携带	海洛因 696 克	走私贩卖	死刑，缓期两年执行，并处没收个人全部财产
11	梅某（女）走私毒品案	驾驶摩托车跨境携带	甲基苯丙胺 11744 克	走私贩卖	有期徒刑九年，并处罚金人民币 1 万元
12	飘某（女）走私毒品案	驾驶摩托车跨境携带	甲基苯丙胺片剂 19 克；海洛因 7 克	走私贩卖	无期徒刑，并处没收个人全部财产
13	钦某（女）走私毒品案	乘客车藏胸衣及体内藏毒携带	海洛因 348 克	走私贩卖	有期徒刑十五年，并处没收个人全部财产
14	钦某（女）走私毒品案	乘客车体内藏毒携带	海洛因 290 克	走私贩卖	有期徒刑十五年，并处没收个人全部财产

续表

编号	案件名称	案由	涉案毒品种类、数量	涉案原因	审判结果
15	苏某（女）走私毒品案	驾驶摩托车携带	海洛因159克	走私贩卖	有期徒刑十五年，并处没收个人财产人民币30000元
16	西某（女）走私毒品案	用内衣及卫生巾包裹携带	甲基苯丙胺片剂282克	走私贩卖	有期徒刑十年，并处罚金人民币50000元
17	肖某（女）走私毒品案	徒步携带遇武警盘查	甲基苯丙胺79.5克	走私贩卖	有期徒刑十五年，并处没收个人财产人民币5000元
18	杨某（女）走私毒品案	驾驶摩托车携带	甲基苯丙胺16克；海洛因64克	走私贩卖	有期徒刑十五年，并处没收个人全部财产
19	杨某（女）、马某、岩某、布某走私毒品案	驾驶摩托车跨境携带	甲基苯丙胺片剂23115克；海洛因703.2克	走私贩卖	死刑，并处没收个人财产
20	相某、杨某（女）走私毒品案	在家中售卖毒品时被抓获	海洛因110克；甲基苯丙胺片剂200克	走私贩卖	有期徒刑十五年，并处没收个人财产人民币70000元
21	杨某（女）走私毒品案	准备转移毒品时被抓获	甲基苯丙胺3970克	走私贩卖	死刑，缓期两年执行，并处没收个人全部财产
22	土某、叶某（女）走私毒品案	交易时被抓获	甲基苯丙胺33410克	走私贩卖	死刑，缓期两年执行，并处没收个人全部财产
23	叶某（女）走私毒品案	用烟盒和药瓶携带	甲基苯丙胺198.5克；海洛因14克	走私贩卖	有期徒刑十五年，并处没收个人财产人民币10000元
24	余某、李某（女）走私毒品案	驾驶摩托车携带	甲基苯丙胺1580克	走私贩卖	有期徒刑十年，并处罚金人民币10000元
25	赵某（女）走私毒品案	跨境藏胸衣内携带	甲基苯丙胺片剂345.5克	走私贩卖	有期徒刑十五年，并处没收个人财产人民币20000元

续表

编号	案件名称	案由	涉案毒品种类、数量	涉案原因	审判结果
26	周某（女）走私毒品案	群众举报其持有毒品入住酒店	甲基苯丙胺 600 克	走私贩卖	有期徒刑七年，并处罚金人民币 10000 元

表 4　2010—2017 年云南边境地区拐卖拐骗妇女典型案件统计表

编号	案件名称	被拐卖妇女国籍	案由	涉案原因
1	阿某（女）、南某（女）、杨某（女）拐卖妇女案	缅甸	多次以打工的名义将六名妇女拐卖至河南、山东	拐卖
2	段某、段某、韦某、陶某（女）拐卖妇女案	越南	以欲收买一名越南女子做老婆为由，收买并转卖两名越南籍女子	拐卖
3	戚某、孟某（女）等七人拐卖妇女案	缅甸	多次介绍他人收买越南籍女子并从中获利	拐卖
4	古某（女）拐卖妇女案	越南	拐卖越南籍女子给他人为妻	拐卖
5	罗某、杨某、陶某（女）拐卖妇女案	越南	经委托拐卖越南籍女子给他人为妻	经委托拐卖
6	杨某、李某、李某（女）拐卖妇女案	越南	将一名越南籍女子接回家里，主并实施拐卖行为	拐卖
7	陈某、陆某（女）拐卖妇女案	中国	二人伙同拐卖来中国探亲的两名越南籍女子	拐卖
8	程某（女）拐卖妇女案	中国	伙同他人将两名婴儿拐卖至福建省	拐卖
9	侯某、熊某、杨某（女）拐卖妇女案	中国	多次收买女婴儿并带到福建省出卖	拐卖

续表

编号	案件名称	被拐卖妇女国籍	案由	涉案原因
10	侯某、罗某、王某（女）拐卖妇女案	越南	冒充边防站工作人员以需要遣返为由将四名越南籍妇女带走拐卖	拐卖
11	李某、吴某（女）拐卖妇女案	越南	把一名赶集的越南籍女子拐骗至中国并卖给他人为妻	拐卖
12	陆某、余某、潘某（女）、陆某（女）拐卖妇女案	越南	拐卖两名越南籍女卖给他人为妻	拐卖
13	陆某（女）拐卖妇女案	中国	伙同他人多次拐卖男婴	拐卖
14	彭某、裴某（女）等七人拐卖妇女案	越南	用暴力手段将三名越南籍女强行带至文山市及外地贩卖	拐卖
15	盛某、王某、李某（女）拐卖妇女案	越南	多次贩卖越南籍妇女	拐卖
16	黄某、陶某（女）拐卖妇女案	越南	多次收买贩卖越南籍妇女	拐卖
17	高某、秦某拐卖妇女案	越南	用刀挟持将一位越南籍妇女及其三个女儿带至中国贩卖	拐卖
18	马某、李某等四人拐卖妇女案	越南	伙同购买越南籍妇女进行奸淫	拐卖
19	陶某、顾某、古某拐卖妇女案	越南	伙同他人诱骗三名越南籍女子贩卖到中国	拐卖
20	陶某拐卖妇女案	越南	把两名越南籍女子贩卖到中国	拐卖
21	王某拐卖妇女案	越南	介绍贩卖一越南籍女孩	拐卖
22	张某、黎某、李某、黄某拐卖妇女案	越南	伙同拐卖、奸淫越南籍妇女	拐卖
23	灰某拐卖妇女案	越南	伙同拐卖越南籍妇女	拐卖
24	李某收买被拐卖妇女案	越南	收买被拐卖妇女为妻	收买

续表

编号	案件名称	被拐卖妇女国籍	案由	涉案原因
25	刘某拐卖妇女案	越南	介绍贩卖一越南籍妇女	拐卖
26	罗某拐卖妇女案	越南	从越南人手里收买一名越南籍妇女准备贩卖	拐卖
27	马某拐卖妇女案	国籍不明	伙同他人拐卖两名妇女卖给他人为妻	拐卖
28	吴某拐卖妇女案	越南	以打工为由拐卖越南籍妇女并将其贩卖	拐卖
29	杨某、李某20人拐卖妇女案	越南	多次以嫖娼为名将多名越南籍妇女强行带至文山州贩卖	拐卖
30	杨某拐卖妇女案	越南	伙同他人拐卖越南籍女子	拐卖
31	张某拐卖妇女案	国籍不明	收买他人持刀抢劫的女婴寄养并贩卖	收买

表5 2010—2017年云南边境地区妇女卖淫典型案件统计表

案件编号	案件名称	涉案妇女国籍	案由	形式	涉案原因	审判结果
1	曾某（女）组织卖淫案	越南	组织三位越南籍女子在昆明市卖淫	提供食宿、制定价格、安排嫖客、收取和分配嫖资	组织卖淫	有期徒刑五年，并处罚金人民币50000元
2	崔某（女）组织卖淫案	越南	在富宁县经营按摩店，组织越南籍妇女在其店内或附近宾馆、酒店卖淫	提供食宿、制定价格、安排嫖客、收取和分配嫖资	组织卖淫	有期徒刑六年，并处罚金人民币5000元
3	代某、杨某组织卖淫案	越南	组织、容留、介绍越南女子及中国女子在其租住的房屋内多次从事卖淫活动	提供场地、收取和分配嫖资	组织卖淫	有期徒刑六年，并处罚金人民币5000元

续表

案件编号	案件名称	涉案妇女国籍	案由	形式	涉案原因	审判结果
4	郭某（女）组织卖淫案	越南	在文山市的出租屋内多次组织三名越南籍妇女进行卖淫	平均分配嫖资	组织卖淫	有期徒刑六年，并处罚金人民币10000元
5	环某（女）容留卖淫案	中国	在其旅社内为卖淫者提供卖淫场所及食宿等便利条件	提供食宿、场所，收取和分配嫖资	容留卖淫	有期徒刑三年零六个月，并处罚金人民币10000元
6	张某、马某（女）等15人组织、协助卖淫案	中国	在其宾馆及足疗店内为卖淫者提供卖淫场所及食宿等便利条件	提供食宿、场所，收取和分配嫖资	组织、容留卖淫	有期徒刑八个月，缓刑一年，并处罚金人民币10000元
7	李某（女）组织卖淫案	越南	从他人手中将四名越南籍女子租到文山市其经营的按摩店内组织卖淫	提供食宿、场所、制定价格，收取全部嫖资	组织、容留卖淫	有期徒刑六年零八个月，并处罚金人民币20000元
8	廖某、曾某、王某、范某（女）组织卖淫案	中国	以嫖娼、游玩等为名，采用暴力和威胁手段，将四名妇女强行拉运通市强迫其从事卖淫活动	威胁强迫卖淫	组织卖淫	有期徒刑七年，并处罚金人民币8000元
9	龙某、苏某（女）、谢某（女）组织卖淫案	越南	主动招募越南籍卖淫女，在其经营的宾馆内从事卖淫活动	提供场地，收取和分配嫖资	组织卖淫	有期徒刑五年，并处罚金人民币50000元
10	阮某（女）容留卖淫案	越南	利用其河口县金明商场的铺面容留两名越南籍妇女从事卖淫活动	提供场地，收取和分配嫖资	容留卖淫	有期徒刑一年，并处罚金人民币3000元

续表

案件编号	案件名称	涉案妇女国籍	案由	形式	涉案原因	审判结果
11	韦某（女）组织卖淫案	越南	以经营按摩店为名，先后组织多名越南妇女在其店内卖淫	提供食宿、场所，收取和分配嫖资	组织卖淫	有期徒刑六年，并处罚金人民币5000元
12	应某（女）组织卖淫案	越南	从他人手中将四名越南女子租到文山市其经营的按摩店内组织四名女子卖淫	提供食宿、场所，制定价格，收取全部嫖资	组织卖淫	有期徒刑五年零六个月，并处罚金人民币20000元
13	张某（女）容留、介绍卖淫案	越南	在其经营的旅馆内容留、介绍三名越南女子从事卖淫活动	提供场地，收取和分配嫖资	容留、介绍卖淫	有期徒刑二年，缓刑三年，并处罚金人民币10000元
14	张某（女）介绍卖淫案	越南	以"保健按摩，康体中心"的名义制作"水牌"放到多家宾馆房间内，接送越南籍女子卖淫	收取嫖资	介绍卖淫	有期徒刑七年，并处罚金30000元
15	张某（女）介绍卖淫案	越南	在昆明市其经营的重庆旅社，介绍两名越南籍卖淫女从事卖淫活动	提供场地，收取和分配嫖资	介绍卖淫	有期徒刑两年，并处罚金20000元
16	赵某、宝某（女）组织卖淫案	越南	夫妻二人制作宣传菜牌，放置于各个宾馆，组织越南籍妇女在高明县内多次进行卖淫活动	收取嫖资	组织卖淫	有期徒刑五年，并处罚金3000元
17	钟某（女）、袁某（女）容留、介绍卖淫案	越南	在租用的房子内，容留越南籍妇女卖淫	提供场地，收取和分配嫖资	容留、介绍卖淫	有期徒刑一年零六个月，缓刑两年，并处罚金人民币5000元

续表

案件编号	案件名称	涉案妇女国籍	案由	形式	涉案原因	审判结果
18	朱某（女）容留、介绍卖淫案	越南	在富宁县其出租房内，容留、介绍两名越南籍妇女从事卖淫活动	提供场地，收取和分配嫖资	容留、介绍卖淫	有期徒刑两年，缓刑三年，并处罚金人民币10000元
19	廖某强迫卖淫案	越南	伙同他人嫖娼并采用暴力、威胁手段强迫三名越南籍妇女从事卖淫活动	威胁强迫卖淫	组织卖淫	有期徒刑七年，并处罚金5000元
20	孙某介绍卖淫案	越南	在其经营的宾馆，介绍越南籍女子与客人发生卖淫嫖娼活动两次	提供场地，收取介绍费	介绍卖淫	拘役六个月，缓刑一年，并处罚金4000元
21	王某组织卖淫案	越南	组织三名越南籍女子在房内进行卖淫活动	提供场地，收取和分配嫖资	组织卖淫	有期徒刑五年，并处罚金5000元
22	王某组织卖淫案	越南	组织三名越南籍女子进行卖淫活动	提供场地，收取和分配嫖资	组织卖淫	有期徒刑五年，并处罚金2000元
23	范某组织卖淫案	越南	组织多名越南籍妇女从事卖淫活动	收取全部嫖资	组织卖淫	有期徒刑五年零六个月，并处罚金人民币20000元
24	李某协助组织卖淫案	越南	伙同他人组织多名越南籍女子从事卖淫活动	提供场地，收取和分配嫖资	组织卖淫	有期徒刑一年零十个月，并处罚金人民币2000元
25	农某、卢某、王某强迫卖淫案	国籍不明	伙同嫖娼为由强迫两名女子在福建、广东从事卖淫活动	威胁强迫卖淫	组织卖淫	有期徒刑九年，并处罚金人民币8000元

续表

案件编号	案件名称	涉案妇女国籍	案由	形式	涉案原因	审判结果
26	彭某、裴某等7人组织卖淫案	越南	以强迫、雇佣、容留等手段，控制多名越南籍妇女在其出租房内从事卖淫活动	提供场地，威胁强迫卖淫	组织卖淫	有期徒刑十五年，并处没收个人财产60000元
27	王某容留、介绍卖淫案	国籍不明	容留、介绍卖淫女在其出租房内从事卖淫活动	提供场地，收取和分配嫖资	容留、介绍卖淫	有期徒刑五年，并处罚金人民币20000元
28	杨某强奸案	越南	强行绑架越南籍女子并多次与其发生性关系	威胁强迫	强奸	有期徒刑四年
29	张某、张某组织卖淫案	越南	招募、引诱了四名越南籍女子在其出租房内从事卖淫活动	提供食宿，放哨，监督越南籍女子	组织卖淫	有期徒刑五年，并处罚金人民币10000元
30	杨某、黑某、陈某绑架案	越南	以招嫖为由，威胁并使用暴力绑架两名越南籍女子，向其老板索要现金	威胁强迫	绑架	有期徒刑七年，并处罚金人民币10000元
31	黄某、陈某介绍卖淫案	越南	通过散发名片、请人介绍等方法介绍四名越南籍女子卖淫	提供场地，收取和分配嫖资	组织卖淫	有期徒刑三年，并处罚金人民币10000元
32	李某组织卖淫案	越南	在宾馆开设卖淫场所，多次组织越南籍女子进行卖淫	提供场地，收取和分配嫖资	组织卖淫	有期徒刑七年，并处罚金人民币10000元
33	杨某容留卖淫案	越南	在其出租屋内容留三名越南籍女子从事卖淫活动	提供场地，收取和分配嫖资	容留卖淫	有期徒刑三年，并处罚金人民币10000元

参考文献

一 地方志及史料

独龙族简史编写组：《独龙族简史》，云南人民出版社1986年版。

（清）杜昌丁：《藏行记程》，载吴丰培辑《川藏游踪汇编》，四川民族出版社1985年版。

黄铮、萧德浩：《中越边界历史资料选编》，社会科学文献出版社1993年版。

《景颇族简史》修订本编写组：《景颇族简史》，民族出版社2008年版。

《傈僳族简史》编写组，《傈僳族简史》修订本编写组：《傈僳族简史》，民族出版社2008年版。

刘锡蕃：《岭表纪蛮》，商务印书馆1934年版。

（民国）《腾冲县志稿》卷25《宗教》，转引自鲁建彪主编、古永继汇编《傈僳族资料丛刊》，云南民族出版社2013年版。

（清）余庆远：《维西见闻录》，于希贤、沙露茵选注：《云南古代游记选》，云南人民出版社1988年版。

云南省编辑组、《中国少数民族社会历史调查资料丛刊》修订编辑委员会：《云南方志民族民俗资料琐编》，民族出版社2009年版。

二 年鉴

广西壮族自治区统计局：《广西统计年鉴2016》，中国统计出版社2016年版。

国家统计局人口和就业统计司：《2015中国人口和就业统计年鉴》，中国统计出版社2015年版。

国家统计局人口和就业统计司：《中国人口和就业统计年鉴2016》，

中国统计出版社 2017 年版。

国家统计局人口和就业统计司、人力资源和社会保障部规划财务司：《中国劳动统计年鉴 2016》，中国统计出版社 2017 年版。

国家统计局社会科技和文化统计司：《中国妇女儿童统计资料 2015》，中国统计出版社 2015 年版。

国家卫生和计划生育委员会：《中国卫生和计划生育统计年鉴 2016》，中国协和医科大学出版社 2016 年版。

国家卫生和计划生育委员会：《中国卫生和计划生育统计年鉴 2017》，中国协和医科大学出版社 2017 年版。

西藏自治区统计局：《西藏统计年鉴 2016》，中国统计出版社 2016 年版。

云南省统计局：《云南统计年鉴 2016》，中国统计出版社 2016 年版。

中华人民共和国国家统计局主编：《中国统计年鉴 2017》，中国统计出版社 2017 年版。

中华人民共和国民政部：《中国民政统计年鉴 2016》，中国统计出版社 2016 年版。

三　著作

蔡应明：《社会稳定学》，上海三联书店 2014 年版。

陈金定：《妇女发展与适应问题：理论与实务》，华东师范大学出版社 2009 年版。

陈龙：《传媒文化研究》，中国人民大学出版社 2009 年版。

邓伟志主编：《变革社会中的社会稳定》，上海人民出版社 1997 年版。

《第二国际第一次代表大会文件》，中国人民大学出版社 1998 年版。

丁水木：《社会稳定的理论与实践：当代中国社会稳定机制研究》，浙江人民出版社 1997 年版。

杜芳琴：《妇女学和妇女史的本土探索——社会性别和跨学科视野》，天津人民出版社 2003 年版。

方盛举、吕朝辉：《论中国陆地边疆的硬治理模式》，周平、李大龙主编：《中国的边疆治理：挑战与创新》，中央编译出版社 2014 年版。

高静文：《边疆民族心理、文化特征与社会稳定调查研究》，民族出版社 2011 年版。

顾秀莲：《中国特色妇女发展之路》，人民出版社 2010 年版。

广西壮族自治区妇联编：《广西少数民族妇女》，广西民族出版社 1995 年版。

哈经雄、滕星主编：《民族教育学通论》，教育科学出版社 2001 年版。

韩敏：《回应革命与改革：皖北李村的社会变迁与延续》，江苏人民出版社 2007 年版。

和少英：《云南跨境民族文化初探》，中国社会科学出版社 2011 年版。

和钟华：《生存和文化的选择——摩梭母系制及其现代变迁》，云南教育出版社 2000 年版。

胡联合等：《当代中国社会稳定问题报告》，红旗出版社 2009 年版。

黄颢、刘洪记：《西藏妇女工作的成就》，《西藏 50 年·历史卷》，民族出版社 2001 年版。

黄建刚等：《社会稳定问题研究》，红旗出版社 2005 年版。

黄铮、萧德浩：《中越边界历史资料选编》，社会科学文献出版社 1993 年版。

贾秀兰等：《维护藏区社会和谐发展研究》，民族出版社 2014 年版。

金鑫：《世界问题报告》，中国社会科学出版社 2002 年版。

康树华等：《女性犯罪论》，兰州大学出版社 1988 年版。

李京文主编：《艾滋病对中国经济和社会的影响》，社会科学文献出版社 2012 年版。

李开义、殷晓俊：《彼岸的目光——晚清法国外交官方苏雅在云南》，云南教育出版社 2002 年版。

李培林、陈光金、张翼、李炜：《中国社会和谐稳定报告》，社会科学文献出版社 2008 年版。

李小江：《女性/性别的学术问题》，山东人民出版社 2005 年版。

李泳集：《性别与文化：客家妇女研究的新视角》，广东人民出版社 1996 年版。

刘建华：《舆情消长与边疆社会稳定》，人民日报出版社 2016 年版。

刘霓：《西方女性学：起源、内涵与发展》，社会科学文献出版社

2001 年版。

鲁刚等:《社会和谐与边疆稳定》,中国社会科学出版社 2011 年版。

《马克思恩格斯全集》,第 32 卷,人民出版社 1975 年版。

《马克思恩格斯选集》,第 1 卷,人民出版社 1995 年版。

《马克思恩格斯选集》,第 4 卷,人民出版社 1972 年版。

马建钊、乔健、杜瑞乐主编:《华南婚姻制度与妇女地位》,广西民族出版社 1994 年版。

潘绥铭、黄盈盈:《性社会学》,中国人民大学出版社 2011 年版,第 4 页。

潘绥铭等:《呈现与标定——中国小姐深研究》,台湾高雄万有出版社 2005 年版。

彭珮云:《中国特色社会主义妇女理论与实践》,人民出版社 2013 年版。

秦和平:《西南民族地区的毒品危害及其对策》,四川民族出版社 2005 年版。

全国妇联干部学院:《马克思主义妇女解放基础理论》,人民出版社 1985 年版。

Reinharz, Shulamit:《女性主义跨文化研究》,陈瑶、龙灿译,孙中欣、张莉莉主编:《女性主义研究方法》,复旦大学出版社 2007 年版。

沙吉才主编:《当代中国妇女家庭地位研究》,天津人民出版社 1995 年版。

宋兆麟:《共夫制与共妻制》,生活·读书·新知三联书店 1990 年版。

孙勇:《维护西藏地区社会稳定对策研究》,西藏人民出版社 2015 年版。

谭琳、陈卫民:《女性与家庭:社会性别视角的分析》,天津人民出版社 2001 年版。

陶德麟主编:《社会稳定论》,山东人民出版社 1999 年版。

滕星:《族群、文化与教育》,民族出版社 2002 年版。

佟新:《女性违法犯罪解析》,重庆出版社 1996 年版。

王金玲主编:《跨地域拐卖或拐骗——华东五省流入地个案研究》,社会科学文献出版社 2007 年版。

《西藏自治区妇女境况》,西藏自治区人民政府新闻办公室发行 1995 年版。

谢重光:《客家文化与妇女生活:12—20 世纪客家妇女研究》,上海古籍出版社 2005 年版。

刑广程:《关于中国边疆研究的几个问题》,周平、李大龙主编:《中国的边疆治理:挑战与创新》,中央编译出版社 2014 年版。

严汝娴、宋兆麟:《永宁纳西族的母系制》,云南人民出版社 1983 年版。

阎云翔:《私人生活的变革:一个中国村庄里的爱情、家庭与亲密关系》,龚小夏译,上海书店出版社 2009 年版。

杨文英、张吟梅:《中缅跨国婚姻与边疆社会稳定》,云南大学出版社 2013 年版。

余振、郭正林主编:《中国藏区现代化——理论、实践、政策》,中央民族大学出版社 1999 年版。

云南省档案馆编:《建国前后的云南社会》,云南人民出版社 2003 年版。

张洪成:《毒品犯罪争议问题研究》,法律出版社 2011 年版。

张金鹏、保跃平:《跨境民族乡村社会安全问题和转变维稳方式研究》,中国社会科学出版社 2015 年版。

张桥贵:《云南跨境民族宗教社会问题研究(之一)》,中国社会科学出版社 2008 年版。

章立明:《结构与行动:西双版纳傣泐家庭婚姻的社会性别分析》,人民出版社 2011 年版。

赵俊臣等:《云南农村妇女地位研究》,云南人民出版社 1992 年版。

赵曦:《西南边疆少数民族地区反贫困与社会为稳定对策研究》,西南财经大学出版社 2014 年版。

中华人民共和国全国妇女联合会:《马克思恩格斯列宁斯大林论妇女》,人民出版社 1978 年版。

朱楚珠、蒋正华:《中国女性人口》,河南人民出版社 1991 年版。

译著:

[美]埃托奥、布里奇斯:《女性心理》,苏彦捷等译,北京大学出版

社 2003 年版。

［德］奥古斯特·倍倍尔：《妇女与社会主义》，中央编译出版社 1995 年版。

［加］宝森：《中国妇女与农村发展——云南禄村六十年的变迁》，胡玉坤译，江苏人民出版社 2005 年版。

［美］查尔斯·扎斯特罗：《社会问题：事件与解决方案》第 5 版，范燕宁等译，罗玲、陈玉娜校，中国人民大学出版社 2010 年版。

［美］大卫·诺克斯、卡洛琳·沙赫特：《情爱关系中的选择——婚姻家庭社会学入门》第 9 版，金梓等译，北京大学出版社 2009 年版。

［美］加布里埃尔·A. 阿尔蒙德等：《比较政治学：体系、过程和政策》，曹沛霖译，上海译文出版社 1987 年版。

［澳］杰华：《都市里的农家女——性别、流动与社会变迁》，吴小英译，江苏人民出版社 2006 年版。

［美］卡拉·亨德森、黛博拉·拜尔列席基、苏珊·萧、瓦列丽亚·弗莱辛格：《女性休闲——女性主义的视角》，刘耳、季斌、马岚译，云南人民出版社 2000 年版。

［英］克里斯·希林：《身体与社会理论》第 2 版，李康译，北京大学出版社 2010 年版。

［德］鲁道夫·奥托：《论"神圣——对神圣观念中的非理性因素及其与理性之关系的探讨"》，成穷、周邦宪译，四川人民出版社 1995 年版。

［美］罗丽莎：《另类的现代性：改革开放时代中国性别化的渴望》，江苏人民出版社 2006 年版。

［美］罗纳德·斯考伦、苏珊·王·斯考伦：《跨文化交际：话语分析法》，施家炜译，社会科学文献出版社 2001 年版。

［英］马林诺夫斯基：《原始的性爱》上，英文版第三版前言，王启龙、邓小咏译，中国社会出版社 2000 年版。

［美］玛格丽特·米德：《萨摩亚人的成年》，周晓红、李姚军、刘婧译，商务印书馆 2008 年版。

［美］玛格丽特·米德：《三个原始部落的性别与气质》，宋践译，浙江人民出版社 1988 年版。

［美］梅里·E. 威斯纳-汉克斯：《历史中的性别》，何开松译，东方

出版社 2003 年版。

［法］米歇尔·福柯：《性史》第一、二卷，张廷琛、林莉、范千红等译，上海科学技术文献出版社 1989 年版。

［美］塞缪尔·P. 亨廷顿：《变化社会中的政治秩序》，王冠华等译，生活·读书·新知三联书店 1989 年版。

［英］W. H. R. 里弗斯：《社会的组织》，胡贻毂译．商务印书馆 1990 年版。

［美］威廉·J. 古德：《家庭》，魏章玲译，社会科学文献出版社 1986 年版。

［法］伊·巴丹特尔：《男女论》，陈伏保、王论跃、阳尚洪译，湖南文艺出版社 1988 年版。

［美］张鹂：《城市里的陌生人：中国流动人口的空间、权利和社会网络的重构》，袁长庚译，江苏人民出版社 2013 年版。

［加］朱爱岚：《中国北方村落的社会性别与权力》，胡玉坤译，江苏人民出版社 2004 年版。

英文著作：

American Correctional Association, The female offender: What does the future hold? Washington, DC: St. Mary's Press, 1990.

Castles, Stephen, and Godula Kosack, Immigrant Wookers and Class Structure in Western Europe.New York: Oxford University Press, 1985.

Chris Beyrer (1998) War in the Blood: Sex, Politics and AIDS in Southeast Asia, Bangkok: White Lotus, 107.

Cockburn.C.*The Space Between Us: Negotiating Gender and National Identities in Conflict*.London: Zed Books, 1998.

David, M., The State, the Family and Education, London: RKP, 1980.

Dorothy Hammond, Alta Jablow. *Women in Cultures of the World*. Menlo Park: Cummings Publishing Company, Inc.1976.p.26.

Elizabeth Ettorre.*Revisioning women and drug use: gender, power and the body*.Basingstoke: Palgrave Macmillan, 2007.

Gail Herchatter. *Women in China's Long Twentieth Century*. (Global, Area, and International Archive) Berkeley, Los Angeles, London: University of California Press, 2007.

Lucinda Joy Peach edited.1998.*Women in Culture*: *A Women's Studies Anthpology*.Introduction.Malden: Blackwell Publishers Inc.

Malkki, Liisa.1995.Purtiy and Exile: Violence, Memory, and National Cosmology Among Hutu Refugees in Tanzania. Chicago: University of Chicago, 1995.

Margery Wolf .1972 .Women and the Family in Rural Taiwan, Stanford: Stanford University Press.

Mutumba, Massy, Musiime, Victor, Tsai, Alexander C. Disclosure of HIV Status to Perinatally Infected Adolescents in Urban Uganda: A Qualitative Study on Timing, Process, and Outcomes.Journal of the Association of Nurses in AIDS Care, 2015, 26, 472-484.

Oakley, A., The Sociology of Housework, London: Martion Robrtson, 1974.

R.Saksena.1962.Social Economy of a Polyandrous People, London: Asia Publishing House.p.28.

Ralph Linton.1936.*The Study of Man*: *An Introduction*. New York: D. Appleton-Century Crofts, p.114.

Rosaldo, M.Z., Lamphere, L,.eds.1974.*Women, Culture, and Society*. Stanford: Stanford University Press.

研究报告：

谭琳主编：《1995—2005年：中国性别平等与妇女发展报告》，社会科学文献出版社2006年版。

谭琳主编：《2006—2007年：中国性别平等与妇女发展报告》，社会科学文献出版社2009年版。

谭琳主编：《2008—2012年：中国性别平等与妇女发展报告》，社会科学文献出版社2013年版。

中国社会科学院"云南省民族团结进步边疆繁荣稳定示范区建设研究"课题组：《民族团结云南经验——"民族团结进步边疆繁荣稳定示范区"调研报告》，社会科学文献出版社2014年版。

UNAIDS, UNICEF.《关怀艾滋病孤儿》, UNAIDS, 2004.

UNAIDS, WHO. AIDS epidemic update 2004. UNAIDS, 2004, 12.
UNICEF:《2005 年世界儿童状况》, UNICEF, 2005 年。

四　论文

中文论文：

仓决卓玛：《西藏妇女权利今昔谈》,《西藏研究》(汉文版) 1998 年第 3 期。

陈伯霖：《定居前鄂伦春族妇女作用和地位问题初探》,《黑龙江民族丛刊》1988 年第 3 期。

陈德顺、普春梅：《境外流动人口对云南边境地区社会治理的影响与对策》,《社会学评论》2014 年第 4 期。

陈劲松、潘娟、伍淑：《近 20 年中国女性犯罪研究综述》,《妇女研究论丛》2012 年第 6 期。

陈庆德：《现代语境中的妇女地位与菁口哈尼族村寨中的角色》,《思想战线》2008 年第 4 期。

陈先波、舒占坤等：《少数民族地区老年妇女经济与健康状况调查》,《中国卫生质量管理》2011 年第 2 期。

陈羽：《认真学习贯彻中国妇女十大精神　努力开创内蒙古妇女儿童工作新局面》,《中国妇运》2009 年第 1 期。

程玲、向德平：《艾滋孤儿社会支持现状及社会支持系统建构》,《中南民族大学学报》(人文社会科学版), 2012 年第 3 期。

程曦：《中越边境贩卖越南妇女问题研究》,《武汉公安干部学院学报》2010 年第 4 期。

程昭星：《重视少数民族妇女的作用发展民族地区经济》,《黑龙江民族丛刊》1989 年第 4 期。

邓利国：《思茅地区首例艾滋病相关综合征报道》,《云南卫生防疫》1995 年第 1 期。

董秀平、李秀芳：《新型毒品与 HIV/AIDS 相关性研究进展》,《中国艾滋病性病》2010 年第 6 期。

《2011 年全国艾滋病性病疫情情况及主要防治工作进展》,《中国艾滋病性病》2012 年第 2 期。

《2012 年 12 月全国艾滋病性病疫情及主要防治工作进展》,《中国艾滋病性病》2013年第2期。

《2013年12月全国艾滋病性病疫情及主要防治工作进展》，《中国艾滋病性病》2014年第2期。

《2014年12月全国艾滋病性病疫情及主要防治工作进展》，《中国艾滋病性病》2015年第2期。

《2015年11月全国艾滋病性病疫情及主要防治工作进展》，《中国艾滋病性病》2016年第1期。

方范九：《青海玉树二十五族之过去与现在》，《新青海》第1卷第3期（1935年）。

方建中：《流动人口犯罪实证研究》，《求索》2003年第6期。

方天建、何跃：《非传统安全视角下的云南跨界民族毒品问题》，《曲靖师范学院学报》2016年第1期。

房学嘉：《关于女性在传统社会中地位的思考——以梅县客家妇女为例》，《妇女研究论丛》2004年第4期。

冯明玲、胡守敬：《云南省妇女生育卫生与发展项目评析》，《中国妇幼保健》1999年第1期。

冯明玲等：《云南省农村妇女健康模式教育研究》，《中国妇幼保健》1999年第7期。

冯明玲等：《云南省农村妇女社区健康教育监管评估方法剖析》，《中国初级卫生保健》1999年第8期。

高静文、赵璇：《民族心理与边疆社会稳定》，《中南民族大学学报》（人文社会科学版）2010年第1期。

高小贤：《当代中国农村劳动力转移及农业女性化趋势》，《社会学研究》1994年第2期。

高晓晖、方为民：《艾滋病高发区艾滋孤儿生活技能现状》，《中国妇幼保健》2010年第9期。

高志英、魏娜：《云南民族宗教文化发展特点及对策研究》，《云南行政学院学报》2009年第6期。

关小燕：《妇女心理与社会稳定》，《江西师范大学学报》（哲学社会科学版）1995年第1期。

韩玉洁：《略论减贫视域中妇女与合作社发展的关系》，《中国农民合作社》2016年第7期。

何军、李庆、张姝弛：《家庭性别分工与农业女性化——基于江苏408份样本家庭的实证分析》，《南京农业大学学报》（社会科学版）2010年第1期。

何明、王越平：《全球化背景下边疆社会稳定研究的几个问题》，《云南师范大学学报》（哲学社会科学版）2009年第3期。

和钟华：《论少数民族妇女的经济参与》，《云南社会科学》1995年第4期。

侯兴华：《文化冲突视阈下云南部分傣族改信基督教与边境社会稳定——基于对德宏州、西双版纳州的田野调查》，《宗教学研究》2015年。

胡锦涛：《团结动员亿万妇女为实现党的十四届五中全会提出的宏伟目标多做贡献——在全国妇联七届三次执委会上的讲话》，《中国妇运》1995年第12期。

胡联合、胡鞍钢、王磊：《影响社会稳定的社会矛盾变化态势的实证分析》，《社会科学战线》2006年第4期。

胡联合、胡鞍钢、王磊：《影响社会稳定的社会矛盾变化态势的实证分析》，《社会科学战线》2006年第4期。

胡玉坤：《社会性别、族群与差异：妇女研究的新取向》，《中国学术》2005年第1期。

胡玉坤、郭末、董丹：《知识谱系、话语权力与妇女发展——国际发展中的社会性别理论与实践》，《南京大学学报》（哲学、人文科学、社会科学版）2008年第4期。

黄约、江燕娟：《基于性别平等的少数民族农村留守妇女教育救助——以广西上林县农村留守妇女教育救助调查为例》，《浙江学刊》2009年第1期。

吉龙祥、王玉立、庞涛：《云南边境地区女性毒品犯罪探析》，《云南法学》1997年第4期。

贾丽琴：《西双版纳州勐海县预防艾滋病母婴传播服务现状与思考》，《中外医疗》2010年第36期。

蒋成芹、周曾全：《云南省芒市采用高效抗反转录病毒治疗方案预防艾滋病母婴传播项目成果分析》，《中国妇幼卫生杂志》2011年5月第2卷第3期。

蒋永萍：《完善性别平等与妇女发展监测评估机制的新契机》，《妇女研究论丛》2006 年第 3 期。

蒋志远：《西藏人口受教育程度的结构差异问题及其对策研究——基于六普数据的分析》，《西北人口》2016 年第 3 期。

金少萍、沈鹏：《中国女性人类学研究文献综述》，《贵州民族研究》2008 年第 1 期。

金新政、陈先波：《少数民族地区老年妇女健康保健服务需求》，《中国妇幼保健》2011 年第 2 期。

金新政、陈先波：《少数民族地区老年妇女健康状况调查》，《中国妇幼保健》2011 年第 5 期。

荆世杰：《全球化的社会性别学与中国社会性别研究的区域趋向》，《社会科学家》2007 年第 3 期。

拉毛措：《藏族妇女教育历史回顾》，《攀登》2007 年第 4 期。

拉毛措：《青海藏族妇女在社会经济生活中的地位与作用》，《青海民族学院学报》（社会科学版）1995 年第 4 期。

拉毛措、丹珍卓玛：《西藏自治区妇女的法律保障及其社会经济地位》，《中国藏学》（汉文版）2005 年第 3 期。

雷洁琼：《保护妇女儿童合法权益发挥妇女的积极性》，《法学杂志》1985 年第 2 期。

雷伟红：《从婚姻家庭看畲族妇女的社会地位》，《中南民族学院学报》（人文社会科学版）1998 年第 1 期。

李光灿、马光中：《云南边境地区人口流动与毒品犯罪》，《人口与经济》1998 年第 4 期。

李华伟：《苦难与改教：河南三地乡村民众改信基督教的社会根源探析》，《中国农业大学学报》（社会科学版）2012 年第 3 期。

李静之：《论妇女解放、妇女发展和妇女运动》，《妇女研究论丛》2003 年第 6 期。

李力、曾强：《宗教因素对国家安全的影响——〈宗教与安全〉介评》，《现代国际关系》2005 年第 9 期。

李晓莉：《身体与性：西南边疆少数民族妇女的商品化问题》，《齐鲁学刊》2006 年第 5 期。

李晓莉：《彝族妇女家庭地位的变迁——以云南省直苴村彝族为例》，《云南民族大学学报》（哲学社会科学版）2017 年第 1 期。

李晓龙：《对宗教、民族、国家安全的统一考量——试论习近平的宗教工作思想的理论特色与理论内涵》，《世界宗教研究》2016年第2期。

李雪岩、龙耀：《中越边境跨国婚姻问题研究（妇女篇）——以广西大新县德天村为例》，《世界民族》2008年第4期。

李雪岩、龙耀：《中越边境跨国婚姻问题研究（子女篇）——以广西大新县德天村为例》，《世界民族》2008年第5期。

李燕：《艾滋病母婴传播预防进展》，《昆明医科大学学报》2012年第11期。

李育全：《边疆民族地区社会稳定的影响因素分析》，《黑龙江民族丛刊》2010年第1期。

李育全：《维护边疆民族地区社会稳定的对策分析》，《云南农业大学学报》（社会科学版）2010年第3期。

李育全：《维护边疆民族地区社会稳定的基本对策》，《学理论》2011年第2期。

李育全、马雁：《农村社会稳定机制的构建——以土地使用所蕴含的社会公共资源为视角》，《农村经济》2009年第12期。

李育全等：《论邪教的界定及边疆民族地区邪教的特点》，《云南农业大学学报》（社会科学版）2010年第3期。

李云鹏：《"金三角"毒品对西南边疆地区国家安全的影响研究——以云南为例》，《云南警官学院学报》2016年第3期。

李智、倪俊学、全星、张燕：《健康促进在云南边远贫困地区提高孕产妇住院分娩率和降低孕产妇死亡率中的作用》，《中国妇幼保健》2015年第2期。

李子华：《藏族妇女教育现状及政策转向》，《青海民族大学学报》（社会科学版）2015年第4期。

廖林燕：《村民自治视野下云南城郊农村白族妇女的政治参与——以昆明市西山区碧鸡镇观音山白族村为例》，《云南行政学院学报》2006年第5期。

林玫、陈怡、唐振柱：《女性性工作者艾滋病流行现状与防控对策》，《中国热带医学》2013年第6期。

刘宝芬：《浅析广西少数民族妇女就业现状与特点》，《广西民族研究》1995年第2期。

刘晖：《女性吸毒特质诱因的社会学评述——以新型毒品为解释视角》，《学术界》2011 年第 6 期。

刘继同：《中国孤儿、受艾滋病影响儿童和脆弱儿童生存与服务状况研究（上）》，《青少年犯罪问题》2010 年第 4 期。

刘凌、李光懿：《论反跨国拐卖妇女儿童犯罪的法律冲突及其完善——以大湄公河次区域云南边境一线为例》，《武汉公安干部学院学报》2015 年第 1 期。

刘世风：《女性人类学发展及其中国本土化尝试》，《妇女研究论丛》2007 年第 1 期。

刘婷：《当代云南边疆民族地区毒品犯罪发展轨迹研究》，《云南警官学院学报》2011 年第 4 期。

刘婷：《云南边疆民族地区毒品犯罪透视》，《西南政法大学学报》2011 年第 5 期。

刘小治等：《云南省勐海县布朗族妇女的婚姻、生育和节育状况调查分析》，《中国人口科学》1988 年第 4 期。

刘欣：《近 40 年来国内妇女贫困研究综述》，《妇女研究论丛》2015 年第 1 期。

刘志民：《中国毒品问题的历史回顾及其对当代禁毒的启示》，《中国药物依赖性杂志》2016 年第 5 期。

龙耀、李娟：《西南边境跨国婚姻子女的国家认同——以广西大新县隘江村为例》，《民族研究》2007 年第 6 期。

卢奕新：《1981 年广西主要民族育龄妇女生育状况》，《人口与经济》1985 年第 2 期。

陆海霞：《论新农村建设中少数民族地区农村妇女的政治参与——基于广西 11 地市女村官的数据》，《云南行政学院学报》2012 年第 3 期。

陆明珠、韦峥芳：《壮族妇女在社会经济中的地位、作用及其发展趋势》，《广西民族研究》1994 年第 4 期。

陆贤杰等：《广西不同社区吸毒人员生存质量状况及影响因素》，《公共卫生与预防医学》2014 年第 1 期。

罗淳：《云南各民族妇女生育状况析论》，《人口学刊》1996 年第 8 期。

罗淳：《云南景洪县曼噶俭乡傣族妇女生育状况的调查》，《人口学刊》1990 年第 1 期。

罗淳、严乃贵：《云南各民族妇女生育水平与生育模式比较研究》，《云南民族大学学报》（哲学社会科学版）2004 年第 6 期。

罗阳：《西双版纳傣、哈尼、布朗族妇女的教育比较》，《云南民族学院学报》（哲学社会科学版）2001 年第 4 期。

罗兆均：《和谐边疆构建下的宗教渗透问题研究——基于对云南跨境民族的田野调查》，《大理学院学报》2015 年第 1 期。

马东平：《社会性别视角下的少数民族妇女贫困问题研究》，《甘肃理论学刊》2011 年第 5 期。

马强：《云南省保山市关于预防艾滋病母婴传播干预措施效果分析》，《卫生软科学》2010 年第 26 卷第 3 期。

孟旭、张方圆、谢本维：《西藏农牧区贫困妇女儿童保健服务调查》，《西藏医药》2016 年第 4 期。

莫龙、王春林：《广西少数民族妇女生育状况浅析》，《广西民族研究》1988 年第 2 期。

南文渊：《西宁市回族妇女社会考察》，《宁夏社会科学》1993 年第 1 期。

倪光华：《广西地区妇女 1000 例骨盆外测量及 1000 例足月新生儿身长体重和儿头各径线的调查》，《广西医学院学报》1979 年第 2 期。

倪光华、赖玲玲、廖兰英：《广西妇女正常分娩产程的研究》1980 年第 3 期。

潘绥铭：《近百年来关于娼妓的研究》，《湖南科技学院学报》2005 年第 3 期。

潘绥铭、黄盈盈、李楯：《中国艾滋病"问题"解析》，《中国社会科学》2006 年第 1 期。

彭迪：《傣族婚姻家庭习惯法刍议》，《中南民族学院学报》（哲学社会科学版）1994 年第 5 期。

彭凤莲：《成就与问题：毒品犯罪研究学术史述评》，《河北法学》2008 年第 3 期。

钱素华：《创新社会管理，维护边疆民族地区社会稳定》，《云南行政学院学报》2012 年第 5 期。

秦红增、李开元、宋秀波：《中越边境地区跨国婚姻模式新探——以广西龙州武德乡布依三屯为例》,《黑龙江民族丛刊》2001 年第 5 期。

屈佳:《流动人口犯罪研究述评》,《中国刑警学院学报》2018 年第 1 期。

申华伟:《"艾滋孤儿"在省城》,《中州统战》2002 年第 5 期。

沈海梅:《在跨国移民理论框架下认识中国的"外籍新娘"》,《昆明理工大学学报》(社会科学版) 2012 年第 5 期。

沈红:《中国贫困研究的社会学评述》,《社会学研究》2000 年第 2 期。

史晋川、吴兴杰:《流动人口、收入差距与犯罪》,《山东大学学报》(哲学社会科学版) 2010 年第 2 期。

宋月萍:《性别平等与包容性增长——第十三届中国女经济学者学术研讨会综述》,《妇女研究论丛》2016 年第 5 期。

孙浩然:《境外宗教渗透与云南边疆民族地区意识形态安全研究》,《中共云南省委党校学报》2012 年第 1 期。

孙宏:《黑龙江省中俄边境地区流动妇女艾滋病干预研究》,《中国性病艾滋病防治》2002 年第 6 期。

孙继虎、刘军奎:《藏族妇女政治参与现状及其制约因素分析——一项来自甘南藏区卓尼县的实地调查》,《西北民族大学学报》(哲学社会科学版) 2005 年第 3 期。

覃德清:《波特夫妇华南茶山调查的追踪研究》,《广西民族学院学报》(社会科学版) 2004 年第 1 期。

覃晚萍:《对中越跨国婚姻法的社会学思考》,《云南大学学报》(法学版) 2012 年第 1 期。

田甜、李军:《西藏地区孕产妇死亡率变化趋势及影响因素分析》,《中国卫生统计》2015 年第 2 期。

汪信砚:《邓小平的社会稳定思想及其在新时期的发展》,《马克思主义研究》2004 年第 4 期。

王承权:《少数民族妇女的婚姻家庭及其地位变化》,《云南民族学院学报》(哲学社会科学版) 1995 年第 4 期。

王承权:《中国少数民族妇女自我意识和地位的提高述论》,《民族研究》1995 年第 4 期。

王冬芳:《早期满族妇女在家庭中的地位》,《辽宁大学学报》(哲学社会科学版）1994 年第 5 期。

王端玉：《喇嘛教与藏族人口》，《民族研究》1982 年第 2 期。

王海燕：《普及农村妇女职业教育的几点探讨——以广西为例》，《社会科学家》2012 年第 5 期。

王金玲：《妇女与本土——近二十年来中国大陆的妇女犯罪研究》，《浙江学刊》2002 年第 6 期。

王金玲：《华东五省云南/广西籍未成年被拐卖/骗妇女/儿童流入地个案研究》，《浙江学刊》2005 年第 4 期。

王金玲：《近十五年来中国妇女的健康状况与健康促进》，《山西师范大学学报》（社会科学版）2010 年第 6 期。

王金玲：《收买/收纳被拐卖妇女成婚：一种生存策略》，《云南民族大学学报》（哲学社会科学版）2016 年第 4 期。

王丽华：《论村民自治与少数民族妇女的社会政治化》，《云南行政学院学报》2006 年第 5 期。

王丽艳、秦倩倩、丁正伟、蔡畅、郭巍、李东民、李培龙、葛琳、陈方方、崔岩：《中国艾滋病全国疫情数据分析》，《中国艾滋病性病》2017 年第 4 期。

王小冰：《中国共产党的领导与西藏妇女的解放》，《西藏民族学院学报》（哲学社会科学版）2002 年第 2 期。

王晓东：《论论我国历史上对性交易的法律管制》，《政法论丛》2013 年第 6 期。

王晓艳：《从民族内婚到跨国婚姻：中缅边境少数民族通婚圈的变迁》，《思想战线》2014 年第 6 期。

王祎：《浙江省女性吸毒人员调查分析》，《中国人民公安大学学报》2008 年第 6 期。

韦莉芳：《广西边贸经济发展中的特殊现象——妇女的地位和作用》，《广西商专学报》1998 年第 3 期。

温丙存：《被拐卖妇女的类型分析》，《山西师范大学学报》（社会科学版）2017 年第 4 期。

文东升：《广西农村妇女闲暇生活现状、趋向与提升——基于广西部分村屯的调查分析》，《广西社会科学》2017 年第 7 期。

文华：《迪庆藏族妇女性别角色和社会地位的变迁》，《中央民族大学学报》(哲学社会科学版) 2002 年第 5 期。

翁乃群:《女源男流:从象征意义论川滇边境纳西文化中社会性别的结构体系》,《民族研究》1996 年第 4 期。

吴海涛、王娟、丁士军:《贫困山区少数民族农户生计模式动态演变——以滇西南为例》,《中南民族大学学报》(社会科学版) 2015 年第 1 期。

吴慧芳、饶静:《农业女性化对农业发展的影响》,《农业技术经济》2009 年第 2 期。

吴瑛:《人类学视野中的采百花习俗》,《民族研究》2009 年第 4 期。

吴振南:《中越边境跨国婚姻人口流动的经济和生态因素分析——以麻栗坡县 A 瑶族村为例》,《西南民族大学学报》2012 年第 1 期。

伍小涛:《试论身体社会学在民族研究中的运用》,《广西民族研究》2017 年第 4 期。

谢红岭:《农牧区妇女的劳动参与对缩小收入差距及减贫的贡献》,《学术论坛》2013 年第 9 期。

徐沪:《中国卖淫嫖娼的现状与对策》,《社会学研究》1993 年第 3 期。

徐绫泽、周亮:《犯罪类型学研究》,《中国人民公安大学学报》(社会科学版) 2007 年第 6 期。

徐祇朋:《关于边疆地区社会稳定风险评估指标体系构建的思考》,《西南民族大学学报》(人文社会科学版) 2012 年第 7 期。

许文青、何景琳:《AIDS 孤儿的现状及对策》,《中国艾滋病性病》2004 年第 2 期。

许文青、王云生等:《项目县 6—14 岁艾滋病致孤儿童社会心理问题浅析》,《中国艾滋病性病》2006 年第 3 期。

晏月平:《云南省沿边地区艾滋孤儿生存状况及应对策略》,《昆明理工大学学报》2012 年第 4 期。

杨德芳:《试从水族妇女的地位探索水族的社会历史》,《贵州民族研究》1991 年第 3 期。

杨国才:《边疆少数民族妇女流动的特征与变化》,《云南民族大学学报》(哲学社会科学版) 2008 年第 6 期。

杨国才:《云南少数民族女性的教育和发展》,《云南师范大学学报》

1999 年第 6 期。

杨莉：《宗教与妇女的悖相关系》，《宗教学研究》1991 年第 2 期。

杨生勇：《我国艾滋孤儿面临的问题及对策》，《中国社会导刊》2007 年第 16 期。

杨文安：《部分傣族改信基督教的社会影响及对策研究》，《民族学刊》2014 年第 2 期。

杨小柳：《参与式扶贫的中国实践和学术反思——基于西南少数民族贫困地区的调查》，《思想战线》2010 年第 3 期。

杨孝红、杜梅：《云南省边疆少数民族地区孕产妇死亡情况及影响因素分析》，《中国妇幼保健》2016 年第 18 期。

杨耀程：《保山边民涉外婚姻与边境社会稳定》，《云南财经大学学报》2012 年第 2 期。

杨志芳：《大湄公河次区域云南边境一线跨国拐卖妇女儿童犯罪特点研究》，《云南大学学报》（法学版）2016 年第 2 期。

杨志梅、雷文斌、沈玲：《云南少数民族妇女犯罪基本特征研究——以 300 名在押少数民族女性罪犯为例》，《思想战线》（2011 年人文社会科学专辑）。

杨祖艳、邱小萍、杨峥、马玉美：《云南省保山市女性吸毒人群人乳头瘤病毒 HPV 感染情况和宫颈癌患病率调查分析》，《中国现代医生》2016 年第 19 期。

姚斌等：《毒品依赖者社会支持与心理健康的相关分析》，《中国临床心理学杂志》。

依拉罕：《西双版纳傣族农村妇女在家庭中的地位》，《中华女子学院学报》1992 年第 4 期。

于乃昌：《巾帼风采耀高原——记西藏妇女历史命运的变迁》，《西藏民族学院学报》1995 年第 2 期。

袁娥、杨镇宇：《当前我国边疆民族地区拐卖妇女犯罪活动分析研究：以文山壮族苗族自治州为例》，《妇女研究论丛》2001 年第 2 期。

袁娥、杨镇宇：《当前我国边疆民族地区拐卖妇女犯罪活动分析研究》，《妇女研究论丛》2001 年第 2 期。

张金平：《云南跨界民族的宗教安全问题探析》，《云南民族大学学报》（哲学社会科学版）2010 年第 4 期。

张靖波:《云南边疆女性毒品犯罪状况分析与对策建议》,《法治与社会》2010年第1期。

张云:《论藏族妇女的地位》,《西藏研究》1992年第2期。

章立明:《温洛克(winrock)"妇女能力建设与农村发展项目"培训个案研究》,《妇女研究论丛》2003年第5期。

赵捷:《妇女健康:10年推进过程中的喜悦与担忧》,《妇女研究论丛》2005年第5期。

赵捷:《关于农村妇女素质与发展的思考》,《妇女研究论丛》1999年第1期。

赵玲:《云南妇女生活方式:嬗变·问题·策略》,《中共云南省委党校学报》2014年第4期。

赵瑛:《从婚姻家庭看布朗族妇女的社会地位》,《云南民族学院学报》(哲学社会科学版)2002年第4期。

郑灵巧:《武汉一项调查提示——吸毒女经性和血传病染病危险并存》,《中华疾病控制杂志》2012年第8期。

周泓:《妇女人类学的社会性别与女性地位、权力研究》,《新疆师范大学学报》(哲学社会科学版)1999年第1期。

周建新:《大陆东南亚跨国民族"和平跨国"文化模式分析》,《社会科学战线》2008年第8期。

周建新:《中越边境跨国婚姻中女性及其子女的身份困境——以广西大新县壮村个案为例》,《思想战线》2008年第4期。

庄天慧、张海霞、杨锦秀:《自然灾害对西南少数民族地区农村贫困的影响研究——基于21个国家级民族贫困县67个村的分析》,《农村经济》2010年第7期。

译文:

关毅编译:《联合国发布最新艾滋病报告》,《自然杂志》2017年第1期。

英文论文:

Acevedo - Garcia D, Sanchez - Vaznaugh EV, Viruell - Fuentes EA, Almeida J. *Integrating social epidemiology into immigrant health research: a cross - national framework*. Social Science & Medicine. 2012; 75 (12): 2060-2068.

Bell, Charles, Sir, KCIE, CMG. *The Tibetan Countryside*. Royal Society of Arts, Journal, 75: 3890 (1927: June 10) p.712.

Browne, A., Miller, B., & Maguin, E, Prevalence and severity of lifetime physical and sexual victimization among incarcerated women, International Journal of Law and Psychiatry, 1990, pp.22, 301–322.

Charlene E.Makley. *Gendered Boundaries in Motion: Space and Identity on the Sion – Tibetan Frontier*. American Ethnologist, Vol. 30, No. 4 (Nov., 2003), pp.597–619.

Chodorow, N.1974. *Family Structure and Feminine Personality*. In M. Rosaldo & L. Lamphere (Eds.), Women culture and society. Stanford, CA: Stanford University Press.pp.43–66.

Cole J, 2010. Sex and Salvation: Imagining the Future in Madagascar, Chicago: University of Chicago Press, 2010.

Elaine Garey. *Women Drug Traffickers: Mules, Bosses, and Organized Crime*. Albuauerque: U of New Mexico.2014.

Green, B. L., Miranda, J., Daroowalla, A., & Siddique, J, Traumatic histories and stressful life events of incarcerated parents II: Gender and ethnic differences in substance abuse and service needs, The Prison Journal, pp.90, 494–515.

Kaur R. 2012. Marriage and migration: citizenship and marital experience in cross – border marriages between Uttar Pradesh, West Bengal and Bangladesh. Econ. Polit. Wkly. Vol.47 (Oct. 27), pp.78–89.

Matthias Hermanns. *The Status of Woman in Tibet*. Anthropological Auarterly, 26 (1953).

Mausbach B T, Semple SJ, St rath dee SA, et al. *Efficacy of a behavioral intervention for increasing safer sex behaviors in HIV positive MSM methamphetamine users: results from the EDGE study*. Drug Alcohol Depend, 2007, 87 (2–3): 249–257.

Naomi Quinn. 1977. *Anthropology Studies on Women's Status*, Annual Review Anthropology.Vol.6, pp.181–225.

Olwig, K. F. *Transnational social – cultural systems and ethnographic research: views from an entended field site*. International Migration Review, 2006

(37): 787-811.

Ortner, S.B.1974.*Is Female to male as nature is to culture?* Rosaldo, M.Z., Lamphere, L,. eds. 1974. Women, Culture, and Society. Stanford: Stanford University Press.pp.67-78.

Oscar Lewis, The Culture of Poverty, Scientific American, 1966, 215: 19-25.

Potter, Sulamith Heins. 1985.*Birth Planning in Rural China: A Cultural Account.*Working paper 103, Women in International Development, Michigan State University.

Rawson RA, Gonzales R, Pearce V, et al. Methamphet amine dependence and human immunodeficiency virus risk behavior [J]. J Subst Abuse Treat, 2008, 35 (3): 279-284.

Roberts, K. Johnston & Mann, T. Barriers to antiretroviral medication adherence in HIV-infected women, Aids Care, 2010 (12), pp.377-386.

Santiago-Irizarry, Vilma.1996. "Culture as Cure." Cultural Anthropology 11 (1): 3-24.

Sharon W. Tiffany, Women and Society: An Anthropological Reader, Montreal: Eden Press Women's Publications, 1979, p.13.

Singer, L.Bodies, pleasures, powers, differences, 1989, 1: 45-65.

Vorasakdi Mahatdh anobol . *Chinese Women in the Thai Sex Trade* . Bangkok: Institute of Asian Studies.Chulalongorn University.1998: 26.

学位论文：

艾晶：《清末民初女性犯罪研究（1901—1919 年）》，博士学位论文，四川大学，2007 年。

丁国伟：《云南开远女性性工作者的艾滋病性病流行率及其传播的危险因素研究》，博士学位论文，中国疾病预防控制中心，2013 年。

樊建东：《当前云南毒品犯罪案件的特点难点及对策初探》，硕士学位论文，西南政法大学，2010 年。

纪洪红：《国家治理视阈下中越边民通婚问题研究——以云南麻栗坡县马崩村为例》，博士学位论文，云南大学，2016 年。

金羽：《云南女性吸毒成因的实证研究——以八州市为例》，硕士学位论文，云南师范大学，2014 年。

梁振华:《灵验与拯救——以一个河南乡村基督教会为例》,博士学位论文,中国农业大学,2014年。

田甜:《拐卖妇女、儿童罪的立法完善研究》,硕士学位论文,山东大学,2017年。

杨栋会:《西南少数民族地区农村收入差距和贫困研究——以云南布朗山乡住户调查数据为例》,博士学位论文,中国农业科学院,2009年。

杨柳青:《纲常下的犯罪:朝鲜王朝妇女犯罪问题研究》,硕士学位论文,南京大学,2015年。

杨晓辉:《清朝中期妇女犯罪问题研究》,博士学位论文,中国政法大学,2008年。

赵涓娟:《云南特殊女性群体贩毒犯罪的调查与分析》,硕士学位论文,西南政法大学,2012年。

卓龙冉:《云南省德宏州艾滋病流行特征与Spectrum/EPP模型应用研究》,硕士学位论文,复旦大学,2013年。

五 报纸

高峰:《广西钦州妇联为农村"留守妇女"生存发展鼓与呼》,《中国妇女报》2018年1月13日第1版。

高峰:《推动妇女儿童事业发展为谱写中国梦云南篇章增光添彩》,《中国妇女报》2017年10月14日第A3版。

高峰:《中越双方边境地区妇女界长效交流机制形成》,《中国妇女报》2017年12月25日第A2版。

耿兴敏:《全国妇联在2015减贫与发展高层论坛上介绍推动妇女减贫经验》,《中国妇女报》2015年10月17日,第A2版。

江泽民:《在1992年中央民族工作会议上的讲话》,《人民日报》1992年1月15日第1版。

人民日报评论员:《维护稳定 促进发展》,《人民日报》2005年7月28日。

王春霞:《西藏妇女要为维护社会稳定实现跨越发展发挥"半边天"作用》,《中国妇女报》2011年4月25日第A1版。

《五位全国政协女委员接受记者集体采访 经济新常态下,女性发展空间会更大》,《中国妇女报》2015年3月12日第A4版。

《西藏自治区第四次妇女儿童工作会议召开》,《中国妇女报》2017年5月12日第A2版。

徐隽:《四年审结拐卖妇女儿童犯罪案件三千余件》,《人民日报》2017年6月2日第11版。

叶晓楠:《西藏妇女地位空前提高》,《人民日报》(海外版)2005年9月1日第4版。

邹才仁、蒋巧莲:《扎实做好妇女群众工作 促进社会和谐稳定》,《中国妇女报》2012年7月12日第A1版。

六 网络资料

《百色中越边境少数民族宗教渗透引发的安全问题亟待解决》,百色市政协网站www.gxbszx.gov.cn,2016-05-17。

《橙爱天地间 300万救助艾滋孤儿》,新浪网http://news.sina.com.cn/c/2006-03-30/15518570816s.shtml。

《第六次广西妇女儿童工作会议在邕召开 部署"十三五"工作》,人民网http://gx.people.com.cn/n2/2017/0711/c347802-30456946-3.html。

《2016年中国毒品形势报告》,中国禁毒网http://www.nncc626.com/2017-03/27/c_129519255_2.htm。

《贩婴案:为什么总有文山?》,中国新闻周刊网http://news.inewsweek.cn/news/cover/507.html。

《公安部公布10名重大在逃通缉犯资料》,新浪网http://news.sina.com.cn/c/p/2009-04-30/024717716720.shtml。

《关于解决云南边境跨国婚姻问题的建议》,云南省人民政府,云南诤言网http://www.ynzy.gov.cn/html/2013/zhengyanzhanshi_0106/889_2.html。

《广西在册吸毒人员达16万多人 禁毒形势严峻》,新浪网http://gx.sina.com.cn/news/minsheng/2014-11-01/092824226.html。

《河口希望上级完善政策法规解决跨国婚姻难题》,新广网http://news.flyxg.com/2015/hekou_0128/115433.html。

《全国公安机关破获拐卖儿童案件13231起》,法制网http://www.legaldaily.com.cn/index/content/2012-03/29/content_3473984.htm?node=20908。

《四年审结拐卖妇女儿童犯罪案件三千余件》，人民网 http：//legal.people.com.cn/n1/2017/0602/c42510-29312774.html。

《特殊人群带毒愈演愈烈　中国边境缉毒面临严峻考验》，新浪网 http：//news.sina.com.cn/s/2005-06-24/11216259724s.shtml。

《特殊人群贩毒的背后》，《云南日报》Http：//yndaily.yunnan.cn/html/2010-03/01/content_ 121370.htm。

《1999 年中国禁毒年度报告》《2000 年中国禁毒年度报告》《2002 年中国禁毒年度报告》《2015 年中国毒品形势报告》、人民网 http：//society.people.com.cn/GB/8217/9373371.html。

《云南：海洛因缴获量全国占比高　登记在册吸毒人数居全国第五》，新华网 http：//news.xinhuanet.com/local/2015-06-25/c_ 1115722958.htm。

《云南艾滋感染者预过 8 万　开始向普通人群扩散》，腾讯新闻 https：//news.qq.com/a/20060215/001398.htm。

《中国扶贫三十年演进史　精准扶贫为什么》，南方周末网 http：//www.infzm.com/content/115466。

《中国在册吸毒人口超 300 万　女性吸毒人数逐年递增》，新华网 http：//news.xinhuanet.com/overseas/2015-11/26/c_ 128469344.htm。

最高人民法院中国裁判文书网，http：//wenshu.court.gov.cn/。

Emily, J., & Rajwani, N. (2014). Dallas prosecutors: Man knowingly transmitted HIV to 15 - year - old. The Dallas Morning News, June 17, https：//www. dallasnews. com/news/crime/2014/06/17/dallas - prosecutors - man-knowingly-transmitted-hiv-to-15-yearold.

Shammas, B. (2014), HIV-positive man had sex with teen in exchange for drugs, deputies say. Sun Sentinel, January 27, http：//www. sun - sentinel.com/news/79072391-157.html.